10|18

12, avenue d'Italie — Paris XIIIe

Du même auteur
aux éditions 10/18

UN CAS D'ÉCOLE, n° 2960
LA VENGEANCE D'HAMLET, n° 2961

REQUIEM
POUR UN POÈTE

PAR

MICHAEL INNES

Traduit de l'anglais
par François LOURBET

10|18

INÉDIT

« Grands Détectives »
dirigé par Jean-Claude Zylberstein

Si vous désirez être régulièrement tenu au courant
de nos publications, écrivez-nous :

Éditions 10/18
c/o 10 Mailing (titre n° 3058)
35, rue du Sergent Bauchat
75012 Paris

Titre original :
Lament for a Maker

ISBN 2-264-02624-3

Note du traducteur

Michael Innes, Écossais, universitaire, auteur — entre autres — de romans policiers qui connurent et connaissent encore un immense succès dans les pays anglophones, possédait une culture universitaire et écossaise qu'il entendait sans doute, en bon pédagogue qu'il était, faire partager à ses lecteurs. C'est dire si le traducteur, français, a dû se pencher sur moult grimoires pour retrouver les références aux personnages historiques ou livresques évoqués au fil des pages par l'auteur de *Requiem pour un poète*. Il croit dans l'ensemble y être parvenu ; à de très rares exceptions près, ces mystères ont été élucidés.

François Lourbet

AVERTISSEMENT

Tous les personnages de ce livre sont imaginaires et toute ressemblance avec des personnes vivantes est exclue.

I

LE RÉCIT D'EWAN BELL

I

Comme ce récit en témoignera, Mr. Wedderburn, le narrateur d'Édimbourg, est aussi finaud que paisible — et il a besoin de toute la ruse qu'Ève a reçue, dit-on, du Serpent puisqu'il vit au milieu d'hommes de loi. Et il sait se montrer malin. Une première preuve en est qu'Ewan Bell, le cordonnier de Kinkeig, prend la plume pour commencer à rédiger un livre — et tout cela en raison des façons d'être de Mr. Wedderburn avec lui. C'est comme ça.

Nous étions assis tous les deux dans sa chambre particulière, aux *Arms*, en compagnie d'un grog destiné à combattre le mauvais temps. Et, ma foi, pendant les jours précédents, j'avais eu plus que mon compte de la neige et du vent glacial de décembre, si bien que le moment semblait venu de boire un verre devant une bonne flambée. Nous étions là à ressasser cette étrange affaire — comme on n'en avait jamais connu dans la région, c'est sûr — lorsque Mr. Wedderburn me regarda par-dessus son verre et me dit :

— Mr. Bell, cette histoire a plutôt l'air d'un roman que d'autre chose.

— Bien sûr, Mr. Wedderburn, répliquai-je, c'est bien vrai ; parce qu'il ne s'agit de rien d'autre que de l'œuvre du Démon, du début à la fin.

Il sourit à sa façon réservée : on a souvent l'impression que Mr. Wedderburn voit des plaisanteries là où les autres ne remarquent rien. Puis il me regarda d'un air grave et me dit :

— Je crois que vous pourriez en faire une excellente histoire, Mr. Bell. Pourquoi ne pas essayer ?

J'étais estomaqué : « Curieuse époque, pensais-je, que celle qui voit un avocat des plus courtois adresser pareille requête à un vieux bonhomme de la paroisse de Kinkeig ! » L'imagination est toujours le fait du diable, sauf s'il s'agit de composer une prière à la gloire de Dieu. Mais Mr. Wedderburn n'en insinuait pas moins que j'étais un romancier-né et me demandait d'écrire toute l'histoire — non à des fins morales mais parce qu'elle avait tout ce qu'il fallait pour faire un bon livre ! Mr. Wedderburn a toujours un caractère quelque peu fantasque, pour austère qu'il puisse se montrer quand cela s'impose, et son projet me parut parfaitement insensé. J'expliquai que je n'avais pas les qualifications requises, car je n'étais qu'un cordonnier vieillissant et au bout du rouleau.

— Mr. Bell, dit-il, on sait bien qu'après le pasteur et le maître d'école, le savetier est l'homme le plus instruit de la paroisse.

— On dit aussi qu'il est athée, répliquai-je sèchement, mais toute règle a ses exceptions.

En fait, ce qu'il me disait m'enchantait. En partie parce que j'aime les mots d'autrefois ; bien longtemps après que Will Saunders eut changé son enseigne, en remplaçant *Viandes* par *Boucherie familiale* (ce qui est assurément une curieuse façon de parler), j'étais resté un savetier, le savetier de Kinkeig. En partie aussi parce que je croyais le propos vrai pour notre paroisse : vrai, et même un peu plus. Car si nous avons un recteur fort savant en la personne du Dr Jervie, nous ne possédons plus de maître d'école ; l'époque en est révolue et à la place on nous a collé une vieille fille inmariable : on peut entendre les cris perçants de l'institutrice de Kinkeig dominer le vacarme des sorties d'école et quel homme accepterait d'être réveillé le matin par un organe pareil ? Et même si Miss Strachan — c'est son nom — est diplômée de l'université d'Édimbourg, elle n'a pas le savoir de l'ancien maître d'école. J'ai bavardé un jour avec elle : elle croyait que Plutarque avait écrit ses livres en latin. Pourtant elle est fort imbue d'elle-même : à Édimbourg elle a rédigé un truc — elle appelle ça une thèse — sur *Le Cinéma en tant qu'auxiliaire de l'éducation visuelle* et elle en est aussi fière que si elle avait écrit la *Logique* de Bain ou la *Rhétorique* du Dr Hugh Blair. Je me souviens que Rob Yule lui a demandé une fois :

— Et qu'est-ce que c'est que l'éducation visuelle ?

Avant qu'elle ait pu répondre, Will Saunders a tranché :

— Ce que Suzanne offrait aux vieillards.

Un propos idiot et une insulte à l'institutrice : Will est plutôt du genre grossier.

Mais il me semble mauvais pour mon récit de digresser ainsi.

Je savais parfaitement que si quelqu'un, dans la paroisse, devait raconter l'histoire, ce ne pouvait être que moi, car il ne fallait rien espérer du Dr Jervie qui a d'autres chats, plus importants, à fouetter. Et, pour dire la vérité, je ne suis pas inculte : il y a quarante ans que j'ai suivi Sir John Lubbock à travers ses *Cent meilleurs livres* — et je doute fort que nos universitaires en jupon en fassent autant. Pourtant je dis à Mr. Wedderburn :

— *Ne sutor ultra crepidam*[1].

1. Cordonnier, pas plus haut que la chaussure. (*N.d.T.*)

Assez bizarre, cette façon qu'avaient les Romains de dire à quelqu'un de s'occuper de ses affaires ! J'ajouterai que sortir pareille réplique me mit de bonne humeur. De toute façon, j'étais content que cette pénible histoire soit terminée.

Mais Mr. Wedderburn se contenta de saluer ma citation latine d'un petit signe de tête et poursuivit :

— Vous commencerez, Mr. Bell, et nous demanderons aux autres de prendre la suite.

— Y compris vous-même, Mr. Wedderburn ?

Je dis cela plutôt sèchement, en espérant lui faire toucher du doigt le caractère insensé de son projet.

— Bien sûr, dit-il.

Et il se contenta de commander un nouveau grog !

J'étais stupéfait.

— Bon, fis-je dubitativement. Il y a bien eu Sir Walter, je suppose.

— Naturellement, Mr. Bell. Et nous pouvons tout comme lui conserver l'anonymat. Vous vous souvenez des propos de Lockhart sur le mystère que fut le Grand Enchanteur.

J'étais ravi de constater qu'il tenait pour acquis que j'avais lu *la Vie de Sir Walter Scott* de Lockhart. Mais, malgré cela, je crois que j'aurais refusé si ma vanité ne m'avait trahi. J'allais opposer un *Non* définitif quand, ma foi, un autre mot latin de circonstance me traversa l'esprit.

— Mr. Wedderburn, dis-je, je vais voir ça pour *avizandum.*

C'est ce que disent ses amis les juges d'Édimbourg quand ils craignent de donner leur opinion sans tomber dans un profond sommeil. Il éclata de rire et nous n'en parlâmes plus jusqu'au moment de son départ pour le sud le lendemain.

À ce moment-là, alors qu'il attendait la voiture qui devait l'emmener jusqu'à la gare à travers la campagne enneigée, j'en appris un peu plus sur ce qu'il mijotait. Il avait un jeune ami, m'expliqua-t-il, un bon à rien, qui avait écrit des histoires idiotes et des récits mystérieux, à propos de gens qu'il n'avait jamais vus et d'événements peu susceptibles de se produire dans la nature. Mr. Wedderburn entendait le ramener à ce qu'il pensait être la réalité. L'affaire Guthrie avait été bien réelle, même si partiellement hors nature, et un type comme ce plumitif pourrait la comprendre. Mr. Wedderburn pensait que ce serait une bonne chose de communiquer toutes les données à ce garçon, dans une série de récits dont il ferait ce qu'il voudrait, soit les publier tels quels soit les reprendre à sa façon dans leur totalité. Et il serait certainement d'accord pour changer nos noms et le reste, de façon que Kinkeig et ses habitants ne bénéficient pas de plus de publicité qu'ils n'en ont déjà eu.

Cela me parut une bonne idée et la possibilité de tirer un peu de bien de beaucoup de mal. Bref, je promis à Mr. Wedderburn de faire ce qu'il me demandait. Dans les pages suivantes je commence donc le récit des événements qui ont amené la mort de Ranald Guthrie. Je débuterai, comme le conseillait le poète Horace, *in medias res*, puis je reviendrai en arrière. Si à Édimbourg le jeune ami de Mr. Wedderburn ne fait pas confiance à Horace, il pourra modifier la chronologie.

II

Lorsque la nouvelle de la mort de Ranald Guthrie se répandit dans la vallée d'Erchany, on ne prit pas vraiment le deuil à Kinkeig. On le savait mauvais, malgré son âge et sa noblesse. Il avait vécu solitaire tel un corbeau depuis aussi longtemps qu'on pouvait s'en souvenir. Un reclus, disait le pasteur précédent. On racontait d'ailleurs que ce prêtre, bien des années plus tôt, avait remonté la vallée pour solliciter de Guthrie un don destiné à une œuvre de charité. Selon certains, Guthrie, pensant que le prêtre était venu lui reprocher de ne jamais venir s'asseoir sur son banc à l'église, avait tiré sur lui avec un fusil rouillé. Selon d'autres, il avait lâché ses chiens — ou ses rats, à en croire une troisième source, car les rats d'Erchany étaient plus célèbres dans le pays que tous ceux de la ville de Hameln. Et, fusil, chiens ou rats, tout Kinkeig avait éclaté de rire parce que ce pasteur — le prédécesseur du Dr Jervie — n'était pas très apprécié de ses ouailles. Mais si les gens n'aimaient pas le prêtre, ils détestaient Ranald Guthrie. Et c'était plutôt insolite à première vue : si le pasteur rôdait toujours autour des maisons en criant « Y a quelqu'un ? » avant d'entrer pour raconter des niaiseries en attendant d'ailleurs un petit verre, Guthrie habitait loin et n'allait embêter personne. Mais on détestait jusqu'à son nom : c'était un avare.

Guthrie était même le plus ladre des habitants de la région et pourtant certains d'entre eux étaient très près de leurs sous. Rob Yule, qui exploitait des terres superbes au bord du Drochet et possédait plus d'argent que la plupart, suivait la charrette qui ramenait sa farine du moulin en criant à son domestique d'aller doucement ; il avait une pelle d'épicier à la main et quand un peu de farine tombait du véhicule il se baissait et la ramassait. Il y avait aussi Fairbairn, de Glenlippet. Des rhumatismes rendaient sa femme impotente. Mais elle n'en participait pas moins aux activités de l'église. Elle obligeait son mari à posséder une voiture pour être bien sûre de toujours pouvoir assister aux réunions de la société Dorcas[1] et autres. Elle avait dix ans de plus que lui, il payait sa taxe auto-

1. Association charitable regroupant des femmes qui confectionnent des vêtements pour les pauvres. (*N.d.T.*)

mobile au trimestre, et vivait dans l'espérance. Mais ni Rob Yule ni Fairbairn n'arrivaient à la cheville de Ranald Guthrie en matière d'avarice. Guthrie comptait autant dans la petite noblesse que Rob chez les paysans et on disait qu'en son temps il avait été un fin lettré. Mais, de tous les habitants des vallées d'alentour, Ranald Guthrie était le seul dont on pouvait dire honnêtement qu'il était avare comme un Anglais. La plupart des gens de Kinkeig avaient souffert de son fait, parce qu'il possédait des terres loin à la ronde et que son intendant, le nommé Hardcastle, s'y entendait pour tondre et pressurer ceux qui travaillaient pour lui. Quand on sut, dans Kinkeig, que Guthrie avait commis une erreur fatale, il y eut une majorité de satisfaits et une toute petite minorité d'affligés. Les premiers étaient contents et espéraient avoir un meilleur maître. Les seconds, c'est-à-dire les gens doués d'un peu d'imagination, déploraient que Guthrie n'ait pas songé à emmener avec lui le grossier Hardcastle, afin qu'il continue à pressurer et à tondre pour son compte quand Guthrie lui-même prendrait rang — ce qui serait assurément le cas — parmi les propriétaires damnés. Mais la tête de Hardcastle était aussi solide sur ses épaules que lorsque sa mère avait poussé son premier cri d'horreur en le voyant ; et, à voir son regard — à ce que disait Laurie, l'agent de police —, on pouvait penser qu'il espérait retirer de la tragédie quelque considérable avantage. Lorsqu'on apprit que la fin de Guthrie avait été marquée par un fait curieux et que le shérif venait en personne à Kinkeig pour découvrir la vérité, il y eut de bonnes langues pour prophétiser que Hardcastle allait bientôt se retrouver en prison. Et quand la rumeur se répandit de sévices infligés au cadavre, si bien que tous les imbéciles et toutes les vieilles de la paroisse se mirent à évoquer la probable pendaison de Neil Lindsay, quantité de gens continuèrent à penser que Hardcastle n'était pas innocent pour autant. Le libraire-marchand de journaux, le vieux Speirs, qu'on surnommait le Citoyen Penseur parce qu'il proférait perpétuellement des sottises tirées de la presse anglaise, répétait que Hardcastle avait été complice avant même les faits et qu'il serait à coup sûr soupçonné. Ce vieux Speirs était bourré de droit criminel depuis qu'il avait commencé à approvisionner en romans d'Edgar Wallace les fils du Dr Jervie et il exposait ses vues chaque soir aux *Arms*, devant un public de bonnes gens qui écoutaient ses propos comme si c'était le sage Salomon qui parlait par sa bouche. Mais je m'égare encore.

III

Ce fut un rude hiver. Le matin de la commémoration de l'Armistice, des nuages s'accumulèrent derrière le mont Cailie, dont le sommet enneigé brillait sur ce fond sombre dans le pâle soleil matinal. Puis la montagne s'obscurcit et à onze heures, alors que le pasteur célébrait l'office devant le monument aux morts, les premiers flocons tombèrent : on aurait cru que la neige allait tenir, vu la façon dont elle s'accrochait aux vêtements sacerdotaux du prêtre. Certains crurent même qu'il allait interrompre le service, mais il continua, apparemment indifférent ; quelques fidèles ouvrirent leur parapluie tandis que les autres — surtout des veuves qui se remémoraient un passé vieux de vingt ans ou davantage — s'emmitouflaient dans des châles en chantant le psaume CXXI :

Mes yeux éplorés s'élèvent
Vers les sommets voisins...

C'était à la fois émouvant et étrange, parce qu'on ne voyait plus aucun sommet, ni le mont Cailie ni les collines proches, et que les mots sonnaient comme une bizarre parabole expliquant la foi en des choses invisibles. Et puis les flocons s'épaissirent, sans danser dans le vent mais en tombant lourdement, et étouffèrent le psaume sur les lèvres des gens, si bien que le chant parut soudain venir de très loin. Il y a toujours quelque chose de gênant pour l'esprit dans les offices célébrés dehors en Écosse, de si gênant même que ces offices sont rares : nous en avons eu plus que notre compte à l'époque de la Ligue solennelle et du Covenant.

Ce 11 novembre marqua, je l'ai dit, le début d'une saison très dure. Car la neige qui avait commencé à tomber ce jour-là en flocons si gros que les gens avaient dit qu'elle ne tiendrait pas résista une quinzaine de jours du fait d'un air froid et calme : on voyait l'extrémité des branches trembler sous le poids. Et cette neige s'en alla en raison d'un redoux rapide accompagné d'une tempête, ou plutôt un ouragan bien capable de détruire un autre pont sur la Tay, un ouragan qui remonta la vallée pour aller arracher des feuilles de plomb aux remparts décrépis du château Erchany. Puis, alors que des vapeurs flottaient encore sur les champs couverts de chaume, il gela à pierre fendre.

La neige refit son apparition à la mi-décembre et les gosses se montraient ravis à l'idée d'avoir un Noël blanc. Mais comme elle tombait, fine, jour après jour et sans s'arrêter, les gens prudents de Kinkeig commencèrent à vérifier l'état de leurs provisions et les paysans vivant à l'écart se hâtèrent d'apporter un supplément de grain au moulin. Le Citoyen Penseur dit que l'hiver battrait, c'était sûr, tous les records et que ce serait une saison de rêve pour les joueurs de curling[1]. C'était aussi le moment de constituer des stocks de romans d'Edgar Wallace et

1. Jeu écossais semblable au jeu de boules. Se joue en lançant de grosses pierres plates sur la glace. (*N.d.T.*)

d'Annie S. Swan : ces auteurs n'ont pas besoin de gâteaux ou de saletés à grignoter.

Lorsque la neige cessa de tomber, nous savions qu'il y aurait une nouvelle chute qui recouvrirait totalement les lieux. Certes, le comté disposait de chasse-neige, mais il faudrait longtemps avant qu'on pense à venir dégager un endroit aussi isolé que Kinkeig. Nous nous installâmes donc dans l'oisiveté, les vieux qui possédaient de la terre affûtant peut-être un coutre de charrue en prévision du printemps, les fermiers rôtissant leur panse devant un bon feu et secouant la tête à la lecture du catalogue de tracteurs de Henry Ford, ce drôle d'Américain. Et le silence qu'apportait la neige s'épaississait autour de nous : pas un bruit dans les vallées, exception faite des cris des vanneaux qui clamaient leur étrangeté face à celle de la terre toute de blanc couverte, et du remue-ménage dans une basse-cour quand une femme venait nourrir ses poules. On a toujours l'impression d'espérer quelque chose à l'époque d'un Noël blanc, et cela depuis l'an Un du Seigneur. Et il y eut assurément quantité de gens pour affirmer ensuite qu'ils avaient ressenti une sorte d'Attente ; ils ne savaient pas de Quoi, c'était une simple Impression, d'ailleurs pénible, mais qu'ils n'avaient encore jamais éprouvée. Et une vieille femme affirma que, alors que le pasteur prêchait à propos des anges annonciateurs et qu'elle essayait, par respect, de ne pas se les représenter comme ceux qui figurent sur les cartes postales, elle avait eu une vision : Tammas l'idiot qui bondissait dans la neige depuis Erchany pour venir annoncer, en gémissant, un meurtre ; et cela une semaine avant qu'il le fasse pour de bon. Elle n'en avait rien dit sur le moment, parce qu'elle estimait qu'il s'agissait d'un fantasme bien peu chrétien. Mrs. McLaren, la femme du forgeron, était comme ça ; on pouvait dire qu'elle avait du talent pour ce que le marchand de journaux nommait la publicité.

Si un silence inaccoutumé s'abattit avec la neige sur la

nature pendant ces quelques semaines, nombre de langues s'en donnèrent à cœur joie à Kinkeig. Cela compensait. Moins on travaille, plus on bavarde, et il y eut encore plus de ragots que d'habitude à propos du château. Erchany se trouve assez loin de Kinkeig, mais c'est le domicile du châtelain et c'est aussi la demeure aristocratique la plus proche du presbytère à des kilomètres à la ronde, ce qui en faisait un sujet de conversation tout trouvé en cette période d'inactivité. Il aurait pu se faire que le château fût la propriété des gens les plus braves et les plus tranquilles d'Écosse — ce qui n'était pas le cas. Les Guthrie avaient toujours eu des manières qui tiraient l'œil et poussaient les gens soit à gémir soit à murmurer : leur bravoure ostentatoire, leurs trahisons qui se révélaient sinistres une fois dévoilées, leurs naissances au terme de grossesses d'une durée inhabituelle, un viol ou un roman d'amour dissimulés derrière leurs mariages de raison, la violence, la folie ou quelque improbable extase éclairant ou assombrissant leur fin. Beaucoup de vieilles familles ont une histoire aussi haute en couleur que les Guthrie, mais bien peu en ont fait autant qu'eux pour conserver ce qu'ils possédaient au fil des siècles. Les Guthrie étaient déjà à Erchany avant la Réforme — et, lecteur, je dois vous avertir que vous allez remonter avec moi jusqu'à cette époque. Mais, pour l'instant, je crois que je ferais mieux de commencer par Ranald Guthrie et les mannequins. C'est avec ça qu'ont commencé les ragots au cours des semaines dont je parlais.

Ranald Guthrie était avare : mais peu de gens à Kinkeig savaient à quel point. Car, si tout le monde connaissait l'histoire des mannequins — c'était la façon dont il avait traité les Gamley et non l'affaire des mannequins en elle-même qui alimentait les conversations —, cette anecdote était loin de donner la mesure de l'avarice du châtelain. Je savais pour ma part depuis longtemps que sa ladrerie confinait à la folie — depuis, en fait, que ses cousins d'Amérique avaient essayé de prouver sa démence. Puisque j'y pense, commençons par là.

Voilà une paire d'années deux Anglais, personnages au regard fuyant sous leur petit chapeau melon, sont venus à Kinkeig poser des questions sur Guthrie, en incitant les gars à parler devant un petit verre aux *Arms* et en embobinant les femmes — qui n'avaient guère besoin d'encouragements pour cancaner — avec quelques pennies distribués à leurs gosses. L'un des deux, spécialement effronté, passa me voir et me demanda si je me souvenais d'un détail particulier dans mes rapports avec Guthrie. Et je crois bien que ce type m'aurait refilé un billet d'une livre si je ne l'avais pas regardé d'un air sévère. Je savais bien que Guthrie était un homme assez spécial : la semaine précédente, il avait fait porter au savetier — moi — une paire de chaussures avec des lacets très fatigués et pleins de nœuds. J'avais mis des lacets neufs et glissé les vieux dans les souliers avant de les lui retourner. Le lendemain, Tammas l'idiot était arrivé avec, dans une main, les vieux lacets et, dans l'autre, l'argent destiné à régler ma facture — moins un demi-penny pour la reprise de lacets d'occasion : si je n'avais pas spécifié *Net comptant* il aurait réclamé une remise. Mais connaître le caractère particulier de Guthrie était une chose, et conspirer avec un mouchard londonien une autre, si bien que, ma foi, je l'envoyai paître. Mais ce n'était qu'un début. La semaine suivante arriva toute une bande de médecins.

Cela fit plutôt sensation à Kinkeig : une auto pleine de docteurs en jaquette noire et chapeau haut de forme, comme s'ils s'apprêtaient à assister aux obsèques de leurs propres patients ; trois de ces personnages venaient de Moray Place à Édimbourg et un quatrième, bonhomme bien en chair, de Harley Street à Londres. Ils s'adjoignirent le Dr Jervie — qui n'y tenait guère mais son frère était un collègue de l'un des médecins de Moray Place et cela les aida — et remontèrent tous la vallée en direction d'Erchany. La plupart des gens tiennent le récit de ce qui s'y passa de la bouche de Gamley, qui, venu prendre des ordres depuis la ferme du domaine, se trouvait là par hasard. Les médecins entrèrent dans la maison et attendirent une demi-heure environ — le temps, sans doute, qu'il fallut à Guthrie pour découvrir ce qu'ils cherchaient. Puis l'enfer se déchaîna — avec Cerbère au premier rang, car il est certain que, cette fois, Guthrie lâcha les chiens. Et les docteurs, hurlant et piaillant, sortirent et traversèrent la douve. Celui de Londres se tenait les fesses là où le chien le plus féroce — un bâtard — s'était taillé un gros bifteck. Ils montèrent dans les voitures et se firent conduire au presbytère. Le gros pleurnichait comme s'il n'était qu'un gamin corrigé par sa nourrice. Plus tard dans le courant de la journée, il rédigea — debout, le pauvre, devant le buffet du Dr Jervie — un long rapport destiné aux cousins américains. Ranald Guthrie, expliquait-il, avait eu une nature chaude et affectueuse malheureusement pervertie par le traumatisme de sa naissance. Et il était fort dommage qu'il n'ait jamais pris de plasticine — ou même une bonne dose de blanc d'œuf pour ses pâtés de sable — pendant ses jeunes années, quand se forme la personnalité, car cela aurait pu faire la différence. Les choses étant ce qu'elles étaient, il se comportait de façon déplaisante et manifestait de graves troubles nerveux, mais on ne pouvait pas le déclarer davantage fou que les personnes qui avaient réglé les honoraires des médecins. En guise de pronostic, le docteur pensait que l'état de Mr. Ranald Guthrie pouvait fort bien empirer, auquel cas les cousins d'Amérique auraient raison de nourrir quelques espoirs. Mais, d'un autre côté, Mr. Guthrie pouvait aller mieux ou même rester exactement semblable à lui-même. Arrivée là, la sommité de Harley Street prit congé, en ajoutant à sa note d'honoraires des frais de déplacement de l'ordre de deux guinées aux trois kilomètres ainsi qu'une indemnité pour dommages corporels d'un montant identique — encore que le féroce bâtard n'ait dévoré que le superflu, gras comme était le médecin, et qui serait allé reprocher à l'un des chiens de Guthrie d'avoir pris un repas substantiel? De toute façon, l'incident marqua la fin des efforts des cousins d'Amérique pour prendre le contrôle des affaires de Guthrie. Le châtelain leur avait joué, semblait-il, un tour à sa façon, ce qui leur avait donné cette idée.

Je tiens tout cela et quelques autres détails du Dr Jervie, parce que nous dirigeons ensemble le tribunal ecclésiastique et que, de ce fait, nous évoquons parfois ensemble les affaires les plus graves de la paroisse. Nous pensions souvent aux habitants d'Erchany parce que le pasteur s'inquiétait au sujet de la fille, Christine Mathers. Mais nous allons y venir; pour l'instant, j'en suis aux mannequins — un mannequin, sachez-le, n'est rien de plus que ce que les Anglais nomment un épouvantail.

Bon, tout le monde, à Kinkeig, savait à quel point les mannequins obsédaient Guthrie; ce qui le tracassait, en réalité, c'était l'idée qu'un propre-à-rien quelconque ait oublié quelques sous dans les poches lorsqu'il habillait les carcasses en bois. Et c'était un spectacle étrange que de voir le châtelain parcourir son propre domaine d'un épouvantail à un autre, en fouillant, tel un vampire, les vieilles nippes à la recherche d'improbables demi-pennies. Il allait et venait, en revenant au même mannequin jusqu'à trois fois dans la même journée; du coup, les gens disaient qu'il était complètement cinglé. Mais le gros tas de Harley Street avait assuré que Non, que c'était juste une névrose, la *folie de doute*[1], qu'il n'y avait là aucun indice de démence, pas davantage que lorsqu'on se relève la nuit pour verrouiller la porte alors qu'on est absolument certain qu'on l'a déjà fermée à clé. Il avait

1. En français dans le texte. (*N.d.T.*)

sans nul doute raison, de ce qu'on pourrait qualifier de strict point de vue médical.

Ce que Guthrie faisait sur son domaine, il le faisait aussi dans les champs de ses locataires, et certains plaisantaient sur la confusion entre braconnage et farfouille[1] tandis que d'autres disaient que les droits de fouille devaient aller de pair avec les droits de chasse sur les terres en location. Le point le plus étrange résidait en ceci que Guthrie respectait autant la propriété d'autrui que la sienne propre et qu'on voyait bien qu'il savait que rôder dans les champs des autres à cette fin était bizarre. En ce qui concernait sa propre ferme, celle du domaine, il la parcourait comme si vérifier fossés et clôtures relevait des tâches normales d'un propriétaire terrien. Mais lorsqu'il ne se trouvait pas sur ses terres, il restait prudemment dans le chemin pendant une dizaine de minutes tout en regardant ici et là avec ses grands yeux, des yeux dont les gens disaient qu'ils brillaient avec l'éclat de l'or, puis il sautait avec circonspection par-dessus la barrière et fonçait vers le mannequin aussi vite et aussi tranquillement qu'un furet. Ce besoin de faire une chose aussi sotte était imprudent, mais on comprenait mieux cette imprudence si on se souvenait que cet homme n'était pas le premier Guthrie de la lignée ; aussi mauvaise réputation que les gens lui fissent dans leurs propos, il n'en était pas moins un aristocrate. Quand les mômes se moquaient de lui, comme ils le faisaient les rares fois où il s'approchait d'une habitation, il donnait l'impression de ne pas les voir — sans leur flanquer une taloche ou les insulter à la façon de n'importe quel gars du commun — mais, le regard toujours flamboyant, il continuait son chemin à la recherche de quelque démon invisible. C'était donc de cela qu'on parlait le plus quand il congédia les Gamley.

1. Jeu de mots intraduisible entre *poaching*, « braconnage », et *pooching*, « fouille des poches ». (*N.d.T.*)

Le site d'Erchany avait été choisi de longue date pour son intérêt stratégique et la terre qui l'entourait était dure et caillouteuse : la ferme du domaine n'était rien de plus qu'un ensemble de champs d'avoine et de navets au milieu des mélèzes. Rob Gamley s'en occupait avec ses deux grands fils et avait, en contrepartie, la jouissance des locaux et un salaire. Gamley était marié à une jeune femme, sa seconde épouse, qui lui avait donné deux gamins, les rejetons de son âge mûr, à propos desquels il radotait volontiers. C'étaient des jumeaux, un garçon et une fille, gentils, peut-être gâtés, et assez impétueux selon certains : une de leurs farces, plutôt osée, suffit à déclencher le drame. Un jour de la fin octobre ils jouaient tous les deux à quelque distance de leur maison quand ils virent le châtelain traverser le champ voisin et tapoter ici et là avec sa canne, de façon apparemment rationnelle. Mais les gosses savaient bien entendu ce qu'il cherchait car, droit devant, se dressait un superbe épouvantail tout neuf que leur père avait mis en place la veille. Et le petit Geordie[1] Gamley, joli surnom, se glissa à travers la haie, s'approcha du mannequin et se cacha derrière lui en enfouissant ses mains dans les poches de la veste. Le châtelain arriva et les poings de Geordie sortirent desdites poches comme s'ils avaient été les bras mêmes de l'épouvantail, puis le gamin les agita devant Guthrie en récitant la vieille comptine :

Nickety-nickety, nick-nack,
Which hand will ye tak'[2] ?

Cachée dans la haie, Alice éclata d'un rire joyeux et sans retenue. Geordie la rejoignit en riant lui aussi, puis

1. En anglais, désigne un habitant du Tyneside. (*N.d.T.*)
2. Quelle main prendras-tu ? (*N.d.T.*)

les deux enfants s'enfuirent à toutes jambes car, on peut en être sûr, ils craignaient Guthrie et son mauvais œil après le tour qu'ils venaient de lui jouer. Guthrie rentra directement chez lui, prit un peu d'argent et se rendit à la ferme ; il jeta l'argent sur la table devant Gamley, traita les vilains jumeaux et leur mère de tous les noms et donna à la famille vingt-quatre heures pour quitter les lieux. Vu sa condition de salarié, Gamley n'avait pas d'autre possibilité que de partir, ce qu'il fit — sans dire un mot, d'après sa femme, en se contentant de s'occuper du déménagement. Il était aussi blême qu'un crâne de mouton blanchi au four. Il ne pensa même pas à corriger les jumeaux, ce qui fit craindre à sa femme que cette affaire l'ait rendu fou. Mais c'est sans doute à Guthrie qu'il aurait aimé administrer le fouet.

Les Gamley allèrent s'installer ailleurs, derrière le mont Cailie et à une quinzaine de kilomètres en aval sur le loch. Ils louèrent, à court terme, une terre pauvre et argileuse, comme on le vit au changement de saison, avec une maison qui les protégeait à peine de la pluie et du vent. Si Gamley avait de l'argent de côté, il n'avait cependant pu trouver mieux pour le moment. Les gens pensèrent que Guthrie avait joué un très sale tour à cette famille et la réputation du châtelain ne s'améliora pas à Kinkeig. Les vieux peaufinèrent leurs horribles histoires sur les Guthrie fous et les Guthrie sanguinaires, et cessèrent d'évoquer la mémoire des Guthrie joyeux compagnons et des bons Guthrie, alors qu'ils possédaient tout un stock de récits les concernant. Et quelqu'un relança la fable idiote selon laquelle Ranald Guthrie avait le mauvais œil, ce qui n'est qu'une superstition fort répandue chez les catholiques et les Highlanders. C'était pain bénit pour Mrs. McLaren, celle qui aurait la vision de Tammas le simplet : tout Kinkeig dut endurer une nouvelle fois la description du sort jeté à ses cochons.

IV

Bien avant Ranald, il y avait eu des Guthrie qui passaient pour magiciens. Alexander Guthrie, un loyal compagnon du temps de Jacques II, aurait, dit-on, lancé un charme si puissant à Lord John Ballwaine, agent des Douglas, qu'il l'obligea à paraître devant le roi, malgré l'ordre de son propre suzerain. Un autre Alexander, abandonné sur l'île de May avec pour toute nourriture des œufs de mouette parce qu'il avait couché avec la fille d'un Cochrine, un parvenu de la cour de Jacques III, s'enroula dans son manteau, courut jusqu'au bord de mer et, d'un bond, sauta sur Bass Rock, d'un autre sur North Berwick Law pour se retrouver en France avant le coucher du soleil. Au lit avec sa maîtresse. Et en sécurité. Si Ranald Guthrie d'Erchany n'avait pas à son actif d'aussi pittoresques exploits, il n'en profitait pas moins de la tradition familiale. On savait qu'il avait appris des sciences étranges, effectué des fouilles dans des fortifications des Romains, ces rudes païens, et qu'il avait déclaré collectionner et étudier les runes — que les runes n'eussent rien à voir avec les choses que les sorcières mettaient à bouillir dans leur chaudron, il n'y avait peut-être que le pasteur et moi à le savoir vraiment à Kinkeig. Assurément, Ranald Guthrie avait un œil, l'œil de tous les Guthrie — les hommes se ressemblaient de génération en génération, comme les Habsbourg ou les Stuarts qu'on voit sur les portraits de jadis — et cela suffisait à faire rêver les personnes faibles d'esprit comme Mrs. McLaren à des malédictions meurtrières et à leur inspirer les pires craintes pour leurs cochons ou leurs vaches.

On doit savoir que McLaren était le forgeron. Peu après le passage des médecins — passage qui avait incité quelques esprits un peu dérangés à spéculer encore sur les pouvoirs magiques du châtelain — McLaren avait eu une violente altercation avec Guthrie au sujet du ferrage du vieux bourricot d'Erchany, monture réservée à Christine Mathers. La plupart des contacts de Guthrie avec les habitants de Kinkeig — et il n'y en avait guère — prenaient la forme de disputes, mais celle du forgeron et du châtelain fut particulièrement chaude. Car McLaren, furieux d'avoir été floué de six pence ou d'un shilling, avait lancé au visage de Guthrie que Christine était « la fille du châtelain », et même si Guthrie savait que la meilleure façon de riposter à l'impertinence consistait à l'ignorer, cela, d'après McLaren, ne l'en avait pas moins mis en colère. Et Mrs. McLaren était certaine que le châtelain les haïssait tous les deux depuis cet incident. Pour ma part, je ne crois pas que Guthrie se souvînt ou se souciât de ce genre de choses : si on avait longtemps lu le livre de la nature humaine on pouvait voir que c'était le type d'homme mû et tourmenté par une unique et profonde idée fixe — au point d'en oublier la plus grande partie de ce qui se passait autour de lui. Mais Mrs. McLaren était persuadée que, s'il le pouvait, il jetterait le mauvais œil à ses cochons. Car elle tenait Guthrie pour le personnage le plus diabolique d'entre les Firths de Forth et de Moray, alors que ses brutes passent pour les plus importants. Il semblait donc naturel à son âme stupide que le châtelain pût détruire ses porcs. Le Dr Jervie et les pasteurs de Mervie et de Dunwinnie, disait-elle, devraient s'arranger pour qu'il y ait toujours l'un d'entre eux debout et bien éveillé : sa grand-mère lui avait assuré que c'était la meilleure manière de protéger une région contre le mauvais œil.

Bon, les truies avaient été couvertes par le verrat de Rob Yule, et la vieille les adorait, se penchait sur leur litière et reniflait l'odeur de leurs excréments comme un touriste respirant l'ozone à Nairn dans une publicité, et, à voir son inquiétude, on aurait cru qu'elle attendait la naissance d'un prince de Galles. Un jour elle leur avait fait bouillir une bizarre et gigantesque bouillie d'avoine — après tout, disait-elle, chacune de ces bêtes devait manger pour vingt — et elle venait de la porter dans la cour pour qu'elle refroidisse un peu quand elle avait vu, dans le chemin qui longe le Drochet, le châtelain en personne. Mrs. McLaren en devint quasiment folle ; elle était sûre que si Guthrie jetait un coup d'œil aux truies jamais un petit ne verrait le jour. Elle versa donc la pâtée dans les auges, y conduisit ses cochons — elle n'eut pas à les forcer : les animaux avaient senti l'odeur de la nourriture — et elle ferma les portes pour que Guthrie soit obligé de se montrer curieux s'il voulait jeter un coup d'œil aux bêtes. Mais, de par son éducation, Guthrie avait des instincts de paysan ; il s'approcha, dit un mot poli à la femme de McLaren et regarda dans la porcherie, par-dessus les croupes sales des animaux qui pataugeaient et bavaient dans leur bouillie. Le lendemain matin tous les cochons de Mrs. McLaren étaient morts. Et bien que d'aucuns aient tenté de faire entendre raison à la vieille idiote, en lui demandant si on pouvait s'attendre à autre chose en donnant une énorme bouillie brûlante à des truies, rien ne réussit à la persuader que ce n'était pas l'œuvre du châtelain, lui qui n'allait jamais à l'église et était au mieux avec le Démon. Ce fut cette histoire, je dois le dire, que nous réentendîmes tous après l'expulsion des Gamley ; et, de ce jour, on pensa de plus en plus à Kinkeig que Lucifer en personne trônait au château Erchany.

Il semblait que Lucifer souhaitât rester le plus solitaire possible au sommet de sa colline. Une semaine passa et les gens se demandaient qui Guthrie allait embaucher à la ferme à la place de Gamley et, quand rien ne se passa, ils se dirent que, peut-être, il n'avait trouvé personne pour supporter l'idée d'un pareil emploi : les Gamley avaient travaillé péniblement cette terre aride pour que l'argent finisse par tomber dans la poche de Guthrie. Mais il s'avéra que le châtelain ne cherchait personne ; ce qui rendit les gens plus curieux encore. Un jour, Will Saunders alla au marché de Dunwinnie et en revint avec la nouvelle suivante : les vaches de Guthrie y avaient été vendues deux ou trois jours après le départ des Gamley. De toute évidence, il n'y aurait plus d'agriculture à Erchany; Will expliqua qu'au printemps le châtelain embaucherait un berger et que ce serait un coin de terre de plus qui retournerait aux moutons. Bientôt, ajouta-t-il, il ne restera plus rien de la vieille Écosse; sinon une bande de larbins des Highlands léchant le derrière d'aristocrates incapables, et quelques millions d'Irlandais crevant de faim sur la Clyde.

Quelles qu'aient été les intentions de Guthrie — et les langues allaient bon train à ce sujet — la fermeture de la ferme fit d'Erchany un endroit étrangement isolé. Parce que, jusque-là, il y avait toujours eu un Gamley ou un autre pour donner des nouvelles du haut de la vallée et, maintenant, plus personne là-haut n'avait de rapports avec Kinkeig, sauf la petite Isa Murdoch. Et, finalement, Isa quitta le château à son tour; serait-elle restée plus longtemps, dit-elle, qu'elle serait devenue une épouse idéale pour Tammas lui-même. Les vieilles femmes accueillirent la jeune fille le jour où elle arriva du château avec sa valise en fer-blanc sur la tête, comme les anges fidèles avaient accueilli Abdiel[1], la remplirent de thé jusqu'à ce qu'elle ait l'air grosse de cinq mois en buvant ses paroles comme si elle était la première à rapporter d'Afrique des nouvelles d'un second Livingstone. Et, ma foi, son récit ressemblait à la description de je ne sais quel lieu lointain et sauvage.

Il est temps que je dise un mot des habitants du château Erchany; ils étaient peu nombreux, ce qui paraissait étrange dans une demeure qui avait compté ses occupants par dizaines. Jamais depuis que les Guthrie avaient frôlé

1. Archange du *Paradis perdu* de Milton. (*N.d.T.*)

la ruine avec la conjuration de Darien, l'endroit n'avait été à moitié aussi désolé : au XVIIIe siècle la famille n'avait pas d'argent pour s'habiller, car son orgueil était aussi grand que l'étendue de ses dettes et les Guthrie n'avaient plus un acre de terre. Lorsqu'ils refirent fortune au début du règne de la vieille Reine[1], ils se montrèrent assez longs à ravaler les murs ou à renouveler leur ameublement — il devait y avoir quelque chose du tempérament de Ranald dans la famille. Mais, toujours, et jusqu'au jour où Ranald hérita, à son retour d'Australie, les châtelains avaient mené grand train, avec intendant, laquais, femmes de chambre, et chapelain pour enseigner un peu de latin à l'héritier et mettre un peu de Divinité dans la tête de ceux qui devaient fréquenter l'église. Ranald était le premier à être avare à ce point : dès son arrivée, il avait congédié les domestiques comme, beaucoup plus tard, les Gamley. Il condamna la plupart des portes. Là où les serrures manquaient, il planta des clous plutôt que d'envoyer quérir le serrurier à Dunwinnie. Il ne dépensa pas un penny, il ne vit personne mais vécut solitaire et au rabais, comme une souris dans une cathédrale.

Tout cela, c'est de la vieille histoire, parce que ce fut en 1894 que Ranald Guthrie devint châtelain d'Erchany. Mais, au moment dont je parle, les choses n'avaient guère changé. Mrs. Menzies, qui avait élevé Christine, était couchée dans sa tombe, la pauvre gentille personne. Dans la famille, si on peut dire, il n'y avait donc que Christine et Guthrie ; les Hardcastle, mari et femme, disposaient pour eux d'une aile du château, Mrs. Hardcastle se chargeant de tout ce qu'elle ne pouvait exiger d'Isa Murdoch, l'unique servante ; Tammas, l'idiot, couchait dans une grange et s'acquittait des travaux les moins ragoûtants. Ce n'était vraiment pas un endroit pour Isa

1. Victoria (1819-1901). (*N.d.T.*)

que cette grande maison misérable, remplie d'ombres et d'échos, plantée au milieu des mélèzes : elle n'avait que dix-sept ans, elle aimait prendre le bus du samedi pour Dunwinnie ou chahuter avec les jeunes le soir à Kinkeig. Les gens se demandaient pourquoi elle n'avait pas demandé son compte depuis longtemps, certains disant que c'était parce qu'elle était entichée de Christine et qu'elle répugnait à la laisser seule dans un lieu aussi peu accueillant, d'autres que c'était à cause des grands fils de Gamley qui disposaient pour leurs ébats avec elle du tendre et odorant tapis de la forêt d'Erchany et ne manquaient pas d'en profiter. Mais que ce fût pour Christine ou pour les Gamley, Isa restait au château. Et personne ne mit en doute son histoire : c'était Guthrie lui-même qui l'avait finalement contrainte à partir.

Isa, en fait, le voyait la plupart du temps très peu. Il passait presque toutes ses journées dans son bureau au sommet de la grande tour et s'il allait se balader dans les bois ou pêcher dans le Drochet il descendait l'interminable escalier qui desservait ses appartements privés du donjon et sortait par une petite poterne située à l'écart du reste du château. Il gardait en permanence la clé de cette porte dans sa poche. Isa ne l'apercevait guère qu'au moment des repas et cela lui suffisait sans doute. Une fois par semaine, elle était autorisée à aller faire le ménage dans sa chambre. Elle l'entendait alors marcher dans le bureau, qui se trouvait au-dessus. Il murmurait des vers, les siens ou ceux d'un autre. Parce qu'il faut savoir que Guthrie était autant un poète qu'un érudit. Bien des années auparavant, il avait publié un recueil de poèmes, mince plaquette sous couverture noir et jaune, poèmes qui révoltèrent tous ceux qui pensaient que les vers d'un aristocrate écossais s'inspireraient naturellement de Rabbie Burns[1]. J'étais un jeune homme à l'épo-

1. Il s'agit naturellement de Robert Burns (1759-1796), poète écossais. (*N.d.T.*)

que mais je n'admettais pas qu'un savetier pût se sentir à l'aise sans connaître au moins quelques classiques. Une fois par semaine, donc, j'allais lire, au Dunwinnie Institute, ce qu'on disait des livres nouveaux — quinze kilomètres aller, autant pour revenir, et cela bien avant la mise en service du bus du samedi. Me revient en mémoire une critique parue dans un des journaux de Londres : *Mr. Guthrie cultive les abîmes*. Je pense que *cultive* était un mot injuste : le critique avait confondu Guthrie avec les nombreux poètes de cette époque qui jouaient les damnés. Guthrie — je l'ai cru pendant toutes ces années — était damné pour de bon. J'étais romantique, peut-être.

Mais revenons à Isa Murdoch. Elle n'apercevait donc son maître que pendant les repas et le murmure des vers qu'il chantonnait était tout ce qu'elle entendait de lui, tout au moins jusqu'à la période qui suivit le départ des Gamley. Un jour, alors qu'elle balayait le couloir devant la chambre de Christine, qu'on appelait la salle d'études, elle se retourna et vit Guthrie debout devant elle. Il la regardait d'un air maussade. Cela la fit sursauter, raconta-t-elle : elle n'avait jamais croisé son maître dans la maison jusque-là et jamais non plus son étrange regard n'était tombé sur elle — Guthrie, je l'ai déjà dit, je crois, avait toujours l'air de contempler le vide. Elle vit briller la lueur de l'or dans ses yeux, d'après ses dires, là, dans ce couloir obscur et sale, et, quand les lèvres du châtelain s'ouvrirent — alors que Guthrie ne lui avait jamais adressé la parole depuis qu'elle travaillait à Erchany —, elle s'attendit à entendre une malédiction qui la tuerait à coup sûr.

— Ouvrez la maison, fit Guthrie d'une voix calme.

V

Christine Mathers, Isa et la femme de Hardcastle passèrent une journée bizarre à ouvrir le château Erchany. Elles forcèrent les gonds rouillés des immenses volets et firent entrer les rayons obliques du soleil automnal dans ce décor malpropre et délabré après quarante ans d'abandon : moisissure, pourriture et toiles d'araignées gigantesques. Isa ouvrit avec une clé deux portes qu'elle n'avait jamais remarquées auparavant et se retrouva dans une salle de billard ; la grande table protégée par un tissu ressemblait à un monstre dans son linceul, ou à une civière dans une morgue pour géants. Elle s'approcha et toucha la chose, à la fois émerveillée et un peu effrayée, car elle n'avait jamais rien vu de pareil. Quand elle effleura l'un des angles une poche en lambeaux se détacha en laissant passer deux boules qui tombèrent bruyamment sur le sol avant de rouler dans l'obscurité. Isa raconta que la peur l'avait alors prise à la gorge ; comme si cette chose énorme et mystérieuse s'était éveillée quand elle avait posé la main sur elle. Elle quitta la pièce en courant et en appelant Christine. Ce fut alors qu'elle faillit s'embrocher sur une épée. Le châtelain avait décroché une claymore[1] rouillée et s'agitait comme Hamlet l'insensé cherchant le roi Claudius de Danemark. Guthrie regarda, comme d'habitude, par-dessus la tête d'Isa et murmura que les gens devraient savoir qu'on gardait une épée en haut — et il monta, avec cette épée, et on ne le revit plus de la matinée.

Mais, à l'heure du déjeuner, il y eut une nouvelle alerte parce que le châtelain avait exprimé le désir d'être servi dans la grande salle, une pièce immense qui témoignait de l'orgueil des Guthrie en des temps depuis longtemps

1. Grand sabre écossais à deux tranchants. (*N.d.T.*)

révolus. Glaciale et pleine d'échos, des échos assourdis par l'air humide et froid, elle était bourrée à craquer de vieux meubles d'un côté et hébergeait un chœur de rats dans la galerie de l'autre. Devant une cheminée sculptée, si grande qu'on aurait pu y loger deux ou trois poneys des Shetland, se trouvait une longue table flamande, rongée par les vers, avec, à un bout, Guthrie et, à l'autre, sa pupille qui lui faisait donc face — la petite Isa Murdoch, absolument terrorisée par tout cet incroyable chambardement, leur servit du lapin bouilli non dans de vieilles assiettes fêlées mais dans des plats d'argent à demi polis. Guthrie fit monter du vin de la cave et, une fois les bouteilles poussiéreuses devant lui, il les contempla d'un air niais comme si elles contenaient quelque étrange élixir arrivé tout récemment d'une autre planète car, d'ordinaire, on ne buvait que de l'eau et du lait à Erchany. Mrs. Hardcastle avait apporté un tire-bouchon. La main de Guthrie se promena un instant au-dessus de cet ustensile comme s'il s'apprêtait à déboucher une bouteille, puis il leva les yeux et dit aux femmes de reprendre leur travail parce qu'elles n'avaient pas encore ouvert la galerie.

En montant les marches, Isa demanda à Christine si elle savait ce que préparait le châtelain et si, après toutes ces années, il entendait renouer avec l'aristocratie. Mais Christine semblait n'être au courant de rien. Comme toujours, ses pensées étaient ailleurs. Elle avait vécu à Erchany dans un rêve, avec peut-être de la passion derrière chacune de ses songeries. Isa n'apprit donc rien. Maintenant, les deux jeunes filles se trouvaient sur le palier, devant la porte de la galerie.

La galerie d'Erchany était l'œuvre d'un châtelain de la fin du XVIIe siècle, qui l'avait construite avant que la famille ne prenne ses distances avec la misérable Écosse. Le Guthrie en question avait vécu chez les Anglais et appréciait beaucoup la manière dont ils bâtissaient leurs grandes demeures à l'époque des Tudors. À Erchany, il réunit toutes les chambres de l'étage et en fit une longue galerie basse de plafond. Elle comportait trois coudes et constituait une voie d'accès à tout, sauf au donjon, parce que le châtelain n'avait pas pu poursuivre son idée à travers des murs de près de trois mètres d'épaisseur. On raconte que, une fois ces travaux finis, ce Guthrie avait perdu toute patience et ne supportait l'endroit que par temps humide : il venait alors y déambuler, gai comme un pinson, afin d'y prendre un peu d'exercice. Pour un Guthrie, c'était là un plaisir innocent.

Du temps de Ranald, personne n'avait jamais mis les pieds dans cette galerie, et quand Christine et Isa virent la porte elles durent penser que personne ne pourrait jamais plus entrer. Il n'y avait que cette porte, massive et bardée de fer. Et c'est là que Guthrie, en fermant toute la maison quarante ans plus tôt, avait privé le serrurier d'un travail. Christine pâlit, raconta Isa, en constatant quelle furie avait présidé à la condamnation de la porte. D'énormes clous plantés en biais dans les planches et le chambranle témoignaient de la force et de l'adresse d'un homme qui avait manié la hache et le marteau dans le bush australien. C'était par souci d'économie que Guthrie, ladre comme il était, avait bouclé toutes les pièces d'Erchany, mais cette porte témoignait à coup sûr d'une autre passion car, après quarante ans passés ou dissimulés, les traces des coups de masse, profondément marquées dans le chêne sombre, évoquaient la frénésie d'un sculpteur.

Jusque-là, le châtelain, à part un ordre par-ci par-là, avait peu participé au remue-ménage qu'il avait décidé ; selon Isa, il semblait presque se demander ce qu'il faisait là. Mais, à ce moment précis, il monta les marches, vit les deux femmes debout, impuissantes, devant la porte de la galerie et fut soudain pris d'un accès de fureur. Il était bien rare que Guthrie se mît en colère, froid et fier comme il était et toujours étrangement courtois, et le voir exploser devant la porte terrorisa derechef la pauvre Isa comme si son maître avait été Satan piétinant de rage devant le portail gardé par le Péché et la Mort. Il bondit à la fenêtre du palier et hurla, d'une voix forte mais enrouée, à Tammas qui pataugeait dans la cour de lui apporter sa hache et de vérifier si elle était bien affûtée. Bien qu'il approchât de soixante-dix ans, Guthrie fendait encore son bois : il aurait pu rendre des points, ce faisant, au brutal Gladstone, celui qui réduisit en bouillie les habitants de Midlothian. Tammas arriva avec la hache, lui bavant de toute sa grande bouche d'imbécile, elle nantie d'un long manche subtilement incurvé, ce qui la rendait différente des haches ordinaires qu'utilisent les bûcherons par ici. Guthrie se dépouilla de sa veste et, droit dans sa chemise, il cria : « Reculez ! » d'une voix telle que Tammas glissa sur ses pieds boueux et dégringola l'escalier cul par-dessus tête. Isa poussa un cri strident et Christine descendit pour voir si le malheureux s'était fait mal, mais le châtelain ne regardait rien d'autre que la grande porte de chêne de la galerie. Puis il se mit à cogner, à la façon d'un homme qui tenterait de sortir à coups de hache d'un endroit en feu — mais il était adroit, il tapait légèrement, rapidement, et là où un imbécile aurait planté sa hache dans le bois dur comme Excalibur, il enlevait copeau après copeau sans jamais coincer l'outil. Quand il avait frappé pour la première fois, il y avait eu un bruit de course effrénée : c'était les rats de la galerie qui s'enfuyaient après des générations et des générations de tranquillité. Au deuxième coup, les chiens d'Erchany donnèrent de la voix dans la cour et, en bas de l'escalier, Tammas retrouva suffisamment son souffle pour hurler comme une âme dans le feu éternel. Aux cuisines, la femme Hardcastle entendit le vacarme, et bien qu'à moitié aveugle et à moitié croulante, elle courut dans la cour et fit sonner la grande cloche rouillée et fêlée qui, dans les siècles passés, annonçait un incendie ou une attaque. Il n'y avait pratiquement pas eu pareil vacarme dans un château écossais depuis le jour où on avait trouvé le roi Duncan dans ses draps ensanglantés.

Mais Guthrie travaillait sans prêter attention au reste, en creusant de profonds sillons ici et là dans la porte. Une heure plus tard, en sueur, il réclama de l'eau, se rinça la bouche et but; puis il revint s'attaquer au bois qui résistait toujours; il était blême, selon le récit d'Isa, et avait les joues en feu, mais ses poignets étaient toujours aussi fermes que l'acier et ses jambes ne tremblaient pas. Il fut quatre heures, puis cinq; un dernier rayon de soleil, lourd de poussière dansante, jouait sur l'escalier de pierre usé et, dans la cour, l'ombre des remparts qui s'allongeait virait au noir et commençait à mordre sur le mur est; à six heures et demie, la porte de la galerie s'effondra avec un craquement. Guthrie descendit, alla changer de vêtements et réclama son souper, le même que s'il s'était simplement acquitté d'une quelconque besogne quotidienne. Mais il déboucha une bouteille de vin, celui qu'on avait apporté pour le déjeuner, et il en offrit un peu à Christine — d'une manière grave et courtoise, toujours d'après Isa, comme s'il recevait une étrangère, douce et pudique, pour lui faire les honneurs d'Erchany.

Tout cela se passait la veille du jour où Isa Murdoch quitta la grande maison. Mais les événements de la nuit — qui mirent les choses au point pour la jeune fille — sont encore à venir. Je vais à présent parler de Christine Mathers et de la façon dont j'en vins à me trouver impliqué dans ce qui allait se passer à Erchany.

VI

Tammas l'idiot était perturbé, soit par le coup qu'il s'était donné sur la tête en dégringolant l'escalier soit par l'étrange conduite du châtelain. Dans ses meilleurs moments, c'était un pauvre type, à la fois gentil et fuyant ; parfois sa douceur et son amabilité étaient telles qu'on avait vraiment de la peine pour lui et parfois il ricanait et prenait un air renfrogné qui le faisait ressembler à un horrible démon. Mais il s'était toujours abstenu d'ennuyer les filles dont il ne semblait pas savoir à quoi elles pouvaient servir davantage que n'importe quel objet neutre. Isa n'avait jamais eu peur de lui. Elle lui apportait ses repas à la porte de l'arrière-cuisine sans y accorder plus d'importance que si elle avait nourri les poules. Mais peut-être sa chute avait-elle infligé au système nerveux de ce crétin un choc que la grosse sommité de Harley Street aurait baptisé d'un nom savant, car ce soir-là la voix de la nature parla et il décida de tenter de se placer auprès d'Isa. Tard dans la nuit, un bruit nettement plus fort que les entrechats des rats d'Erchany l'éveilla, elle ouvrit les yeux et vit, dans le clair de lune, Tammas qui entrait par la fenêtre. Un regard au visage de l'idiot lui suffit, elle jaillit de son lit et s'enfuit par la porte tant que ses jambes avaient encore la force de la porter. Tammas poussa un hurlement horrible à entendre et se lança à sa poursuite.

La première pensée d'Isa fut de rejoindre Christine mais, même à elles deux, elles auraient été impuissantes devant cette créature frénétique et, donc, elle préféra ne pas entraîner l'idiot dans cette direction. Elle hésita un moment au bout du couloir : elle avait le choix entre rejoindre l'aile des Hardcastle ou, si elle tournait de l'autre côté, gagner le donjon et aller chercher le châtelain. Et bien qu'elle craignît Guthrie, elle le savait plus digne de confiance en la circonstance que l'intendant Hardcastle, qui avait toujours une lueur libidineuse dans l'œil et qui était lâche de surcroît. Elle se drapa donc dans sa chemise et se dirigea vers la tour. Elle n'était plus qu'à mi-chemin quand une pensée lui glaça le cœur : le châtelain s'enfermait à double tour la nuit et il était donc impossible à Isa de pénétrer dans le donjon et d'aller le rejoindre. Elle s'immobilisa, l'idiot quasiment sur ses talons, et chercha désespérément un endroit où se cacher. Puis son regard se porta vers l'une des grandes fenêtres qui donnaient sur la cour et, de l'autre côté de celle-ci, mais en hauteur, elle vit une lumière qui se déplaçait. Guthrie n'était pas dans sa tour mais dans la galerie qu'il venait de rouvrir. Isa se précipita vers le grand escalier, sans même écouter si Tammas la suivait encore, et gravit les marches de pierre inégales comme si elle courait pour gagner un prix lors du pique-nique de l'école du dimanche.

Ce ne fut qu'au milieu de son ascension qu'elle pensa à crier mais elle n'avait plus assez de souffle si bien que seule une sorte de gémissement plaintif sortit de son gosier. Elle arriva en haut, franchit la porte fracassée et réussit à pousser un vrai hurlement parce que Guthrie, en kilt, affreusement pâle, brandissait une grande hache de bataille. Elle s'aperçut alors qu'il ne s'agissait que d'une ressemblance, et qu'elle voyait seulement un vieux tableau qui brillait au clair de lune dans son cadre terni, parmi toute une rangée de portraits accrochés dans la galerie. Guthrie lui-même restait à trouver : il devait être quelque part dans un coin — on se souvient que la galerie formait trois coudes.

Elle courut dans la longue pièce faiblement éclairée et soudain entendit le bruit d'une respiration tout près d'elle. Ce devait être l'idiot, pensa-t-elle. Elle se réfugia dans une sorte d'alcôve, prête à se jeter par une fenêtre. Et il y avait bel et bien une fenêtre qui donnait non pas sur la cour mais sur l'arrière du château. La moitié des vitres manquaient et elle entendit monter dans le silence une chanson, *The craw kill't the pussy-oh*, la chanson de Tammas :

The craw kill't the pussy-oh,
The craw kill't the pussy-oh,
The muckle cat
Sat doon and grat
At the back o' Meggie's hoosie-oh...

Poignantes et gracieuses, les antiques paroles arrivaient jusqu'à Isa, qui se sentit presque folle de joie. En regardant dehors, elle vit Tammas qui chantait gaiement à la lune, cette lune qui en descendant sur l'horizon avait emporté sa folie avec elle. Il leva les yeux vers l'astre des nuits et Isa vit qu'il avait le visage calme et doux tandis qu'il partait se coucher.

Et puis elle entendit à nouveau le bruit d'une respiration derrière elle.

Elle comprit que c'était le châtelain ; en tournant dans la galerie, elle s'était éloignée de lui et à présent il arrivait sur ses talons. Quand elle se rendit compte qu'elle se trouvait seule avec Guthrie dans cette immense pièce déserte elle se sentit plus près de mourir de frayeur que jamais. Car la menace d'être violée et peut-être engrossée par Tammas était une horreur dont elle pouvait prendre la mesure, ayant entendu quantité d'histoires de ce genre, mais le sombre pouvoir de Guthrie lui demeurait inconnu, ses détails excédant les limites du savoir de la fille. Il n'est de pire danger que celui dont on ignore la nature exacte et il existe une réelle différence entre une peur née de l'instinct et une frayeur issue de l'imagination.

Isa retint donc son souffle et se pelotonna dans sa cachette ; une fois Guthrie passé, elle se glisserait par la porte et retournerait dans sa chambre dont elle barricaderait porte et fenêtre en prévision d'un nouvel assaut de Tammas. Guthrie arrivait, sa respiration se faisait plus proche et Isa était parfaitement sûre que son hideux regard devait peser sur elle. Mais elle était bien cachée derrière deux objets magiques dont elle ignorait l'usage : deux énormes globes, l'un terrestre, l'autre céleste. Jadis la galerie avait été une bibliothèque meublée de tout ce qui convenait à un gentleman, mais Guthrie, en grand érudit qu'il était, avait fait porter la majeure partie des livres dans le donjon, avant de condamner la porte. Il ne restait presque rien sur les rayonnages sinon de grands in-folio tombant en poussière et des in-quarto dans leur lourde dorure continentale. C'était pour l'essentiel des ouvrages de théologie protestante, venus de Genève, capitale de l'orthodoxie au temps jadis. Ils étaient totalement détériorés et dégageaient une odeur de cuir moisi : Guthrie — que Dieu lui vienne en aide — ne se souciait guère de cette pieuse littérature.

Tout cela ne signifiait rien pour Isa. Elle pensait seulement que le châtelain l'avait dépassée et qu'elle pouvait peut-être se faufiler sans être vue jusqu'à la porte. Mais la moitié d'un coup d'œil lui montra qu'elle était encore prisonnière; Guthrie se trouvait à un mètre cinquante, drapé dans une vieille robe de chambre déchirée, et tenait à la main la bougie de sa chambre à coucher qui dessinait un cercle de lumière mouvant et plus chaud dans le clair de lune glacé. Il faisait froid dans la galerie; Isa grelottait — soit à cause du froid, accroupie en chemise comme elle était, soit à la vue du châtelain. Guthrie, expliqua-t-elle plus tard, aurait aussi bien pu être le Guthrie sculpté dans la pierre qui ornait la grande tombe dans l'église. Il était pâle, pétrifié dans quelque pensée profonde et ténébreuse. Et, sur son front haut, là, dans la froidure de cette nuit de novembre, brillaient des gouttes de sueur. Il ressemblait à une statue, à ceci près qu'il respirait vite et fort, et ses yeux baissés plus que de coutume montraient qu'il était en proie à quelque tourment intérieur.

Selon Isa, il demeura dans cette posture une demi-heure; si l'on tient compte de la tension nerveuse de la fille, on peut supposer que cela ne dura pas plus de trois minutes, ou quatre. Puis Guthrie reprit sa marche. Il se dirigeait droit vers elle.

Isa a raconté qu'elle avait alors poussé un petit cri. Guthrie avança la main pour la tirer de sa cachette, pensa-t-elle. Elle ferma les yeux et tenta de se rappeler une prière. En vain — mais elle ne sentit pas sur son épaule le contact qu'elle attendait. Le grand globe derrière lequel elle se tenait bougea, sa surface froide et lisse effleurant de façon mystérieuse son bras nu. Elle risqua un nouveau coup d'œil et constata que le châtelain semblait en transe, refusant de voir qu'elle se trouvait juste sous son nez. Murmurant quelques mots inintelligibles, il faisait tourner de la main sur son axe rouillé le monde miniature incrusté de poussière. Le globe craquait et grinçait, petite planète avec ses océans et ses continents aux couleurs passées. Puis, dominant ce petit bruit strident, la voix discordante et perçante de Guthrie prononça des mots qu'Isa put comprendre clairement, tout effrayée qu'elle fût :

— Il le fera ! C'est dans le sang, et, par Dieu, il le fera !

La pire terreur qu'éprouva Isa cette nuit-là vint de la façon dont Guthrie avait parlé, parce qu'il était affolant de penser que le châtelain craignait lui-même quelque chose. Quand elle raconta son histoire à Kinkeig, il y eut des gens pour dire qu'elle avait prêté ses propres sentiments à Guthrie et le marchand de journaux — celui qu'on surnommait le Citoyen Penseur — affirma qu'il s'agissait d'un cas de transfert émotionnel. Mais Isa s'en tenait à son histoire : le châtelain avait peur de quelque chose ; et quelques semaines plus tard les gens dirent : « Bon, il avait une bonne raison et Isa s'est montrée futée en s'en apercevant » ; le marchand de journaux expliqua qu'il avait toujours tenu la fille pour une jeune personne perspicace.

À peine avait-il fini de parler que Guthrie pivota et recommença à parcourir la galerie de long en large, mais toujours entre Isa et la porte, ou à proximité immédiate, si bien qu'elle demeurait prisonnière. Parfois il marchait en silence et parfois il chantait des vers, des vers, précisa Isa, qui comprenaient quantité de mots écossais et même un peu de charabia à la fin — ce devait être une fichue langue étrangère. Isa n'y comprit rien. Elle eut à moitié envie de sortir et d'affronter le châtelain, mais comme elle observait depuis un long moment son délire, il se mettrait sûrement en colère, se dit-elle. Elle s'emmitoufla donc dans sa chemise de nuit — une de ces fanfreluches légères, sans doute, et non la bonne flanelle que sa mère lui avait fait parvenir — et se résigna à supporter le froid jusqu'au départ de Guthrie. À tout le moins, ce dernier ne risquait pas de l'enfermer, vu l'état de la porte. Et bientôt elle en vint à penser bizarrement qu'après tout le châtelain lui faisait une compagnie dans cette galerie solitaire; elle regrettait presque quand il s'éloignait un peu, tout en espérant malgré tout qu'il allait dépasser l'un des angles, ce qui lui permettrait de s'enfuir librement de la pièce. Elle poussa un petit cri — le second — lorsqu'elle sentit tirer sur le bas de sa chemise. C'était un grand rat gris, aussi hardi qu'effronté, et dont les yeux, fantasma-t-elle, avaient la même expression que ceux de tous les Guthrie de la galerie. Mais cette fois encore le châtelain n'entendit rien; il se drapait bizarrement dans ses ténèbres personnelles, chantant toujours les mêmes vers étranges, avec autant d'intensité qu'un catholique répétant sans fin les mêmes mots pendant un naufrage. Puis il s'immobilisa, chandelle tenue à bout de bras et à hauteur de sa tête, pour regarder quelque chose, mais qu'Isa ne put identifier. Il cessa de chanter. Il y eut un long silence qui permit à la jeune fille d'entendre le bruissement des feuilles de lierre et le souffle du vent de la nuit dans les mélèzes. Puis, s'adressant aux Écossais peints, il cria qu'il saurait comment s'y prendre :

— Pourquoi cela ne marcherait-il pas ?

Il répéta, d'une voix à peine audible :

— Pourquoi cela ne marcherait-il pas ?

Ce fut de nouveau le silence. Isa se tenait de telle façon qu'elle pouvait sentir les rayons de lune caresser son dos et, lorsque Guthrie éclata d'un grand rire sauvage, comme si quelque chose se rompait en lui, elle s'évanouit.

VII

Quand Isa reprit connaissance, Guthrie était parti et les rats lui mordillaient les doigts. Elle se mit péniblement à genoux puis se releva tout à fait, ses jambes robustes ayant le plus grand mal à la porter, et elle quitta l'affreuse galerie pour regagner sa chambre. Elle ne perdit pas une minute et s'aspergea la figure d'eau froide, toute tremblante qu'elle fût, ce qui lui donna la force de faire sa valise et suffisamment de lucidité pour écrire un petit mot à Christine. Elle se faufila ensuite jusqu'à la cuisine et mangea un morceau, affamée qu'elle était après sa nuit blanche, puis, à la pointe du jour, elle quitta le château, son bagage sur la tête comme s'il s'était agi d'un panier de linge, tout en surveillant du coin de l'œil la grange où logeait Tammas. Elle se sentit toute contente quand elle eut passé le loch et que le bois de mélèzes se fut refermé sur la maison grise. Elle descendit ensuite la colline d'Erchany et s'engagea sur la longue route de la vallée qui conduisait à Kinkeig. L'aube levée, la neige commença à tomber et pour pénible que cela rendît sa marche, Isa n'en fit pas moins le trajet gaiement. Il lui semblait dérouler un blanc tapis d'oubli entre elle et les sombres moments de la nuit passée.

L'histoire de la jeune fille, on s'en doute, ne fut pas longue à se répandre dans Kinkeig — les vieilles femmes, je l'ai dit, en firent grand cas en cette période d'inactivité hivernale. Et, comme toutes les histoires qui circulent dans un village d'Écosse, celle-là ne perdit rien, bien au contraire, à être répétée ; on raconta que la petite Isa avait dû se cacher derrière le postérieur de deux grandes idoles, devant lesquelles Guthrie, tout nu, avait prié — des idoles qu'il avait déterrées dans les camps des barbares romains, sans l'ombre d'un doute, et des prières qu'il avait apprises en étudiant les runes païennes. Ou, si ce n'était pas Guthrie qui était nu, c'était Tammas — le récit d'Isa, pour étrange qu'il fût, n'était pas assez scandaleux aux yeux de certains. Il faut dire que le comportement d'Isa fut à la fois doux et pudique compte tenu du bruit fait autour de son histoire, une histoire qu'elle narrait volontiers mais sans l'enjoliver à chaque fois, comme on aurait pu s'y attendre. Elle n'y ajouta que deux détails, réels ou imaginaires. Elle pensait, expliqua-t-elle, avoir entendu comme dans un rêve Guthrie marmonner quelque chose à propos de l'Amérique et de Terre-Neuve et cela se mélangeait dans sa tête avec deux noms : Walter Kennedy et Robert Henderson — elle n'avait pas la moindre idée de ce qu'ils étaient ni personne à Kinkeig, exception faite de Will Saunders, lequel croyait qu'il y avait eu un Walter Kennedy, petit paysan qui vivait au bord du loch, mais qui était parti depuis bien longtemps, fort probablement pour l'Amérique ou Terre-Neuve. Et l'autre point dont elle avait l'impression de se souvenir était ceci : après son évanouissement et dans un état de demi-conscience elle aurait vu Guthrie penché sur une table et étudiant quelque chose, livre ou document, elle ne s'en souvenait pas. Voilà pour le récit d'Isa, dans sa totalité. Kinkeig le remâcha pendant une semaine et je ne dirai pas que je ne l'ai pas remâché moi-même : c'était un sujet passionnant et, par temps de neige, peu de gens viennent chez le savetier.

Le départ d'Isa du château signifia pratiquement la fin des nouvelles venues du haut de la vallée. À deux ou trois reprises, pendant le redoux, Hardcastle vint s'occuper de ses affaires et, une fois, il alla jusqu'au carrefour et s'enferma dans la petite cabine téléphonique qui se trouve là. Cette nouvelle vexa la postière, Mrs. Johnstone, car un tel comportement revenait à dire qu'elle aurait divulgué à tout le monde le contenu de la conversation s'il était passé par son bureau de poste, alors qu'assermentée elle était tenue au secret. Et c'était d'autant plus grave à son avis que les gens pensaient qu'ils avaient droit à des informations de sa part au-dessus de leur tasse de thé et qu'ils allaient lui reprocher, déraisonnablement, de se montrer peu sociable, s'il n'y avait rien à rapporter. Toutefois, Jock Yule, l'employé de la gare routière, qui n'avait rien à faire de la journée sinon balayer ce qu'il nommait la salle d'attente et parfois donner un coup de main à l'embarquement de moutons dans un camion, jeta un œil à Hardcastle dans sa cabine. L'intendant d'Erchany avait une liasse de papiers qu'il lisait directement dans la bouche de la chose et cela signifiait, à coup sûr, qu'il expédiait des télégrammes via le central téléphonique de Dunwinnie. Les alouettes vont craindre que le ciel tombe, dirent les gens, si les habitants du château commencent à dépenser leur argent de cette façon.

Quand les colis de la semaine arrivèrent, Jock constata qu'il y avait un demi-camion de paquets destinés à Erchany, des bourriches et d'autres emballages du même genre en provenance de Mackie's and Gibson's, et de deux ou trois autres boutiques réputées d'Édimbourg. Il semblait clair que Guthrie, qui n'envoyait faire de courses à Kinkeig qu'une fois par an, disaient les gens, pour acheter une livre de thé et du sel de cuisine, avait définitivement perdu la raison. Jock lui-même était secoué à un tel point qu'il n'eût pas été étonné que le châtelain lui donnât une demi-couronne de pourboire à la livraison avec, en prime, un coup à boire. Mais tout ce que fit Guthrie, lorsque Jock se fut donné un mal de chien pour hisser en plein dégel son camion en haut de la vallée, fut de vérifier dans la maison les paquets d'après la facture puis de marchander le prix du transport; il n'était pas si fou, après tout. Et Jock raconta que, même s'il n'avait pas été remercié pour sa peine, il s'était senti désolé pour le personnage : celui-ci paraissait manquer de sommeil, avait l'air vieux — et quelque peu désorienté comme quelqu'un qui hésite entre deux idées.

Évidemment, Kinkeig accueillit comme un cadeau de Noël la nouvelle que Guthrie avait des ennuis; si le châtelain se faisait du mauvais sang, les gens étaient ravis de l'apprendre, qu'ils puissent ou non en deviner la raison. Nombreux furent ceux qui proposèrent une explication et plus nombreux encore ceux qui la réfutèrent. Le libraire assura, ce qui lui valut une bonne dose de respect, qu'il distinguait diverses hypothèses qui s'excluaient mutuellement : il est curieux de constater à quel point quelques mots incompréhensibles peuvent impressionner des gens peu lettrés.

On en parla aux *Arms*, surtout en raison de l'étrange événement qui mit un terme à l'affaire.

De temps en temps, on doit le savoir, je vais au bar — la plupart des bien-pensants de la paroisse pensent que c'est un endroit tout à fait convenable pour une soirée de détente. Will Saunders était là, et Rob Yule. Ce fut alors que s'amena le libraire, toujours avec, pour ainsi dire, une hypothèse dans chacune de ses poches — car de cette façon il avait l'air de toujours tout savoir : à l'entendre parler on aurait cru qu'il était directement en rapport avec les rédacteurs en chef du *Scotsman* et du *Times* en personne. Mrs. Roberts officiait derrière le bar, en cognant bruyamment les verres pour manifester sa réprobation devant l'alcool et montrer qu'elle n'aurait jamais imaginé être contrainte d'en servir; un triste sort qu'elle devait à Roberts, mais pas immérité, disaient les gens, car, durant leurs fiançailles, avait-elle jamais cessé de glisser à son futur mari de petits tracts expliquant la nocivité de l'alcool pour la circulation sanguine, et un aubergiste n'aurait-il pas dû en tenir compte ? Mrs. Roberts ne prononçait jamais un mot jusqu'à l'arrivée de Carfrae, le marchand de légumes. Carfrae ne touchait pas à l'alcool et se contentait de venir pour bavarder. Mrs. Roberts lui servait alors une bière spéciale au gingembre. Un jour, elle en avait disposé une rangée de bouteilles derrière le bar avec une pancarte : *Pétillant, Rafraîchissant, Non Toxique*, mais Roberts l'avait jetée en disant que chaque chose avait une place et que celle de cet écriteau se trouvait dans les confiseries. Comme je l'ai dit, Carfrae vint boire sa mixture et ce fut lui qui relança la conversation sur Guthrie.

— Madame, dit-il, en nous jetant un regard attristé, à Yule, à Saunders et à moi-même, je pense qu'il circule des bruits très fâcheux dans cette paroisse.

— C'est certain, Mr. Carfrae, et il en a toujours été ainsi depuis l'échec de l'Option locale[1].

Et Mrs. Roberts remua bruyamment un tas de bouteilles de stout vides.

— Ici, dans ce bar, nous faisons attention à ce que nous disons, fit Carfrae avec un nouveau regard en coin dans notre direction, mais, dehors, il y a deux ou trois ignorants qui claironnent des histoires assez scandaleuses sur le compte du châtelain.

— Le pauvre ! s'écria Mrs. Roberts. Il doit beaucoup souffrir, j'en suis sûre.

Et elle leva les yeux au ciel à la façon d'une poule qui vient de boire.

— Tout ce qu'on raconte sur lui et cette drôle de fille, Christine, est assez ignoble.

1. Privilège ancestral des communes écossaises leur permettant d'autoriser ou d'interdire la vente et la consommation des boissons alcoolisées sur leur territoire. (*N.d.T.*)

— Une honte, dit Carfrae en se léchant les lèvres comme si sa bière au gingembre avait été particulièrement bonne, et le plus honteux est encore d'en parler alors que tout cela semble être vrai. Pauvre enfant élevée comme on élèverait une truie.

Ce genre de propos me fait parfois douter des bienfaits de la Réforme et partager le sentiment de ceux qui affirment que tout le mal est venu en Écosse du presbytérianisme. Mais le Dr Jervie — et je crois qu'il a raison — dit que Non, c'est une idée fausse : la terre aride, les baux à court terme, le ciel gris à longueur d'année, le brouillard glacial qui s'infiltre jusqu'au cœur nous privent à moitié des plaisirs de la vie et nous amènent à nous réchauffer au feu des propos déplaisants et des concupiscences à peine murmurées. J'ai appris depuis longtemps à me taire quand les langues se délient de cette façon et, ce soir-là, je gardai le silence. Mais Rob Yule, bien que son argent eût depuis longtemps refroidi dans ses caves, avait le cœur chaud et un tempérament vif. En outre, il avait toujours apprécié Christine. Il réagit donc à l'insinuation de Carfrae.

— Le vieux mensonge qui court sur cette fille, dit-il, est-il si éculé qu'il faille en inventer un nouveau ?

Il faut savoir que Christine était la pupille de Guthrie et portait le nom de sa mère. Elle était arrivée toute petite au château — c'était, avait-on expliqué, la fille du frère de la mère de Guthrie qui avait trouvé la mort avec sa jeune femme dans un terrible accident de chemin de fer à l'étranger. Je me souviens que personne n'avait mis cette version en doute jusqu'à un hiver blanc qui incitait à la même paresse que celui dont je parle dans ce récit ; une rumeur se répandit, rumeur selon laquelle l'histoire de Christine Mathers était fausse et que Guthrie était pour elle plus qu'un oncle. Mais ce fut seulement le caractère secret et la mauvaise réputation du châtelain, pensèrent les quelques habitants sensés de Kinkeig, qui donnèrent peu à peu force et couleur aux ragots : si la gamine ne fréquenta jamais l'école, disaient les gens, c'était parce que Guthrie avait honte de sa fille naturelle. Rob Yule appelait cela le vieux mensonge — maintenant ce Carfrae en proposait un autre, sûr et certain. On pouvait comprendre, expliquait le marchand de légumes, pourquoi Guthrie tenait Neil Lindsay à l'écart : n'était-il pas jaloux de sa jeune maîtresse, en vieux dégoûtant qu'il était ?

La Roberts rinçait un verre.

— Vous voulez dire que ce n'est pas sa fille ?

Carfrae hésita et nous jeta un regard circonspect.

— C'est simplement ce qu'on raconte, fit-il.

Avant de glousser dans son remontant pour École du Dimanche.

Mrs. Roberts se permit un claquement de langue choqué et se versa une tasse de thé : elle a toujours une grande théière sous le coude dans le bar et en offre une tasse, gratuitement, à quiconque entre. Ce qui rend Roberts fou de rage. Le Citoyen Pensant dit : Ma foi, les temps étaient terriblement permissifs et il était vraiment dommage qu'on ait empêché les journaux de publier en totalité les minutes des jugements de divorce ; rien n'était plus édifiant pour les gens que de lire ces pénibles exemples de l'existence dépravée des Anglais. Et, en ce qui concernait Guthrie, il était affreux de penser qu'il avait élevé la fille au mépris de toute règle, non comme sa fille naturelle mais pour en faire sa maîtresse.

Carfrae gloussa derechef, émit des hum, des ha, des insinuations et, pour finir, le libraire comprit où il voulait en venir, et quoi qu'il ait pu lire de la vie dépravée des Anglais, je pense qu'il était assez pudique pour se montrer choqué. Il jeta un regard sévère à Carfrae et dit :

— Vous voulez insinuer qu'il n'y a pas eu des propositions réciproques ?

Je me demande si le marchand de légumes comprit cette question — mais il comprit assurément Rob Yule. Parce que celui-ci marcha sur lui, lui ôta son verre de bière au gingembre de la main et le versa, soigneusement, dans l'aspidistra, tout proche, de Mrs. Roberts.

— Carfrae, dit-il, le Non Toxique ne sert à rien. Il est trop tard pour prendre pareille précaution : tu n'es rien d'autre qu'un chien enragé.

Ce n'était pas ce qu'on pourrait appeler une situation tendue : le marchand de légumes n'était pas le genre d'homme à se colleter avec Rob Yule, parce qu'il n'était pas capable de se mettre en colère. Mais c'était gênant; le teint de Carfrae hésitait entre le jaune et le vert, à la façon d'un de ses propres choux, le marchand de journaux grommelait quelque chose sur ce qui, selon lui, constituait techniquement une agression et Mrs. Roberts avait saisi sa cuiller à thé qu'elle agitait furieusement dans sa théière — ce qu'elle faisait toujours quand elle s'estimait insultée. Puis Will Saunders qui, comme moi, avait gardé le silence, pensa faire diversion.

— Par ma foi, s'écria-t-il, regardez donc l'aspidistra!

Je ne pense pas que la plante ait beaucoup souffert de l'incident, mais la façon dont Will parla en montrant du doigt la pauvre chose mal à l'aise dans son pot donna l'impression qu'elle se fanait. Je crois que je ris avec la retenue que m'imposaient mon âge et ma qualité d'ancien de l'église. Rob éclata de rire lui aussi et nous constatâmes alors que Mrs. Roberts était vexée à mort : elle secoua violemment sa théière tout en émettant un bruit semblable au cri d'un dindon qu'on égorge. Après tout, le Non Toxique symbolisait en quelque sorte sa lutte contre Roberts et le sombre pouvoir du débit de boissons qu'elle avait épousé avec lui. Et ce fut sans doute pour apaiser et distraire la vieille femme que Will pensa à lui lancer :

— Mrs. Roberts, pouvons-nous jeter un coup d'œil à votre grand atlas pour voir Terre-Neuve?

Les deux fils Roberts naviguaient et leur mère était très fière de l'atlas qu'ils lui avaient offert pour lui permettre de suivre leurs voyages. Et, quoique encore furieuse contre ceux qui lui permettaient de conserver un toit sur sa tête en buvant une bonne bière, elle ne put résister à l'invite. Elle s'éclipsa et revint aussitôt avec l'atlas et un pot de thé tout frais.

Tous — à l'exception du marchand de légumes Carfrae qui ressassait encore l'insulte à lui adressée —, nous allâmes examiner la carte et Will demanda si Terre-Neuve se trouvait en Amérique. Je répondis que c'était tout autant en Amérique que le Canada, ni plus ni moins. On pouvait donc dire que c'était aux Amériques. Puis Will voulut savoir où habitaient les cousins américains de Guthrie, ceux qui avaient naguère essayé de le faire passer pour fou.

Mrs. Roberts était si contente qu'elle en oublia la plaisanterie de Will à propos de son aspidistra et offrit du thé à la ronde ; même lorsque Rob Yule dit que Non, il prendrait une autre pinte, merci, et qu'il paya tandis qu'elle le servait, elle se contenta d'afficher un air pincé. Elle pensait que Will avait certainement découvert ce qui troublait le châtelain et que c'était pour cela qu'il avait parlé de ce qu'Isa avait entendu au sujet de l'Amérique et de Terre-Neuve. Pour ma part, je n'étais pas vraiment impressionné.

Mais Will expliqua que c'était la raison pour laquelle Guthrie ouvrait Erchany ; les cousins avaient bien failli l'envoyer à l'asile en raison de son goût pour la solitude et de son avarice. Guthrie avait appris que sa famille complotait à nouveau contre lui, ce qui l'avait poussé à donner quelques signes de libéralité : nul doute qu'il allait inciter Christine à témoigner qu'il avait l'habitude de déboucher une bouteille de vin pour elle. Et si nous avions su le nom des cousins, ce qui n'était pas le cas, il était presque certain que ç'aurait été Kennedy ou Henderson, ces noms dont Isa se souvenait que Guthrie les avait prononcés dans la galerie. À ce moment-là le marchand de journaux remarqua que le travail de détective amateur était fascinant, et Rob Yule dit que cela se pouvait mais que rien ne remplaçait le fait de savoir les choses ; si Will ne connaissait pas le nom des cousins américains, ce n'était pas son cas : ces gens s'appelaient tout simplement Guthrie. Il était encore enfant quand les jeunes Guthrie étaient partis pour l'Australie, mais il se souvenait que son propre père lui avait dit qu'ils auraient dû aller en Amérique, parce que les fils du frère du père de ces garçons habitaient là-bas, mais que s'ils ne l'avaient pas fait c'était en raison d'une inimitié familiale, bien qu'ils fussent du même sang.

— C'est ça, s'exclama Will, le sang !

Le marchand de légumes sursauta comme si on parlait de son propre sang tandis que Mrs. Roberts s'immobilisait, éberluée, sa théière en l'air. Mais Will pensait avoir trouvé un autre élément pour compléter son tableau.

— Guthrie, pendant cette fameuse nuit, n'a-t-il pas marmonné quelque chose au sujet de ce qui est dans le sang ? Et ne pensait-il pas à la méchanceté des Guthrie américains qui ont tenté de le déposséder et tentent peut-être encore de le faire ?

Le libraire dit que c'était fort probable. Et Carfrae, qui avait boudé dans son coin mais ne résistait plus à l'envie de se joindre à la conversation, dit que peut-être — mais qu'il n'y avait pas que les cousins d'Amérique à être en bisbille avec les Guthrie d'Erchany. Ne pouvait-on penser à Neil Lindsay, ce jeune homme sombre à l'esprit tourné vers le passé et qui croyait que lui et les siens étaient à jamais les ennemis des Guthrie ? Ce à quoi le marchand de journaux rétorqua qu'il voyait mal Guthrie s'exciter à propos d'un jeune nationaliste fou ; il convenait donc d'explorer toutes les possibilités.

— Je trouverais préférable, dis-je, d'explorer la galerie de Guthrie.

Ils me regardèrent tous ; j'ai toujours considéré que moins on en dit plus on attire l'attention.

— En outre, continuai-je, j'aimerais savoir de qui étaient les vers que chantait le châtelain cette nuit-là.

Ils me regardèrent plus attentivement encore, et le marchand de journaux fit remarquer qu'il ne voyait pas en quoi la poésie dite par Guthrie pouvait constituer un facteur significatif.

— Peut-être que cela vous est impossible, fis-je, en parlant de la façon ambiguë qu'affectionne le libraire.

Rob Yule eut un grand rire et dit que je pouvais peut-être expliquer ce que Guthrie avait en tête : Will avait-il raison de penser qu'il avait ouvert Erchany par crainte des Américains ?

— Je crois fort improbable que les cousins d'Amérique se soucient encore de Guthrie ou lui d'eux.

Sur quoi, je vidai ma pipe et m'apprêtai à rentrer chez moi.

Lecteur, la suffisance est toujours punie. J'atteignais la porte du bar quand elle s'ouvrit si violemment que je dus reculer d'un bond. Entra une drôle de fille portant une tenue d'automobiliste.

— Je dérange ? demanda-t-elle puis, apparemment certaine du contraire, elle marcha droit sur le bar et parla d'une voix brève mais amicale à Mrs. Roberts : Je n'arrive pas à trouver la postière et je n'ai pas le temps de la chercher. Pourriez-vous être assez aimable pour téléphoner ceci ? Je prendrai un sherry.

Elle tira de sa poche un papier et un peu d'argent.

Je suis persuadé que nous la regardions tous comme si elle avait été un mouton à deux têtes. Mais elle ne s'intéressa absolument pas à nous, se contentant de rester là, jeune personne fluette et pourtant d'allure singulièrement décidée, buvant son sherry tandis que la Roberts sortait pour aller téléphoner son télégramme à Dunwinnie. Elle finit par se retourner et nous regarda, rapidement mais l'air concentré, comme si nous étions cités entre une paire d'astérisques dans un guide Cook. Au retour de Mrs. Roberts, elle ramassa sa monnaie, remercia d'un mot et quitta les *Arms* en un clin d'œil. Une demi-minute plus tard, nous entendîmes sa voiture démarrer et partir comme si elle ne pensait plus s'arrêter de ce côté d'Inverness.

Il y eut un moment de silence. Nous trouvions tous étrange qu'au moment où nous parlions de l'Amérique et de Terre-Neuve soit arrivée une jeune Américaine — parce que quiconque était allé au cinéma de Dunwinnie ne pouvait douter qu'elle l'était. Mrs. Roberts astiquait des verres derrière son comptoir et elle avait dans l'œil une lueur qui ne devait pas tout à ses efforts pour détourner ses clients de ce péché mortel qui consistait à boire de la bière. C'était elle qui possédait des informations à présent et elle le savait.

Rob lança un ballon d'essai.

— C'était un télégramme, Mrs. Roberts, qu'envoyait la fille ?

— C'est cela, dit Mrs. Roberts en utilisant le reste de son souffle pour souffler sur un pot d'une pinte.

— Pour réserver une chambre sur la route, peut-être ?

— Peut-être ben que oui, peut-être ben que non, dit la Roberts, l'air vertueux.

Elle n'avait pas pardonné à Rob la façon dont il avait traité le Non Toxique de Carfrae. Mais il était clair qu'elle brûlait de tout révéler. Pendant deux ou trois minutes, elle astiqua ses verres comme si elle essayait d'enlever la noirceur du visage du Démon. Puis elle dit :

— Ma foi, je suis toute retournée !

Cette fois, ce fut Carfrae qui s'y colla et nous savions qu'il était le mieux placé pour la faire parler.

— Il y avait quelque chose de bizarre dans ce message, madame ?

— Peut-être ben que oui et peut-être ben que non, je

le répète. C'était adressé à quelqu'un de Londres et ça disait : *Espère avoir bientôt nouvelles importantes.*

Will Saunders se leva et me rejoignit à la porte.

— Je ne sais pas, dit-il, s'il y a place là-dedans pour ce que Carfrae qualifie de propos malséants.

— Peut-être ben que oui et peut-être ben que non. Mais je vous dirai ceci. Mr. Bell ici présent devrait être vraiment intéressé par la signature.

Puis elle rangea son dernier verre et se détourna pour remuer énergiquement sa théière.

— La signature ? dis-je, surpris.

— Exactement, Mr. Bell. La fille a signé Guthrie.

VIII

Il ne reste plus maintenant que ce que mon coauteur d'Édimbourg appellera le Témoignage de Miss Strachan et j'en viendrai à Christine — Christine dont on peut penser qu'elle sera l'héroïne de ce livre. On se souvient que Miss Strachan est la maîtresse d'école, celle qui a écrit quelque chose sur l'éducation visuelle. Peut-être n'était-ce pas un mauvais sujet pour elle ; elle est curieuse de nature, friande des affaires d'autrui, et joint un œil perçant à un long nez. Et c'est assurément son indiscrétion qui la poussa à faire un long détour pour aller voir sa tante à Kildoon.

Chaque week-end, Miss Strachan part à bicyclette visiter cette tante, une vieille dame avec beaucoup d'argent, ce qui ne peut que susciter l'intérêt d'une nièce. La plupart du temps, elle emprunte la grande route de Dunwinnie et prend ensuite le raccourci à Thompson's Mains, Kildoon n'étant qu'un ensemble de quelques maisons, à cinq ou six kilomètres dans la lande. Mais, en été, poussée par ce qu'elle appelle l'attrait du voyage, elle passe par la vallée, en doublant Erchany, puis, son vélo tressautant et grinçant, elle gravit la pente avant de rejoindre un sentier de berger qui la conduit jusqu'à la route carrossable qui franchit la vallée de Mervie. Ce doit être pénible mais pas si risqué dans le meilleur des cas ; la maîtresse d'école dit qu'elle est toute proche de l'idéal athlétique et personne ne peut dire qu'elle n'est pas robuste et musclée. Mais il est difficile de croire que c'est l'attrait du voyage qui lui fit remonter la vallée d'Erchany pendant le rapide dégel qui suivit les premières neiges de l'hiver, au moment même où toutes les conversations portaient sur ce qui se passait au château. Certains insinuèrent qu'elle subissait l'attrait de Tammas et que, pour quelqu'un qui n'avait guère de chances de séduire un garçon, le récit des exploits de l'idiot devait être excitant. Mais point n'est besoin d'approfondir les motifs de cette femme ; il suffit de savoir qu'elle remonta la vallée le dernier week-end de novembre.

Le Drochet était allègre et bondissant, gros des neiges du mont Cailie, et les sapins tranquilles ruisselaient d'eau sous l'effet du dégel ; parfois un léger coup de vent les agitait et lançait une pluie de gouttelettes sur le passage de la maîtresse d'école alors qu'elle pédalait sur son engin de torture dans la neige à demi fondue en gravissant la pente. Ce ne fut que lorsqu'elle arriva tout près de l'extrémité de la vallée, qui se trouve au pied du mont Cailie proprement dit, qu'elle vit l'ouragan arriver au-dessus du loch, par l'est ; c'était le début de cette grande tempête qui accompagna le redoux. Le loch était sombre, sinistre et secret, dans son écrin d'arbres couverts de neige. Loin, à l'est, la surface du loch commença à frémir, à s'agiter, puis ce mouvement s'étendit avec des nappes d'écume balayant les taches d'ombre et de lumière qui dansaient sur les vagues tandis que l'ouragan, balayant les pentes depuis l'embouchure du loch, secouait les branches courbées des arbres, en faisant tomber des petits glaçons. À la fin, les nuages menaçants se massèrent triomphalement autour du mont Cailie.

Ce dut être un spectacle décourageant pour l'institutrice si elle pensait atteindre Kildoon par ses sentiers de montagne dans la soirée. Mais si elle visait Erchany, l'orage tombait à point. À des kilomètres à la ronde, il n'y avait d'autre habitation que la grande bâtisse et la ferme abandonnée cachée en contrebas au milieu des mélèzes. Quand le vent se déchaîna, en balayant les obstacles devant lui, elle abandonna sa route habituelle et descendit vers la ferme d'Erchany.

Peu après avoir couvert la moitié de la distance, elle vit à travers la fine pluie d'orage les volets clos et l'enclos du bétail silencieux, désolé dans ce décor désolé, puis elle aperçut, par-dessus un accident de terrain, la mince silhouette d'une jeune fille, toute blanche et se hâtant comme si elle avait été un fantôme en proie aux tourments de l'enfer. La minute d'après l'institutrice constata qu'il s'agissait de Christine en personne — bien entendu ce ne pouvait être personne d'autre dans cet endroit particulièrement loin de tout — et elle pensa que Christine devait l'avoir vue s'approcher de la ferme et se pressait pour l'accueillir, amicalement, au plus fort de l'ouragan. Elle lui fit donc signe de la main et lança un appel que le vent cueillit sur ses lèvres, puis se rua dans le sentier aussi rapidement que le lui permettait sa machine. Ce fut alors qu'elle se rendit compte que Christine ne l'avait pas vue du tout ; la jeune fille grimpait à présent la pente, en biais, de toute la vitesse de ses longues jambes. Elle ne portait rien pour se protéger du vent, exception faite d'un léger vêtement de laine déjà trempé et qui se collait sur son corps tandis qu'elle avançait à grands pas. Miss Strachan a raconté qu'elle s'inquiétait pour Christine ; elle s'inquiétait peut-être également de son propre sort parce que, avec l'ouragan qui approchait, elle avait grand besoin d'être accueillie à Erchany. À présent que les Gamley étaient partis, seule Christine Mathers ne lui fermerait pas la porte au nez. Donc, elle abandonna son vélo au bord du chemin et, moitié marchant, moitié courant, elle s'élança pour intercepter Christine. Finalement elle se retrouva sur le chemin de la jeune fille et l'interpella :

— Miss Mathers, ne fait-il pas trop mauvais temps pour être dehors ?

Cette fois l'institutrice eut du mal à croire que Christine n'avait pas entendu — mais, qu'elle ait entendu ou non, elle continua son ascension sans faire attention à Miss Strachan. Celle-ci s'immobilisa, déconcertée, et, ne sachant pas si elle devait se sentir vexée ou inquiète, elle se demanda si Christine marchait en dormant ou si, victime de l'affreux environnement d'Erchany et du châtelain lui-même, elle n'était pas devenue folle. Elle eut un haut-le-cœur : en pensant à Guthrie elle vit — comme si un éclair avait fendu les nuages noirs qui s'accumulaient au-dessus d'elle — la Guthrie en Christine. C'était ce point qui avait toujours étonné les bavards — le fait que la jeune fille ne présente aucun signe apparent de son hérédité. À présent Christine filait comme si elle allait escalader le mont Cailie, sans regarder ni à droite ni à gauche, mais l'air perdu, les joues d'une extraordinaire pâleur, les lèvres remuant comme si elle priait ou chantait. Elle avait l'air d'une possédée, comme Guthrie, auquel on pouvait s'adresser, si on l'osait, mais pour recevoir le diable savait quelle réponse.

La vision de Miss Strachan, pensera le lecteur judicieux, compterait peu devant un tribunal, puisque ce n'était rien d'autre que le fantasme, dans un moment d'extrême tension, d'une personne à la tête farcie de scandales et de préjugés. Mais il est certain qu'elle fut tellement frappée par cette révélation qu'elle ne tenta pas d'arrêter Christine une nouvelle fois. Elle s'immobilisa et vit la jeune fille poursuivre sa course sauvage jusqu'à ce que l'ouragan semblât l'emporter à sa perte. Et l'institutrice devait plutôt se sentir perdue elle-même, car le vent soufflait de plus en plus fort, la nuit n'allait pas tarder et la neige tombait assez dru pour geler l'Idéal athlétique des Jeux olympiques. La ferme, où naguère Mrs. Gamley lui avait offert une tasse de thé, était, elle le savait, déserte ; et Christine ayant disparu dans son accès de folie, il n'y aurait personne au château, hormis Guthrie, Tammas et ce Hardcastle et sa vieille gâteuse d'épouse. Et aussi attirant qu'ait pu sembler le mystère de l'antique et sombre demeure dans la douillette école de Kinkeig, elle n'en constatait pas moins que le courage lui manquait : nous pouvons penser que la pauvre fille resta debout dans la neige à se maudire d'avoir voulu faire le grand tour. Mais cela ne l'aidait pas beaucoup plus qu'un cautère sur une jambe de bois. Comme aurait pu le dire le marchand de journaux, elle avait le choix entre trois possibilités : rester où elle se trouvait, ou repartir et se rompre le cou comme Christine allait sûrement le faire, ou encore se frayer un chemin jusqu'à Erchany et la douteuse hospitalité de Ranald Guthrie. Elle pensa, la pauvre, que le château était un endroit bien peu accueillant et à ce qu'y avait enduré la douce Isa Murdoch. Elle avait presque pris la décision de lutter pour essayer d'atteindre la vallée de Mervie quand elle eut un éclair de bon sens, retourna chercher sa bicyclette et s'apprêta à affronter les horreurs que débitaient les vieilles sur Guthrie, le regard du châtelain, ses épées et sa galerie.

Cette résolution tint bon jusqu'à ce qu'elle arrive à hauteur de la ferme ; elle se souvint alors que les Gamley y avaient disposé d'un vaste grenier. Geordie et Alice y dormaient et s'amusaient beaucoup, les deux sacripants, sur l'escalier extérieur qui donnait dans l'enclos du bétail. Fort probablement, se dit-elle, les Gamley avaient laissé sur place les paillasses sur lesquelles couchaient les enfants. Elle possédait quelques gâteaux au chocolat comme en emportent avec eux tous les voyageurs et les touristes qui visitent l'Écosse. Elle entra donc dans la cour, poussa son vélo boueux dans une étable et monta l'escalier de pierre extérieur, tout englué de neige et malcommode. Elle manœuvra le loquet de la porte que personne n'avait pensé à fermer à clé. Les paillasses étaient là, et semblaient bien accueillantes après le vent et la tempête. Elle serait mieux ici, pensa-t-elle, qu'à chercher la compagnie des déplaisants habitants d'Erchany.

Elle était trempée jusqu'aux os, malgré son léger imperméable, et elle gagna l'extrémité mal éclairée du grenier pour commencer à se déshabiller. Elle était pratiquement nue, raconta-t-elle plus tard — on remarquera qu'il est toujours question de nudité dans les bavardages des habitants de Kinkeig —, elle était pratiquement nue, donc, quand la pièce s'obscurcit soudain. La porte avait dû être refermée par le vent, pensa-t-elle, et elle se retourna pour jeter un coup d'œil. Elle ne vit rien d'autre qu'une horrible silhouette qui se découpait sur la lumière déclinante. Elle la reconnut. C'était Ranald Guthrie en personne.

On notera que l'institutrice s'était mise toute seule dans une situation qui rappelait celle de la jeune Isa Murdoch : je me demande si l'auteur qui reprendra ce récit ne ressentira pas ici l'impression d'une dangereuse monotonie. Mais, selon toute vraisemblance, Miss Strachan était fort loin de trouver que sa situation manquait de piment ; elle poussa un cri qui aurait surpris le châtelain autant qu'il l'avait surprise, elle, s'il n'avait pas au même moment claqué violemment la porte avant de la verrouiller de l'extérieur. Si Guthrie avait vu la Bethsabée ruisselante au fond du grenier, il n'aurait sans doute pas eu la réaction du roi David[1]. Mais il voulait seulement fermer l'endroit pour le protéger de la tempête et, une minute

1. Allusion à un épisode biblique (Samuel, II, 11). (*N.d.T.*)

plus tard, l'institutrice l'entendit descendre l'escalier en pataugeant.

Quand elle fut un peu revenue de sa surprise, elle constata qu'elle ne se trouvait pas dans un si mauvais cas, à condition que Guthrie s'en aille pour de bon. Elle n'était pas vraiment prisonnière : il existait une trappe qui communiquait avec la ferme mais sans échelle puisqu'elle ne servait jamais. Toutefois, elle disposait de ses vêtements et des paillasses, ce qui lui permettrait de confectionner une échelle de corde comme elle le faisait dans les séances d'entraînement à l'université quand on lui inculquait l'Idéal athlétique. Une fois descendue, elle serait certainement en mesure de sortir par une fenêtre ou une autre quand elle le voudrait. En attendant, elle enfila vivement ses vêtements trempés : il n'y avait rien d'autre à faire avec un homme dans les lieux.

Car, assurément, Guthrie était toujours là. Elle l'entendait à travers le mince plancher déambuler au rez-de-chaussée comme il avait marché de long en large dans sa galerie. Elle se demanda ce que le châtelain faisait hors de chez lui avec cette tempête. On aurait presque pu croire qu'il attendait quelqu'un. À peine y avait-elle pensé que, comme en réponse à son hypothèse, Guthrie cria d'une voix forte :

— Entrez !

Seul le silence lui répondit, comme s'il avait parlé dans le vide. Sa voix résonna de nouveau et Miss Strachan jura par la suite qu'elle avait une intonation moqueuse.

— Entrez, mon gars !

Il y eut une nouvelle pause, puis une porte s'ouvrit brutalement, peut-être en réplique à la raillerie sous-jacente dans le ton de Guthrie. Après un autre silence, Guthrie s'exprima derechef, cette fois si doucement et si différemment que ce fut à peine si Miss Strachan put l'entendre à travers le vieux plancher vermoulu :

— Vous voilà.

L'institutrice, soit à cause de ses nippes trempées soit en raison de l'intonation qu'elle avait sentie dans ces deux mots, frissonna dans ses souliers mouillés. Mais on peut être certain que son long nez frémissait et que son œil perçant fouillait les ténèbres pour découvrir dans le plancher une fissure sur laquelle elle pourrait coller sa vilaine oreille. La voix du visiteur inconnu de Guthrie se fit entendre, jeune, forte, méfiante, une voix sur laquelle Miss Strachan ne put mettre de nom.

— Où est Christine ?

— Vous ne verrez pas Christine aujourd'hui, Neil Lindsay. Et vous ne la verrez plus désormais, maintenant que je vous ai démasqués tous les deux.

C'était donc ça. Neil Lindsay n'était guère plus qu'un nom pour Miss Strachan, demi-Anglaise d'Édimbourg, mais elle en savait assez sur la région pour comprendre que les choses iraient mal si un Lindsay pensait à courtiser Christine Mathers. Et c'est ce qui se passait à présent dans la grande cuisine qui s'étendait sous l'institutrice.

— Où est-elle, Guthrie ?

En répétant ainsi sa question et en interpellant le châtelain de cette façon, Lindsay n'en demeurait pas moins fils de paysan. Mais il savait bien qu'il avait l'histoire pour lui, comme on le verra. Puis l'institutrice entendit la réponse, sèche et calme, de Guthrie :

— J'ai suivi Christine par hasard et je l'ai vue trouver votre message. Je l'ai renvoyée au château et suis venu vous attendre moi-même. J'ai eu tort ? Vous n'êtes pas d'accord ?

— Elle est sa propre maîtresse.

— Pas si vous cherchez à en faire la vôtre.

L'institutrice apprécia ; elle tendit l'oreille et entendit, lui sembla-t-il, Lindsay s'avancer rapidement vers le châtelain. Puis il parut se maîtriser et fit d'une voix soigneusement contrôlée et désespérément sérieuse :

— Je veux l'épouser, Guthrie.
— C'est impossible.
— Elle veut m'épouser.
— C'est impossible.
— Nous allons nous marier, Guthrie, et ce n'est pas vous qui nous en empêcherez.
— Que si, Neil Lindsay.
— Et pourquoi ?
— Christine n'a pas l'âge, vous le savez.
— Cela peut s'arranger. Et il y a autre chose.
— Quoi donc ?
— Quels sont vos liens exacts avec Christine ?

Les deux hommes ne gaspillaient pas les mots pour débattre de ce qui les opposait. Et Miss Strachan connaissait des instants d'extase ; bien à l'aise et insoupçonnée dans son grenier, elle entendait des choses qui allaient faire paraître anodin le récit d'Isa Murdoch autour de toutes les théières de Kinkeig. Elle prit un morceau de chocolat et souhaita pouvoir courir le risque d'allumer une cigarette : une manie bien vulgaire pour une femme. Puis elle colla de nouveau son oreille au plancher pour écouter ce que Guthrie allait trouver à répondre.

Mais elle comptait sans l'hiver dans la vallée d'Erchany. L'ouragan qui, jusqu'à ce moment, s'était contenté de crachiner et de grogner, libéra soudain toute sa fureur ; le vent rugit — ce qui arrive plus souvent dans les livres que dans la nature — et la pluie, succédant à la neige, s'abattit sur les ardoises avec un bruit de mitrailleuse. Guthrie et le jeune Lindsay auraient aussi bien pu chanter *Auld Lang Syne* vu ce que Miss Strachan était en mesure d'entendre ou même — ce qui paraissait plus probable — s'entre-tuer. Elle était fort inquiète, raconta-t-elle par la suite, pour les deux hommes : c'est une personne qui se soucie vraiment de son prochain.

Ma foi, ses craintes étaient justifiées. Car, au bout de deux ou trois minutes, les éléments se calmèrent et l'institutrice entendit la voix de Lindsay, grosse de colère :

— Répétez-moi ça...

Et Guthrie répondit :

— Marié ou célibataire, je l'ai dit, et, si ce n'est pas déjà trop tard, vous ne lui ferez jamais d'enfant.

Il y eut alors le bruit d'une gifle. D'une voix basse et choquée Lindsay fit :

— Que le Christ me pardonne — vous pourriez être mon grand-père ! Excusez-moi, Guthrie ; cette inimitié entre nos familles...

— Vous me le paierez, dit Guthrie.

Ces quatre mots, aussi mélodramatiques qu'une réplique de théâtre ambulant, furent les derniers qu'entendit la maîtresse d'école. Car, à ce même moment, la première rafale qui suivit l'accalmie fit claquer une porte quelque part dans la maison et Miss Strachan, sans doute plus effrayée qu'elle ne voulait l'admettre, prit cela pour un coup de pistolet et se leva brusquement dans le grenier en criant au meurtre.

Cela dut surprendre les deux hommes qui se trouvaient au rez-de-chaussée. Lindsay partit aussitôt et Guthrie se détourna immédiatement, étonné mais plutôt froid. Il dut sortir et monter l'escalier extérieur sans attendre car avant que l'institutrice ait eu le temps de se ressaisir il apparut à la porte du grenier et la regarda.

— Dois-je comprendre, madame, dit-il, que vous êtes en détresse ?

Découvrir qu'elle devait compter avec Guthrie et son anglais parfait, tout humour noir et politesse, ne réconforta guère Miss Strachan. Elle venait d'entendre peu avant le Guthrie auquel avait eu affaire Lindsay, le seigneur qui affligeait les Écossais plus que le reste de la noblesse locale ne l'avait fait au cours du siècle écoulé. Elle renifla — du moins pouvons-nous le supposer — en répondant :

— Oh, Mr. Guthrie, je suis l'institutrice de Kinkeig et je passais par là quand la tempête a éclaté et...

— Je suis fort heureux... dit Guthrie.

Elle le vit, silhouetté sur le seuil, s'incliner légèrement.

— ... fort heureux que la ferme vous ait offert un abri. Mais vous avez crié ? Quelque chose vous a fait peur ? Notre hospitalité a été prise en défaut ?

Elle sentait le regard menaçant du châtelain, tout enveloppé d'ombre qu'il fût, et le côté sarcastique de ses propos la prenait de court.

— C'était un rat, Mr. Guthrie, s'écria-t-elle, c'est un rat qui m'a effrayée pendant une minute !

— Ah oui, dit Guthrie. Les rats posent pas mal de problèmes par ici. Il se trouve que je viens moi-même de m'occuper d'une de ces vermines.

En entendant cet affreux propos, l'institutrice sentit son sang se glacer dans ses veines. Elle se trouvait si misérable que, si elle l'avait osé, elle se serait assise sur le plancher et aurait éclaté en sanglots. Et elle dut renifler quelque peu car elle raconta que le seigneur lui avait alors dit :

— Vous êtes morte de fatigue ; permettez-moi de vous offrir un asile plus confortable.

Le mot « asile » lui donna vraiment l'impression, tourneboulée comme elle l'était, qu'elle allait être livrée aux fous ; elle pensa se faufiler à côté de Guthrie et fuir dans la tempête et la nuit. Mais le châtelain s'avança avec une courtoisie exagérée, comme Sir Charles Grandison dans l'excellent roman de Richardson, et l'accompagna hors du grenier comme si ce dernier avait été une salle de bal. Dehors, malgré l'obscurité, Miss Strachan constata que le visage de Guthrie, aussi pâle que le Fantôme de Pepper[1], portait la marque d'une claque. Pendant tout le trajet le long du bras du loch et jusqu'au château, le châtelain poussa son vélo d'une main en la soutenant de l'autre

1. Invention optique de Henry Dircks, améliorée et exploitée par John H. Pepper (1821-1900). (*N.d.T.*)

comme si elle avait été la duchesse de Buccleuch. Mais elle entendait résonner dans son oreille les derniers mots qu'il avait adressés au jeune Lindsay : « Vous me le paierez. » Une fois qu'ils furent arrivés, Guthrie parut fatigué de jouer ce rôle, appela la femme Hardcastle et lui dit :

— Installez cette jeune femme pour la nuit.

Ensuite, il salua froidement Miss Strachan et s'en alla. Ce passage soudain de « madame » à « jeune femme » mortifia probablement autant l'institutrice que tout ce qui lui était arrivé en cette pénible journée — encore que « jeune » fût un mot charitable, pour lequel elle aurait pu se montrer reconnaissante : on doit se souvenir que Guthrie ne l'avait pas vue en pleine lumière.

Miss Strachan ne revit plus Guthrie, excepté un court instant le lendemain matin. Elle était debout à l'aube, les rats ne l'ayant guère laissée dormir de la nuit, et le souper qu'on lui avait offert avait été si frugal que, bien avant de pouvoir décemment se lever, elle avait grignoté ce que les rongeurs lui avaient laissé de son chocolat, posé à côté de sa couche. Elle était pressée de partir, l'ouragan s'était calmé, et le mieux, se dit-elle, était de regagner Kinkeig en poussant sa bicyclette — il ne lui serait certainement pas possible de monter dessus, compte tenu de l'état du chemin. Elle embobina cette vieille sorcière de Hardcastle pour se faire servir un peu de pain et de mélasse, la remercia, et repartit par où elle était arrivée. Il faut savoir que le sentier passe par le goulet du loch qui jouxte Erchany et qui permettait jadis le remplissage de la douve. Guthrie était là, contemplant le loch Cailie dans l'aube mouillée, comme s'il attendait que le char du soleil lui apporte un message. Et, au moment où l'institutrice le regardait, il leva les deux bras et les tint dressés devant lui, mains grandes ouvertes : on aurait cru qu'il tentait de voir circuler son sang en transparence. C'était étrange et Miss Strachan se souvint que l'idiot disait qu'il priait les idoles des sauvages païens de jadis. Elle s'empressa de passer le premier tournant entre les mélèzes et je ne crois pas qu'elle se soit arrêtée ensuite, pas davantage que ne l'avait fait la petite Isa, sur le premier des quinze kilomètres qui l'éloigneraient du château Erchany. Mais elle emportait son butin avec elle : personne n'avait jamais rapporté autant d'aliments pour les bavardages en descendant la vallée.

Ce fut la dernière fois que quiconque à Kinkeig, sauf moi, eut des nouvelles de Guthrie avant la tragédie. Miss Strachan passa la nuit du 28 novembre dans la grande demeure. Ce fut le 10 décembre, juste avant les chutes de neige qui bloquèrent entièrement les vallées, que Christine Mathers vint me raconter son histoire.

IX

Il était rare que Christine vînt à Kinkeig. Après tout, les attraits de l'endroit, exception faite du dimanche, se limitaient à la bière aux *Arms*, aux bavardages dans les cuisines et peut-être à quelques flirts nocturnes. Et Guthrie n'aurait jamais autorisé Christine à assister au service du Dr Jervie, l'Église ne l'intéressant guère et moins encore notre pasteur. Peu après son arrivée ici, quand il entreprit de connaître les affaires de sa paroisse, le Dr Jervie se rendit à Erchany, eut une conversation avec le châtelain et insinua qu'il était bien dommage d'élever une gentille fille comme Christine dans pareille solitude — ce qui revint en fait à parler dans le vide. Peut-être parce que le Dr Jervie était un lettré, ce qu'il respectait — car il était lui-même un érudit —, Guthrie ne lâcha pas ses chiens sur lui comme il l'avait fait avec le pasteur précédent — qui n'était rien qu'une outre pleine de vent, sans savoir ni doctrine. Il se contenta de l'écouter froidement et prit froidement congé de lui et, par la suite, s'il arrivait aux deux hommes de se rencontrer sur un chemin, le châtelain ne prêtait aucune attention au prêtre. Il n'était, c'est sûr, jamais allé à l'église, non plus que Christine ou les Hardcastle — en ce qui concerne Tammas, je doute fort que le pauvre idiot ait entendu parler de l'Abrégé du Catéchisme.

Christine, je l'ai dit, venait rarement à Kinkeig et, lorsqu'elle le faisait, c'était pour rendre visite à Ewan Bell, le savetier. Nous nous connaissions elle et moi depuis longtemps parce que la première nourrice embauchée pour elle par Guthrie était la fille de ma propre sœur. Il y avait alors une petite voiture traînée par un poney au château et le châtelain, qui s'était montré moins rude pendant l'enfance de la fillette, autorisait celle-ci et sa nourrice à l'utiliser pour aller où elles voulaient et, souvent, elles venaient rendre visite à l'Oncle Ewan, car c'est ce que j'étais tant pour l'enfant que pour ma propre nièce. Célibataire et sans enfant, je m'entichai de la petite Christine Mathers. Lorsqu'elle grandit et que Guthrie embaucha Mrs. Menzies, cette dame aimable, de bonne famille, mais à l'esprit faible, pour donner à Christine son éducation étrange et solitaire, elle continua à venir me voir, en m'apportant peut-être les problèmes qu'elle rencontrait à Erchany et peut-être simplement les questions qu'elle se posait sur le monde. Puis, à l'adolescence, elle se rendit compte de la bizarrerie de son existence, celle d'une Miranda isolée avec un Prospero[1] plein de noires pensées, et devint une jeune fille secrète, avec, au cœur, une tristesse de plus en plus grande. Elle venait encore me voir, mais demeurait silencieuse : accoudée sur une table, elle s'absorbait dans l'odeur et la texture de mes bouts de cuir, comme si elle en tirait la force qu'on peut

1. Miranda et Prospero, personnages de *La Tempête* de Shakespeare. (*N.d.T.*)

extraire des matières brutes. À présent, ses visites s'étaient raréfiées. Elle me regardait comme si elle allait m'ouvrir son cœur, mais se contentait finalement de parler de la pluie et du beau temps. Elle restait assise, rêveuse, à jouer avec un morceau de cuir, sa féminité aussi simple et aussi désarmée que les fleurs de bruyère dans les collines. Je savais bien entendu ce qui se passait longtemps avant que la maîtresse d'école ne livre le nom du pauvre Lindsay à Kinkeig.

Il faut connaître quelques points importants au sujet des Guthrie et des Lindsay — un peu plus qu'on ne peut en trouver dans les *Chroniques* de Pitscottie. Mais nous en viendrons rapidement à Christine — je n'écris pas un traité sur le féodalisme écossais. Je dois toutefois vous prévenir, Lecteur, que nous allons maintenant remonter plus loin que la Réforme.

Si dans les hautes terres (Highlands), les gens s'organisèrent toujours en clans, dont chaque branche avait son chef mais se rattachait à une souche commune, dans les basses terres (Lowlands) on procédait tout autrement, la famille étant la cellule sociale de base. Aussi grande et aussi étendue que pût être une famille, elle avait rarement la cohésion du clan, si bien que les liens entre familles, les alliances entre telle et telle, firent toujours le jeu des propriétaires terriens dans les basses terres.

Les Guthrie n'étaient à Erchany que de simples seigneurs à béret[1], alors que les Lindsay de Mervie étaient de grands personnages, barons qui ne dépendaient que de la Couronne et dont les terres jouxtaient celles des Fleming, ces brutes, entre les comtés de Moray et de Spey. Et, pendant l'enfance de Jacques III, quand l'Écosse était un pays sans foi ni loi, les Guthrie se louèrent aux Lind-

1. *Bonnet-laird* : en Écosse, petit propriétaire terrien, qui portait un béret et non la toque réservée à la véritable aristocratie. (*N.d.T.*)

say. On conserve une trace de ce lien avec le serment prêté à Andrew Lindsay par un certain Ranald Guthrie « d'être avec lui et pour lui, sa parenté et ses amis, d'épouser ses querelles, de lui apporter conseil, aide, fournitures, sous toutes les formes possibles et de préférence à tous les autres hommes vivants, à l'exception de notre Souverain Seigneur le roi ». Que les Lindsay aient payé pour cela, ou que leur puissance ait convaincu les Guthrie, le serment d'allégeance était pratiquement inviolable pendant cinq ans. L'allusion au roi n'était qu'une simple clause de style : ce genre d'accord supposait toujours une arrière-pensée d'union contre le pouvoir de la Couronne.

Et le moment venu, cet accord fut effectivement invoqué contre la Couronne. Les Lindsay étaient alors les féaux du comte de Huntly et il arriva un jour à Andrew Lindsay ceci : le comte lui écrivit que son cousin, le seigneur de Gight, avait été mandé à Édimbourg pour y subir les rigueurs de la loi. Lui sauver la vie exigeait la présence immédiate de Lindsay et de ses hommes à St. Johnston d'où ils partiraient avec le comte pour Édimbourg. Lindsay convoqua donc Ranald Guthrie et les siens à St. Johnston — aujourd'hui Perth — et tout ce monde gagna Édimbourg avec Huntly pour intimider la justice du roi dans l'affaire du seigneur de Gight. Mais Andrew Lindsay, prétextant des affaires en cours, retarda son départ d'une journée et galopa à bride abattue jusqu'à Erchany où il coucha avec la femme de Ranald Guthrie.

Pendant un an et un jour, Ranald Guthrie ne bougea pas ; puis il rassembla autant d'hommes qu'il le put, fit un raid sur Mervie, qui ne s'attendait à rien de ce genre, pas plus que ses troupes, et captura Andrew Lindsay. Les Guthrie conduisirent le prisonnier sur leurs terres puis ils coupèrent ses doigts lubriques à coups de hache avant de le renvoyer chez lui, un sablier attaché au cou, pour montrer aux Lindsay qu'ils n'avaient patienté un an et un jour que pour attendre la fin de leur contrat et que les Guthrie n'avaient de ce fait pas manqué à leur parole. Et Andrew Lindsay mourut.

Cette affaire marqua le début de la vendetta entre les Lindsay et les Guthrie. Raconter tout ce qui se passa entre eux serait long et pénible. Mais au fil des générations la puissance des Guthrie augmenta tandis que diminuait celle des Lindsay. À l'époque des Massacres [1], il n'y avait plus de Lindsay de Mervie parmi les Lindsay nobles d'Écosse. Les bourgeois de Dunwinnie arrivèrent et utilisèrent les pierres des ruines du donjon de Mervie pour construire la rue Neuve et la moitié de la Porte aux vaches. Les Guthrie, qui avaient la mémoire longue et le cœur peu enclin au pardon, se payaient une pinte de bon sang quand ils allaient chasser dans la vallée de Mervie.

Mais il restait des Lindsay dans la région : ces paysans sans histoire pouvaient, si cela leur chantait, se prendre pour les descendants des anciens et nobles Lindsay. Ce qui entretenait la vieille inimitié, les Lindsay pensant toujours que les Guthrie étaient la lie de la noblesse et les Guthrie n'étant pas en reste à leur égard. La situation perdura et il y eut parfois des flambées de haine. C'était toujours une déchéance pour un Lindsay de travailler pour les Guthrie d'Erchany, et si le jeune Neil Lindsay détestait tant Ranald Guthrie avant de rencontrer Christine, c'était parce qu'il avait honte que son propre père eût jadis servi la sœur du châtelain, Alison. Il convient de dire quelques mots au sujet de cette femme qui était assurément la plus bizarre des Guthrie : Tammas, disaient les mauvaises langues, était son fils et celui de Dieu savait qui.

La génération de Ranald comptait quatre Guthrie. John, l'aîné, vit ses deux fils, de braves garçons, se noyer

1. *Killing Times* : époque de la persécution des partisans du Covenant. (*N.d.T.*)

sous ses yeux dans le loch Cailie et vécut ensuite, sans enfant et mélancolique, jusqu'à sa mort qui fit de Ranald l'héritier du domaine. Ian, le deuxième fils, et Ranald, le troisième, pour éviter la prêtrise, partirent chez les sauvages d'Australie. Cela parut aussi fou qu'impie et bien peu de gens, à Kinkeig, furent surpris ou peinés lorsqu'ils apprirent la mort horrible de Ian, tué et cuit dans leur marmite par ces mêmes sauvages. Alison, la fille, comptait vingt ans de moins que Ranald. Elle était l'enfant de la vieillesse de son père et celui de la maturité de sa mère. C'était une vraie Guthrie, sombre et brûlée par un feu intérieur. Elle se passionnait pour tout ce qui vole. Les oiseaux s'attroupaient mystérieusement autour d'elle : ils s'assemblaient autour de sa tête dans la journée et peuplaient ses rêves la nuit. Elle courait l'Écosse pour le plaisir de les rencontrer, elle publia un livre qui leur était consacré et, finalement, elle s'installa dans une cabane des Highlands, longue masure blanchie, à l'intérieur comme à l'extérieur, par les déjections des oiseaux. À ce que disent les gens, elle racontait qu'elle comprenait leur langage, et, selon certains, elle affirmait qu'ils parlaient des cieux mais, pour d'autres, elle expliquait que leurs propos évoquaient l'enfer. Un certain Wat Lindsay, le père de Neil Lindsay, parce que ses frères suffisaient pour exploiter la ferme et parce qu'il était adroit avec les oiseaux et les aimait, avait oublié la vieille haine et avait un moment travaillé pour Alison. Il traversa le Loch-an-Eilan à sa demande et photographia le dernier nid de balbuzard pêcheur découvert en Écosse depuis longtemps. Telle fut Alison, qui mourut célibataire dans sa cahute à la fleur de l'âge ; et voilà pourquoi Neil en voulait tant au châtelain : il avait honte que son père ait travaillé pour une Guthrie.

Je ne savais pas grand-chose de Neil Lindsay avant la visite de Christine, parce qu'il habitait avec ses frères une ferme perdue dans la vallée de Mervie, celle-là même où, croyait-il, ses ancêtres avaient eu leur donjon. Il avait dû, pour s'instruire, et à ce qu'on disait, affronter son père, sa mère et ses frères. L'instruction, telle qu'on l'acquerrait dans les livres anglais, ne valait rien aux yeux des Lindsay, petits fermiers qui s'échinaient, en un douloureux combat d'ailleurs perdu d'avance, à demeurer des paysans contre la marche du temps. Cent ou cinquante ans plus tôt, Neil aurait été formé par un vrai maître d'école puis, son sac de provisions sur le dos, il serait allé au collège d'Aberdeen pour y faire ses études. Mais ce que le marchand de journaux nomme les Progrès de l'Éducation avait compliqué les choses pour des garçons comme lui, le chemin du savoir étant désormais encombré par l'obtention de diplômes sanctionnant l'acquisition de connaissances futiles. Le savoir de Neil Lindsay était fragmentaire, chaotique et laissait libre cours à son imagination. C'était le savoir d'un esprit fin et impatient, toujours conscient des occasions manquées. Neil aurait pu aller loin en suivant la scolarité libre et sans souci de la petite noblesse, mais il était trop indépendant pour grimper de classe en classe dans les écoles officielles. En fait, il était de l'étoffe dont on fait les rebelles et, c'est certain, il avait pris langue avec des gens, les nationalistes, qui pensaient que l'Écosse devait redevenir libre et indépendante. Mais, selon Will Saunders, ce projet donnerait l'Écosse aux Irlandais — c'est-à-dire que les nationalistes livreraient le pays à ces barbares qui grouillaient sur la Clyde. Will, lui, pensait qu'il fallait redistribuer judicieusement les colonies et qu'il était temps que l'Angleterre soit rendue aux Écossais. Mais cela nous éloigne de mon histoire. Nous en arrivons au moment où Christine me raconta sa rencontre avec Neil.

Le jour de la Saint-Jean, elle mangea un morceau, cette fille solitaire, traversa l'extrémité de la gorge et gagna la vallée de Mervie. C'était un splendide matin d'été, des nuages floconneux flottaient dans le ciel, il y avait des bécassines sur la gauche, du côté du loch invisible, et, dans le silence, une oie sauvage volait sans doute vers la mer lointaine. Christine avait devant elle toute cette longue journée, une journée pendant laquelle le soleil ne se coucherait pratiquement pas. Elle eut soudain envie d'aller là où elle n'avait jamais porté ses pas : le sommet du mont Cailie, encore moucheté de neige, qui se dressait devant elle. Elle parcourut la moitié de la vallée, dépassa la ferme des Lindsay dont elle connaissait tout juste le nom et traversa un bosquet dans lequel les feuilles d'érable tombées à l'automne précédent se mélangeaient, squelettique présence, au tapis printanier d'aiguilles de mélèzes. Ensuite, elle s'engagea dans la pinède puis dans un bois de frênes et atteignit enfin l'épaulement du mont Cailie. Elle apercevait sur la gauche la longue tache argentée du loch et, beaucoup plus loin, au-delà des collines, la fumée bleue des feux de tourbe qui montait de Kinkeig. Des filets d'eau dissimulés au regard ruisselaient sans fin, avec un joli bruit, depuis le sommet enneigé du pic ; on entendait le bêlement tremblant et sympathique des brebis dans les pâturages en contrebas ; on entendait aussi le cri des vanneaux dont Christine aimait à penser qu'il lui appartenait. La pente déserte s'étendait sous les bruyères, les rochers et les éboulis, avec d'un côté une grande chaîne de montagnes et, de l'autre, une vue à perte d'horizon sur les champs environnant Dunwinnie, des champs où ondulaient les blés encore verts et qui se prolongeaient vers la mer invisible.

Ce matin-là, Christine escaladait donc le mont Cailie, chacun de ses pas la rapprochant, même si elle l'ignorait, de son destin. Elle ne s'attendait pas à voir âme qui vive jusqu'à ce que le crépuscule la ramenât chez elle et, pendant une minute, elle se demanda ce qui se passerait si elle avait un accident, car personne n'était au courant de son expédition, et il pourrait s'écouler pas mal de temps avant que quelqu'un songe à la chercher si haut. Mais elle n'avait pas peur; elle était déjà montée auparavant presque au sommet et il n'y avait guère de danger pour quelqu'un qui aurait le pied moitié moins sûr qu'elle, pensait Christine. Elle y songeait alors qu'elle progressait sur une corniche qui dominait de deux mètres environ de tendres bruyères. Ce fut à cet instant précis qu'elle vit l'homme.

Il se trouvait plus loin et plus bas qu'elle, devant un affleurement rocheux. Ce jeune homme, vêtu d'une chemise bleue et d'un vieux pantalon gris, aurait pu être quelconque mais il était beau. L'air concentré, il ne bougeait pas et son immobilité lui donnait l'air d'un personnage sculpté dans le granit. Puis sa main caressa la surface de la pierre érodée par les intempéries — avec une sorte de sensualité, que Christine ressentit étrangement jusqu'au fond d'elle-même. Son geste évoquait celui des Pictes qui avaient possédé jadis ces terres et pour qui la pierre marquait le début et la fin de leur art.

Durant sa croissance solitaire, Christine avait connu bien peu de jeunes gens et si, pour parler d'elle, je l'ai comparée à Miranda, ce Neil Lindsay me faisait penser à Ferdinand[1]. Christine le regarda pendant une longue minute puis elle reprit sa marche sans qu'il l'ait vue. Mais la Nature, qui emprunte parfois des voies étranges pour nous guider, trahit le pied si sûr dont la jeune fille se félicitait l'instant d'avant, si bien qu'elle dégringola de deux mètres dans les bruyères, comme si elle avait vraiment voulu se jeter à la tête de l'inconnu.

Il fallut une seconde à Neil Lindsay pour la rejoindre. Il avait dû se retourner en l'entendant tomber et bondir à la façon d'une panthère. Christine était tout étourdie, elle sentait la terre et les bruyères bouger sous elle, une fois

1. Personnage de *La Tempête* de Shakespeare, tout comme Miranda. (*N.d.T.*)

d'abord puis une seconde. Mais, là, c'était le garçon qui la soulevait dans ses bras. Elle ouvrit les yeux. Il les regarda avec étonnement et dit :

— Êtes-vous blessée, jeune fille ?

Il témoignait autant d'intérêt et d'inquiétude que s'il s'était agi de sa propre sœur. Elle répondit qu'elle allait bien. Il lui fit remuer doucement les membres pour vérifier si c'était exact, puis fit d'une voix tranquille :

— Bon, ne recommencez plus ; le mont Cailie n'est pas fait pour ça par un aussi beau matin.

Christine éclata de rire, mais il parut avoir oublié qu'il avait tenté de plaisanter.

Ce fut donc ainsi qu'ils se rencontrèrent. Neil la conduisit au sommet du mont Cailie et elle se frotta le visage avec de la neige en ce jour de la Saint-Jean. L'excitation due à ce rite et à la longue ascension lui donna le courage de demander au jeune homme ce qu'il faisait sur le pic. Il leva la tête et rougit lentement. Le fait était qu'il avait un livre avec lui, *La Géologie des monts Grampians*, et qu'il en savait beaucoup sur ce sujet, même si ses études avaient été solitaires et secrètes. Et Christine, qui avait reçu une éducation soignée mais dans des conditions étranges et également solitaires, sentait bien qu'elle n'avait appris tout ce qu'elle savait qu'au prix d'un véritable combat. Elle écouta le jeune homme presque toute la journée sans jamais s'étonner qu'un aussi bizarre fils de paysan, avec le silence de sa race inscrit sur le visage, puisse lui parler et lui parler de cette façon, avec autant d'ardeur que de prudence, comme s'il explorait l'esprit de la jeune fille avec la même délicatesse qu'il tâtait le granit. Ce ne fut que lorsqu'ils eurent descendu le mont Cailie et que Mervie fut en vue que sa timidité prit le dessus et qu'il parut perplexe, comme s'il venait de penser à quelque chose à quoi il aurait dû réfléchir plus tôt. Il s'appelait Neil Lindsay, fit-il, et elle ? Quand elle lui eut donné son nom et qu'il se rendit compte que c'était elle qui vivait avec Guthrie d'Erchany et passait pour sa fille, il lui lança un regard qu'elle ne comprit pas. Si elle connaissait bien l'histoire de l'antique haine qui opposait les Lindsay et les Guthrie, elle n'y avait jamais pensé comme à quelque chose dont sa génération pouvait se soucier, car il ne s'agissait que d'une folie du temps jadis. Mais le sang était monté au visage du jeune homme quand elle s'était présentée, puis s'était retiré : blême sous son hâle, il avait lâché un juron qui avait fait sursauter Christine, puis il l'avait prise dans ses bras.

La jeune fille fut aussitôt conquise. Lors de leurs rencontres ultérieures dans diverses dispositions d'esprit, rencontres toujours secrètes, et quoiqu'elle l'ait parfois dit et parfois non, elle savait que c'était pour toujours. Et Neil, bien qu'il eût lui aussi des humeurs changeantes, lui était aussi attaché que le grand rocher devant lequel ils s'étaient rencontrés l'était à la montagne. Elle serait sa femme, lit compris, et ils partiraient tous deux pour le Canada où Neil avait un cousin, intellectuel accompli, qui l'aiderait à trouver le travail qu'il souhaitait.

Voilà donc l'histoire que me conta finalement Christine. Le fait qu'elle ne se soit confiée qu'après quantité d'hésitations résultait en partie de sa pudique timidité. Et en partie de la tension qu'elle supportait à Erchany. Le comportement du châtelain la rendait nerveuse et la faisait douter de l'existence de la moindre confiance en ce bas monde, à l'exception de celle qui régnait entre Neil et elle. Guthrie haïssait le jeune homme. Depuis le jour où il l'avait rencontré à la ferme, il avait l'air d'un démon, certes silencieux, mais brûlant de rage ou de passion. Du côté de Neil, ce n'était pas mieux : il détestait Guthrie et mélangeait ce sentiment aux torts jadis subis par les Lindsay d'une façon qui impatientait Christine. Pendant ces mois d'attente et de sombres méditations, le tempérament des Highlands qu'il tenait de sa mère avait pris le dessus. Christine n'aimait pas cela et, peu après la rencontre à la ferme entre Guthrie et Neil, elle comprit qu'il était temps d'agir. Neil voulait investir Erchany comme le jeune Lochinvar[1] et enlever Christine pour aller l'épouser en secret quelque part : il disposait de l'argent nécessaire à l'achat de deux billets pour le Canada, mais pas d'un penny de plus. Christine répugnait à partir en cachette, son instinct s'y opposait, elle sentait que Guthrie disposait d'un certain pouvoir sur elle et qu'elle ne s'en libérerait qu'en le combattant à visage découvert. Elle savait, quoi qu'ait pu en dire Neil, qu'elle devait agir ainsi.

Je lui demandai — peut-être assez stupidement :

— Et vous voulez vraiment l'épouser, Christine ?

Elle me regarda un moment d'un air presque moqueur et se contenta de répondre :

— J'y suis forcée.

Christine ne voulait donc pas discuter de son choix. Tout ce que je voulais, c'était tenter de lui apporter toute l'aide possible. Et la première chose qu'elle me demanda fut ceci :

— Mr. Bell, y a-t-il un avocat à Dunwinnie ?

Je lui répondis qu'il y avait eu jadis le vieux Mr. Dunbar et qu'à présent il avait un successeur en la personne d'un jeune homme, un nommé Stewart, qui avait travaillé avec lui et pris sa suite. Même après avoir réfléchi un peu à sa question, j'estimai préférable de ne pas lui demander à quoi elle pensait. Elle quitta le coin du banc sur lequel elle était assise, traversa l'échoppe jusqu'à la fenêtre et regarda d'un air absent Kinkeig qui se couvrait à nouveau de neige.

— Il doit y avoir des papiers, dit-elle calmement et sans se retourner. Des certificats.

Je répondis que, bien sûr, il y en avait certainement —

1. Héros du poème éponyme de Sir Walter Scott. (*N.d.T.*)

les choses seraient pires si ce n'était pas le cas —, mais que, si elle était mineure et légalement la pupille de Guthrie et que cet excentrique refusait de parler ou de montrer quoi que ce soit, il m'était difficile de dire si elle avait le droit ou pas de consulter ces documents. Elle pouvait, certes, envoyer son Neil consulter Stewart, l'avocat de Dunwinnie, si elle le désirait, mais, de l'avis d'un vieil homme comme moi, c'était perdre son temps : quand le châtelain s'habituerait à la tournure des événements, il se rendrait compte que les Guthrie et les Lindsay avaient mieux à faire qu'à jouer les Montaigu et les Capulet. Elle ferait aussi bien, ajoutai-je, d'en convaincre Neil ; après tout, quand un fils de paysan, qui ne possède rien, à part de vagues espoirs au Canada, courtise la pupille d'un riche châtelain, il doit s'attendre à une rebuffade ou deux avant d'obtenir ce qu'il veut.

Mais Christine hocha la tête.

— C'est tout différent.

Elle s'empara d'un morceau de cuir et traça sur lui de petites ondulations avec son doigt, comme si elle copiait les rides qui venaient de se former sur son joli front.

— Vous avez vu mon oncle récemment ? demanda-t-elle.

Je secouai la tête à mon tour.

— Je ne l'ai pas vu, ma chère enfant, depuis un an.

— Mais vous avez entendu parler de lui ?

— Je n'ai pas perdu l'ouïe, Christine.

Ma réflexion la fit sourire.

— Oui, on bavarde toujours beaucoup à Kinkeig, j'en suis sûre.

Elle hésita.

— Mais vous avez peut-être entendu dire qu'il devenait fou ?

Elle paraissait tellement inquiète que j'abandonnai ma forme et allai la prendre dans mes bras — chose que je n'avais pas faite depuis bien des années.

— Ne vous tracassez pas à ce propos, fis-je. On disait la même chose avant votre naissance. C'est de toute façon ce que Kinkeig insinuera toujours sur le compte d'un châtelain qui ne parle ni de grouses ni d'avoine et ne se pique pas de fréquenter l'église le dimanche. Et les Guthrie ont cette réputation depuis l'époque de Malcolm Canmore.

Elle rit et je crus l'avoir réconfortée jusqu'à ce que mes vieilles oreilles aient discerné l'intonation sous-jacente de ce rire. Je m'approchai de la fenêtre et jetai un coup d'œil dehors.

Christine, derrière moi, dit avec difficulté :

— Il est fou.

X

Christine était loyale à l'égard du châtelain et elle appartenait à cette catégorie de gens qui demeurent loyaux même dans la souffrance, voire dans la lutte ouverte. L'entendre dire cela de Guthrie paraissait surprenant — d'autant plus qu'elle apportait des arguments à son propos. Ce qui la persuadait de la réelle démence de Guthrie, c'était qu'il se mettait à dépenser de l'argent comme un individu normal.

— Il se torture lui-même, dit-elle.

Seul quelqu'un qui avait longtemps vécu à Erchany pouvait, pensai-je, mesurer le caractère convaincant de ce qu'elle racontait. Tout avait commencé avec le renvoi des Gamley : Gamley avait eu avec le châtelain un contrat trimestriel ou annuel et, pour le congédier, il lui avait donné une petite poignée d'or — de l'or véritable que Christine l'avait vu retirer de son secrétaire, et qui constituait d'ailleurs le seul argent liquide disponible à Erchany en cas d'urgence. C'était là une chose bien étrange, selon Christine, car cet or était, à proprement parler, le joujou de son oncle.

J'écarquillai les yeux. Je connaissais l'avarice de Guthrie, je savais comment il fouillait les épouvantails, mais je ne l'avais jamais imaginé sous les traits de l'avare classique tel qu'on peut le voir décrit dans un livre.

— Vous voulez dire, criai-je, qu'il s'amuse à tripoter ses écus ?

— Oui. Il appelle ça de la numismatique et il m'en a même enseigné les rudiments. Avez-vous déjà vu un *quadruple* d'or espagnol de Philippe V, Mr. Bell, ou une *genovine* de vingt-trois carats, ou une pièce de Jacques V ou la monnaie du Grand Mongol ? Je crois que je pourrais moi-même devenir avare quand je regarde tout cela. Mais mon oncle aime tout autant entasser en petites piles guinées et souverains, et c'est d'ailleurs avec des pièces comme celles-là qu'il a dû payer Gamley. Et n'est-ce pas révélateur ?

Cela prouvait, pensai-je, que le châtelain avait été fort pressé de se débarrasser des occupants de la ferme, car s'il avait la passion maladive de l'or, en donner à son employé avait dû être pour lui une vraie torture, comme disait Christine. Pendant une minute j'évoquai une image, aussi vivante peut-être que la vision de Mrs. McLaren dont j'ai déjà parlé : je voyais Guthrie assis dans son ténébreux donjon, sans autre éclairage que sa bougie, indice supplémentaire de sa ladrerie, tripotant et retripotant son or, symbole sans doute de quelque chose que nous ne connaissions pas, puis convoquant la jeune fille pour lui faire découvrir et admirer la numismatique, comme s'il cherchait à trouver une base rationnelle à la pulsion irrationnelle qui l'animait. Et, malgré le peu que je savais de Neil Lindsay, j'étais heureux que Christine fût tombée sur lui ; l'éclat de tout cet or, semblable à celui que certains voyaient briller dans le regard de Guthrie, avait encore noirci à mes yeux l'image du châtelain et de son château.

— N'est-ce pas révélateur ? répéta Christine.

Puis elle ajouta :

— Mais, maintenant, il ne joue plus avec son or. Il s'est mis aux puzzles.

Je la regardai, étonné — non par le mot, que je ne comprenais pas, mais par la façon dont elle l'avait prononcé et la tension qui s'affichait sur son visage. D'évidence, l'atmosphère des événements qui se tramaient à Erchany pesait sur la jeune fille et elle trouvait difficile d'en exprimer toute la force.

— Des puzzles ? répétai-je, surpris.

— Mon oncle a commandé toutes sortes de choses à Édimbourg — encore une dépense bizarre. Des provisions comme si nous devions soutenir un siège, certaines si coûteuses que je n'en avais jamais vu ou même entendu parler ! Et une grosse caisse de livres.

— Le châtelain a toujours été un grand lecteur, Christine.

— Oui, mais il n'*achetait* pas de livres ! Et ceux-là sont d'un genre auquel il ne s'était jamais encore intéressé : des ouvrages de médecine. Là-haut, dans la tour, il les dévore, nuit après nuit.

Je crus, une minute, avoir découvert une horreur. Guthrie sombrait-il dans la folie — comme le pensait Christine et ainsi que l'avait jugé possible la grosse cruche de Harley Street — et, le sentant, s'était-il mis à lire désespérément dans l'espoir d'en apprendre davantage sur lui-même et de réussir à se soigner ?

— Christine, demandai-je doucement, s'agit-il de traités de psychiatrie ?

Elle comprit ce que je voulais dire et secoua la tête :

— Ce n'est pas le cas de ceux que j'ai vus. Il y en a d'un certain Osler, consacré à la médecine générale, un autre de Flinders qui traite de radiologie et un troisième, signé Richards, qui étudie les maladies de cœur...

Elle s'interrompit en fronçant les sourcils, et sa façon de noter et de retenir ces mots difficiles me permit de mesurer l'effort auquel elle avait dû se livrer pour approfondir les choses au château.

Pour ma part, je ne savais que faire de ce nouveau fantasme de Guthrie et je revins au sujet précédent.

— Qu'est-ce que c'est que ces puzzles, Christine ?

— On appelle ça aussi des jeux de patience, vous savez ? Je crois qu'il les a achetés pas cher sur catalogue. Des scènes de guerre, Mr. Bell. Vous vous cassez longuement la tête pour trouver celle du soldat allemand et quand vous la découvrez enfin vous vous apercevez qu'elle a été projetée loin de son corps et qu'elle s'insère dans le coin supérieur gauche. L'ensemble de l'image se nommera, peut-être, *La Bataille de la Marne* — et mon oncle aime bien que je l'aide. Il ne me reste pas grand-chose à apprendre sur les tanks, les grenades à main et le torpillage du *Lusitania.* C'est peut-être, pour mon oncle, une façon de me faire parachever mes études.

Il y avait une pointe de gaieté dans la voix de Christine ; pourtant elle venait de prononcer les propos les plus amers que j'aie jamais entendus sortir de sa bouche. Je lui dis alors que cela semblait un passe-temps stupide mais inoffensif et, dans ces conditions, pourquoi s'inquiéter ?

Christine rejeta ses beaux cheveux en arrière d'un geste à moitié impatient et à moitié désespéré.

— Les puzzles ont remplacé l'or ! dit-elle. Vous ne *comprenez* donc pas ?

Pendant une minute, je dus la regarder aussi sottement qu'un hibou. Puis, encore que pas très clairement, je compris. N'avais-je pas dit moi-même que l'or était un symbole qui répondait à un besoin profond de Guthrie ?

Mais l'esprit de Christine s'orientait dans une autre direction.

— Mr. Bell, demanda-t-elle, pourquoi la petite Isa Murdoch nous a-t-elle quittés ? Y a-t-il des ragots autour de ce départ ?

J'avais craint cette question. Christine accumulait déjà bien assez d'ennuis sans devoir s'inquiéter au sujet de Tammas le demeuré, mais si elle ignorait comment il s'en était pris à Isa mieux valait cependant la prévenir. Pourtant elle m'évita d'en parler en disant :

— C'est simplement à cause de Tammas ?

— En partie. En partie aussi parce qu'elle a dû se cacher dans la galerie de votre oncle et qu'elle l'a entendu murmurer des vers puis parler tout seul. Ce qui l'a terrorisée. Christine, savez-vous si votre oncle est en rapport avec des gens nommés Walter Kennedy et Robert Henderson ?

Ce fut elle qui prit à son tour l'air idiot d'un hibou — mais cela ne dura pas. Puis elle éclata d'un rire clair : c'était un plaisir de l'entendre.

— Oh, Oncle Ewan Bell, s'exclama-t-elle, vous n'avez jamais été en rapport avec Geoffrey Chaucer ?

Et, du coup, elle recouvra tous ses esprits ; elle bondit sur ses pieds comme si l'angoisse l'avait quittée et se mit à marcher de long en large dans mon échoppe, les mains nouées derrière le dos et le regard dans le vague, comme si elle était Ranald Guthrie en personne. Et elle se mit à psalmodier :

Elle a dévoré misérablement
Le noble Chaucer, fleur des poètes,
Le Moine de Béry et Gower, tous les trois ;
Timor Mortis conturbat me.

À Dumferline elle a emporté Brown
Avec Maître Robert Henderson ;
Sir John le Rouge elle a saisi ;
Timor Mortis conturbat me.

Christine se tourna et rit derechef. Puis elle poursuivit de sa voix grave et douce :

Le bon Maître Walter Kennedy
Au seuil de la mort gît en vérité,
Qu'il en soit ainsi est grande pitié ;
Timor Mortis conturbat me.

Je posai mon alène.

— C'était donc ça ! dis-je. Des gens cités dans un poème.

Christine hocha la tête.

— Dunbar[1] l'a écrit quand il était malade. Et mon oncle l'a cité dans sa galerie — il était peut-être malade, lui aussi.

Elle récita un autre couplet :

Puisqu'elle a saisi mon frère,
Elle ne me laissera pas vivre seul,
De force, je serai sa prochaine proie ;
Timor Mortis conturbat me.

Puis elle vint s'asseoir près de moi, d'un coup aussi soucieuse qu'auparavant.

— Il s'agit du *Lament for the Makaris* de Dunbar, pièce qu'il a composée alors qu'il savait qu'un autre poète et lui-même allaient mourir. Mon oncle le récite souvent à présent et Isa l'a entendu, sans l'ombre d'un doute.

Je me souvins qu'Isa avait dit que les vers psalmodiés par Guthrie citaient des noms écossais et qu'il s'y trouvait un baragouin étranger. Il s'agissait donc de ce poème de Dunbar et les noms, Kennedy et Henderson, qu'elle

1. William Dunbar (1460-1530), poète écossais, est l'auteur de ce *Lament for the Makaris* (Requiem pour les poètes), poème qui sert en partie de fil conducteur au présent roman. La phrase latine qui conclut chacun des vingt-cinq quatrains de ce texte signifie : La crainte de la mort me trouble. (*N.d.T.*)

pensait avoir entendus alors qu'elle était évanouie, n'étaient que des échos de ce que déclamait Guthrie. Et j'aurais pu résoudre le mystère moi-même et sans que Christine se moque de moi au sujet de Chaucer, si j'avais seulement eu la présence d'esprit d'y penser, parce que les œuvres de Dunbar me sont depuis longtemps familières et figurent en bonne place sur mon étagère dans l'élégante et érudite édition du Dr Small.

Ce fut ainsi que s'acheva ma conversation avec Christine ce jour-là, parce qu'elle regarda la pendule, ramassa son béret et sortit si vite dans la neige que je supposai que Neil Lindsay devait se trouver quelque part au bout de son chemin. Notre conversation avait été décousue et plutôt décevante. J'avais l'impression inquiétante d'avancer à tâtons parce que j'ignorais ce qui se passait dans les pièces sombres et les couloirs délabrés du château Erchany. Ce soir-là, je restai longtemps assis au crépuscule, sans penser à fermer les volets ni songer à faire un tour aux *Arms*. Tout cela me travaillait et j'avais besoin de solitude.

Il me semblait bizarre que le jeune Lindsay, qui cherchait à rompre avec les traditions des siens et voulait entamer une nouvelle vie sur une terre nouvelle, prêtât attention à l'antique rancœur qu'éprouvaient les Lindsay pour les Guthrie. Et plus bizarre encore que Guthrie, un lettré et jadis un poète, et dont les méditations devaient porter sur le temps, le changement et la nature des choses, pût songer à cette haine ancienne et bornée que portaient ses ancêtres aux Lindsay. Si les Lindsay d'aujourd'hui, simples et pauvres paysans, pouvaient peut-être voir en Ranald Guthrie l'incarnation de ceux qui possédaient tout et qui, en prenant davantage encore, avaient ruiné la population écossaise, en ajoutant de plus à ce ressentiment bien réel la couleur d'une longue histoire, qu'en était-il de Guthrie — homme riche, assuré de la sécurité de ses biens, et qui ne devait jamais prêter attention au sentiment d'envie qu'éprouvaient les pauvres ? Est-ce que le châtelain traitait la demande en mariage de Neil Lindsay autrement que n'importe quel homme, fier de ses origines et de ses terres, aurait traité celle d'un paysan voulant épouser une jeune personne qui vivait comme sa propre fille sous son toit ?

Mais Christine croyait son oncle fou ou en passe de le devenir ; et il me semblait étrange de me sentir troublé parce qu'elle pensait ce que presque tout Kinkeig pensait depuis longtemps. Le fait est toutefois que Kinkeig était toujours prêt à croire et à répéter n'importe quoi pourvu que ce fût piquant, tandis que Christine, jeune fille bien élevée et douce, avait appris de Mrs. Menzies et de Guthrie le sens exact des mots. Elle savait ce qu'elle disait du châtelain, et ce qu'elle éprouvait ne me donnait aucune raison convaincante de ne pas me tracasser.

Je me rendis compte soudain que je ne lui avais pas demandé si, à sa connaissance, les Guthrie d'Amérique avaient récemment donné signe de vie : n'inquiétaient-ils plus le châtelain après tout — et la fille insolente qui était passée l'autre soir aux *Arms* n'appartenait-elle pas à cette branche de la famille ? Car il apparaissait clairement que, si on s'interrogeait sur la conduite de Guthrie au cours des mois précédents, il en fallait davantage pour l'expliquer que les relations de Christine et de son Neil Lindsay. Le renvoi des Gamley, les commandes passées à Édimbourg, tout ce qu'Isa Murdoch avait vu et entendu lors de l'ouverture de la maison et dans la galerie : tout cela semblait s'être produit avant que Guthrie apprenne qui courtisait Christine ou même que quelqu'un la courtisait. Et je songeai aux livres de médecine que dévorait le châtelain et comment il en était arrivé à se distraire en assemblant des puzzles faits de petits morceaux de bois découpé. Et je l'imaginai en train de défoncer furieusement la porte de la galerie si longtemps abandonnée, puis déambulant dans cette galerie, et enfin dans cette posture face au loch

Cailie qu'avait surprise Miss Strachan quand elle l'avait aperçu pour la dernière fois. Et la voix de Christine m'obsédait, sa voix tendue comme si la jeune fille affrontait un danger mortel, quand elle m'avait dit que son oncle était fou. Puis, en cherchant un fil conducteur, il me sembla entendre la voix du châtelain lui-même, criant avec le refrain latin de ce vieux poète écossais que la crainte de la mort le troublait — nenni, la Mort elle-même.

Je rentrai dans mon logis, cherchai le livre et soufflai la poussière accumulée, puis trouvai le poème.

Requiem pour les poètes
Quand il était malade

J'étais bien portant et heureux,
Je suis maintenant fort malade,
Et par les infirmités affaibli;
Timor Mortis conturbat me.

Et je lus cette lamentation de cent vers pour les poètes écossais morts jusqu'à sa fin :

Puisqu'à la mort il n'est point de remède,
Mieux vaut pour la mort mettre nos affaires en [ordre,
Pour, après notre mort, pouvoir revivre;
Timor Mortis conturbat me.

XI

Ce fut un rude hiver. En revenant sur ce prologue aux événements d'Erchany, je revois les personnages parfois impuissants face au terrible ouragan qui surprit l'institutrice, parfois gravés dans ma mémoire en des postures aussi extravagantes que celles des arbres nus sous les étoiles durant les longues nuits glaciales ; et toute cette histoire se déroula au rythme de la chute et de la fonte des neiges. Quand le Citoyen Pensant recevait ses journaux malgré le mauvais temps — ce qui n'arrivait pas toujours —, il pataugeait jusqu'aux *Arms* et nous racontait que les gars de Fleet Street donnaient des comptes rendus terrifiants de la situation en Écosse, précisaient qu'il y avait des chutes de neige épouvantables et que cet hiver-là enregistrerait des records, comme il l'avait prévu. Mais, selon Will Saunders, le marchand de journaux radotait comme un phonographe — jouant un disque rayé — et plût à Dieu qu'il manquât d'aiguille ou qu'un ressort cassât.

Le jour où Christine vint me voir, les cieux plombés s'ouvrirent au-dessus des collines déjà enneigées et les flocons se mirent à tomber et à tomber encore, recouvrant la vallée et les champs d'un manteau de plus en plus épais, aussi pur, silencieux et calme que le sol en marbre du paradis avant que le Tout-Puissant pensât à créer les célestes phalanges. Souvent, pendant ces jours-là, des jours qui nous rapprochaient de Noël, aussi blancs et tranquilles que des fantômes immaculés, je me demandais ce qui se passait en haut de la vallée. Je pouvais difficilement attendre des nouvelles ; les obstacles s'accumulaient jusqu'à devenir infranchissables, sinon pour Tammas que l'arrivée de la neige dotait d'une force surnaturelle, disaient les gens, comme s'il avait été un personnage de conte de fées. Quand j'étais un jeune homme j'avais moi-même couvert bien des kilomètres dans la neige parce que, chaque semaine, hiver comme été, j'allais lire au Dunwinnie Institute. Mais je doutais avoir jamais effectué un trajet aussi pénible que celui d'Erchany à Kinkeig et l'arrivée de Tammas me surprit.

Il était aussi las que Satan après sa traversée du Chaos — et, en vérité, il ressemblait à un visiteur venu d'un autre monde. La veille, le 22 décembre, une auto ou deux étaient péniblement venues de Dunwinnie, apportant des nouvelles sur ce qui se passait à l'extrémité du loch : des joueurs de curling arrivaient par centaines à bord de trains spéciaux. Mais, le 23, il ne vint personne et nous doutions fort que quelqu'un pût le faire ; Kinkeig était coupé du reste du monde et Erchany de Kinkeig. Pour tous les gens du coin, sauf Tammas, crachant et hoquetant à ma porte, la vapeur sortant de sa grande bouche baveuse comme de la gueule d'un dragon.

Mais un dragon aurait montré plus de bon sens qu'il n'en restait à l'idiot après cette marche pénible. Il se contenta de proférer d'incompréhensibles gémissements, refusa d'entrer quand je l'y invitai, mais me remit une lettre avant de repartir par où il était venu sans que j'aie pu ajouter un mot. Je regardai la lettre et constatai qu'elle émanait de Christine : je cessai de m'inquiéter de l'idiot, rentrai et m'installai pour lire devant le feu.

Oncle Ewan Bell — Je me suis montrée un peu sotte avec mes fantasmes : vous me pardonnez ? Tout va bien — je suis *persuadée* que tout va bien, même si cela paraît étrange — et il ne me reste plus qu'à attendre le jour de Noël !

Mon oncle est passé me voir ce matin ; il semblait, chose exceptionnelle, de fort bonne humeur ; il se tenait devant le petit feu qu'il avait demandé à Mrs. Hardcastle d'allumer pour moi, et il me déclara : « J'ai terminé le plus grand de tous les puzzles. » Il dut alors se rendre compte que mes pensées allaient ailleurs, car il dit d'une voix douce : « Tu le veux, Christine ? » Je répondis simplement : « Oui », pas plus — parce que je lui avais déjà expliqué depuis longtemps à quel point c'était *Oui* et combien je me sentais impuissante. Il fit : « Tu vas partir avec lui. »

Je ne sais pourquoi, je me mis à trembler sans pouvoir parler : peut-être mes fantasmes passés me poussaient-ils à croire que son esprit dérangé lui faisait dire n'importe quoi. Mais il répéta : « Tu vas partir avec lui. » Puis il prit une voix bourrue pour évoquer le déshonneur en ajoutant que, si nous partions, nous devions le faire maintenant et pour toujours ; il allait me donner de l'argent, Neil viendrait me chercher à Noël et nous prendrions le chemin du Canada. Mais il ne voulait pas de mariage ici ni même en entendre parler et — mais il est inutile que je répète des propos que je veux oublier et que j'aurai bientôt la possibilité d'oublier.

C'est donc un au revoir : je penserai toujours à *vous*, Oncle Ewan Bell. Je suis heureuse, heureuse — et pourtant j'ai peur. J'ai un pressentiment — mais c'est de la folie ! S'il est des choses que je ne comprends pas, qu'importe puisque je m'en vais avec Neil ?

Tammas s'apprête à partir — je suppose que c'est pour porter du courrier — bien que la neige tombe en abondance : j'espère qu'il arrivera sans problèmes. Sa descente à Kinkeig m'offre l'occasion de vous envoyer cette lettre — sinon vous n'auriez pas eu de mes nouvelles avant mon départ — et quels que soient les ragots qui circuleront à Kinkeig, vous aurez été le premier informé ! Au revoir et bons baisers, cher Ewan Bell.

Christine MATHERS.

Je serai en sécurité avec Neil, comme lui avec moi.

C'était donc là l'adieu de Christine — et, à la pensée qu'elle allait quitter Kinkeig, j'eus le cœur plus lourd que je n'aurais dû. Je lus et relus bien des fois sa lettre ce soir-là — et j'avais toujours le cœur aussi lourd. Je dus m'endormir, vieil homme que je suis, devant mon feu mourant, puisque je me réveillai, frigorifié, en pleine nuit, la voix de Ranald Guthrie dans les oreilles :

Timor Mortis conturbat me...

Je passai les trois jours suivants dans l'angoisse.

XII

Le soir du jour où Tammas passa — lundi 23 décembre —, il y eut de l'animation à Kinkeig. Longtemps après qu'on eut cru les routes fermées à cause de la neige et alors que le crépuscule teintait de gris et d'argent le paysage blanc, une petite voiture fermée cahotant et dérapant entra dans le village, venue on ne savait d'où : elle avait raté la route du nord par Dunwinnie et la cherchait. Les gens se contentèrent de lui jeter un coup d'œil par la fenêtre, car le mauvais temps retenait tout le monde dans les maisons — exception faite d'un gamin, Wattie McLaren, qui avait abandonné son thé pour aller jeter un coup d'œil au bonhomme de neige qu'il avait érigé le matin même avec les autres gosses. La petite voiture s'arrêta; il y avait une jeune femme au volant, raconta Wattie, et elle l'appela pour lui demander si elle était bien sur la route du sud. Ou bien elle comprit mal Wattie — ce qui semble assez probable — ou bien il lui débita délibérément un mensonge qu'il craignit ensuite d'avouer. De toute façon, la petite voiture vrombit et tressauta, ses roues arrière patinèrent pendant une minute avant de s'accrocher sur la neige, puis elle tourna à droite et s'engagea dans la vallée qui menait à Erchany.

Pendant ce temps, Mrs. McLaren — et vous en savez assez sur son compte, Lecteur, pour ne pas ignorer qu'elle n'a guère de bon sens — avait remarqué l'absence de Wattie au milieu de ses autres enfants — et elle en possédait suffisamment, disait Will Saunders, pour donner le bon exemple à ses truies. Elle sortit donc pour le récupérer, juste à temps pour voir le feu rouge arrière de la voiture disparaître derrière le premier contrefort de la colline. Au même moment retentit un puissant coup de trompette qui fit penser Mrs. McLaren, expliqua-t-elle — car elle a le papotage religieux —, aux anges annonçant la Nativité : idée bien de saison et dévote, nul ne le niera. Mais ce n'était rien d'autre que le klaxon d'une autre voiture, grosse comme une maison cette fois. Un mince jeune homme se trouvait au volant. Des chaînes montées sur les roues assuraient à ce véhicule une tenue sur la neige meilleure que celle de la petite auto. Sans doute le conducteur s'était-il égaré en suivant cette dernière et je sais aujourd'hui que lorsqu'il interpella la femme du forgeron il lui demanda s'il se trouvait bien sur la route de Londres. Mrs. McLaren, inutile de le dire, avait autant de chances de comprendre que si le jeune homme lui avait posé la question de savoir s'il était sur le chemin de Monte Carlo. Elle s'imagina qu'il s'était enquis de la direction prise par la petite auto — car elle aime toujours à penser, selon Will, que les gars passent leur temps à courir après les filles. Elle montra donc du doigt la route de la vallée qui disparaissait dans l'obscurité. La grosse voiture s'ébranla en ronflant : elle se dirigeait vers le château Erchany. La plupart des gens pensèrent qu'il était fort peu probable que les deux autos arrivent jusque-là et tout aussi peu probable qu'elles reviennent; Carfrae, le marchand de légumes, émit une plaisanterie, on peut en être certain, sur la façon dont les deux conducteurs se réchaufferaient mutuellement dans la solitude nocturne de la vallée.

. . . .

Ensuite, à la connaissance des villageois, plus rien ne traversa Kinkeig. Le vent se leva dans la soirée, balayant la neige qui tombait toujours comme s'il déplaçait les flocons d'un endroit à un autre ; la veille de Noël, il continua à neiger sur la campagne. Le matin de Noël, le vent tomba mais la neige continuait à s'accumuler doucement. Passant de bonne heure devant l'église, c'est à peine, tant le son était étouffé, si j'entendis tinter la cloche qui appelait au premier office qu'aime bien célébrer le Dr Jervie.

Les quelques habitants de Kinkeig qui tiennent Noël pour une fête de l'Église assistaient au service lorsque Tammas revint et j'entendis, bien plus nettement que la cloche, le hurlement qu'il poussa, alors qu'il gravissait la dernière pente, pour annoncer la mort affreuse de son maître, Ranald Guthrie d'Erchany.

C'est ici, Lecteur, que je pose ma plume vagabonde et maladroite. Vous allez découvrir à présent ce que le jeune Anglais, Noel Gylby, celui qui conduisait la grosse voiture, écrivit à son amie de Londres. Mais nous nous retrouverons encore une fois avant la fin de ce récit.

II

LA LETTRE-JOURNAL DE NOEL GYLBY

I

24 décembre

Diana chérie : voici des feuilles — comme disait la reine Victoria — du Journal de ma Vie dans les Highlands. Ou peut-être de ma Mort dans les Lowlands. Car j'ignore absolument si je vais survivre et je ne sais même pas — je ne subodore pas, ainsi que s'exprimerait l'amie que je me suis faite ici — où je me trouve. Oui, j'ai une camarade, une demoiselle américaine, tout à fait extraordinaire, charmante et plutôt mystérieuse. Et nous nous trouvons, elle et moi, quelque part en Écosse. J'ai le sentiment — l'impression en quelque sorte — que nous risquons d'avoir la gorge tranchée n'importe quand, à la mode féodale, par l'intendant, qui — tiens-toi bien ! — porte le nom particulièrement approprié de Hardcastle et qui est sans l'ombre d'un doute (encore que je n'aie pas vu les personnages en question) assisté par Dampcastle, Coldcastle et Crazycastle[1] — l'existence de toute une tribu de Crazycastle ne m'étonnerait

1. *Hardcastle* : Châteaudur. *Dampcastle* : Châteauhumide. *Coldcastle* : Châteaufroid. *Crazycastle* : Châteaufou. (*N.d.T.*)

pas outre mesure. Et nous aimons penser, Miss Guthrie et moi, que nous sommes actuellement assiégés par les chevaliers païens Sansjoy, Sansfoy et Sansloy — et si tu me dis, Diana, que les païens ne pullulent pas dans les paysages écossais, je te répondrai que j'ai passé une fort mauvaise nuit et que tu peux me pardonner cette petite inconséquence.

Ne te fâche pas, Diana, si je ne puis être en ville pour Noël ; ce n'est pas ma faute. Écoute. Je vais t'expliquer la situation dans tous ses détails. En guise d'excuses, je te raconterai tout sur tout. C'est amusant — et promet de continuer à l'être.

J'ai quitté Kincrae et les horreurs du séjour hors saison qu'y fait ma tante — sais-tu, et je n'invente rien, que des stalactites pendent au nez des mélancoliques têtes de cerf accrochées dans le hall ? Je suis parti de bonne heure hier matin et malgré l'état déplorable des chaussées je comptais arriver hier soir à Édimbourg (où se trouve un hôtel acceptable) puis, ce soir, me retrouver à York, après avoir effacé la route du nord sous mes roues, et enfin arriver en ville à temps pour notre repas de Noël, comme je te l'avais télégraphié.

Mais je me trompais. La neige était tombée en abondance et même sur la route des Highlands — que les chasse-neige avaient dégagée —, j'ai pris beaucoup de retard sur mon horaire. J'ai absorbé une légère collation — c'est un p'tit kékchose à manger qu'vous voulez ? m'avait demandé l'aubergiste avec étonnement — Dieu sait où et, quand j'eus terminé, j'avais déjà l'œil fixé sur mon dîner à Édimbourg. J'appuyai donc sur le champignon mais la route était toujours mauvaise. Je devais embarquer sur le *William Nuir* à Queensferry ; sinon, il me faudrait faire un détour par Stirling et finalement, tu sais ce que j'ai fait, Diana. Je me suis arrêté et j'ai sorti la carte et j'ai vu que le trajet pourrait être beaucoup plus rapide par *ce* chemin. Hélas !

La route était parfaite, je crois ; ce fut la neige qui eut raison de moi. Je roulais tranquillement avec des chaînes à soixante-cinq kilomètres à l'heure environ quand l'arrière de la voiture passa devant et l'avant derrière, exactement comme une chaloupe prise dans le creux d'une vague. Mais la sensation était différente : il ne s'agissait pas d'eau mais de ouate. Il me fallut à peine trois mètres pour passer de mes soixante-cinq kilomètres à l'heure à l'arrêt total, et cela sans l'ombre d'une secousse ou d'une vibration. C'est ainsi que se comporte la neige en Écosse : ses propriétés d'amortissement balistique diffèrent considérablement, me semble-t-il, de celles de la variété suisse. Soit dit en passant. Ce qui s'était produit était tout simple : j'étais arrivé sur un de ces ponts en dos d'âne (oubliés là, je crois, par Jules César), il y avait une énorme congère de l'autre côté de la bosse et j'étais rentré dedans.

Fort heureusement se trouvait à proximité un groupe d'Écossais qui apportaient, à ce qu'ils disaient, du fourrage au bétail ; très aimablement, ils ont utilisé leurs bêtes pour tirer ma voiture de là, puis je suis reparti par la route que j'avais prise pour arriver là, ce qui me coûta — selon le mot de Miss G. — deux heures et dix shillings.

Nous approchons à présent de Miss G. — toujours à soixante-cinq kilomètres à l'heure et dans cette municipalité à la pointe du progrès qu'est Dunwinnie. Je m'arrêtai là pour faire le plein. Miss G. avait également stoppé pour prendre de l'essence — nous nous sommes servis à la même pompe, les dames d'abord. Tu sais, je me sens toujours mal à l'aise quand je me retrouve avec cette auto en compagnie de voitures plus petites et Miss G. a l'un de ces coups d'œil rapides qui vous jaugent et vous rangent quasiment sans appel dans la catégorie des *jeunes chiens* ! Je la suivis modestement hors de Dunwinnie et — l'ayant entendue poser des questions pertinentes sur la route du sud — je continuai de la suivre en toute humilité quand elle obliqua à droite. Hélas, Miss G. se trompait.

Mais elle savait conduire. La route était étroite — d'une étroitesse suspecte — et je ne pouvais pas doubler la jeune fille. Nous parcourûmes une quinzaine de kilomètres environ et puis, alors que nous entrions dans je ne sais quel hameau sans nom, je la perdis de vue : il faisait alors presque complètement nuit. Je n'aimais pas beaucoup ça ; depuis des kilomètres la chaussée était recouverte d'une neige qui ne portait aucune trace de pneus et j'étais quasiment certain que je m'étais perdu au cœur de l'Écosse. Je m'arrêtai donc pour me renseigner : le village semblait abandonné — aussi abandonné que « Sweet Auburn [1] » — et j'envisageais d'aller frapper aux portes, quand, soudain, la silhouette d'une vieille femme se matérialisa, comme par magie, à la hauteur de mon coude. Bien entendu, j'aurais dû prendre ma carte, dire : « Ma bonne dame, comment s'appelle cet endroit ? » et me débrouiller ensuite tout seul. Mais non, il a fallu que je demande à cette personne la route du sud, voire celle de Londres — la force de l'habitude, tu sais, alliée à la fatigue. De toute façon, la vieille me semblait une source de renseignements valable. Et, sans la moindre hésitation, elle me montra d'un geste singulièrement décidé une bifurcation plus loin, entre les maisons — et ce fut cette direction que ton dévoué crétin s'empressa d'emprunter.

Un kilomètre et demi plus loin, je rattrapai le feu arrière de Miss G. Je me sentais encore assez plein d'humilité pour y voir un encouragement temporaire : mon cousin Tim, qui fut Troisième Secrétaire ou quel-

1. Allusion au *Village abandonné*, poème d'Oliver Goldsmith (1728-1774), par ailleurs auteur du célèbre *Vicaire de Wakefield*. (*N.d.T.*)

que chose comme ça à Washington, assure que les Américains sont des gens aussi audacieux qu'efficaces. Bien entendu, Tim est, lui, particulièrement simplet... Mais je m'égare.

Le fait est que je m'*égarais*. Quelques kilomètres plus loin, je n'avais plus aucun doute à ce propos. Miss G. s'était perdue et je me perdais à sa suite — plongeant et dérapant dans quelque soixante centimètres de neige. Je crois que j'aurais fait demi-tour s'il y avait eu moyen de le faire, ce qui n'était pas le cas, la route n'ayant plus rien d'une route et n'étant plus que la plus lamentable des pistes. En outre, la remarquable Miss G. se trouvait toujours devant — je me demande comment elle arrivait à avancer — et probablement dans une situation pire que la mienne : en cas de besoin, on pouvait survivre une nuit dans ma voiture. Le galant homme, tu vois, prêt à voler à la rescousse de la demoiselle en détresse. Et c'est ce que je fis : je lui tombai dessus.

Littéralement. Je venais de parcourir, je pense, une petite dizaine de kilomètres; je suivais les traces de pneus de Miss G. dans la lumière de mes phares plutôt que les poteaux qui indiquaient, de temps à autre, les limites de la piste, quand il m'arriva à peu près la même chose que lors de ma rencontre avec le pont en dos d'âne. Ou plutôt lorsqu'il commença à m'arriver la même chose. Mon capot piqua du nez et mon arrière se souleva. Et puis il y eut un choc violent. Dans le silence qui suivit et alors que je reprenais lentement mes esprits, une voix féminine fit, pleine de gratitude :

— Merci, étranger. C'est bien aimable à vous.

C'était la voix de Miss G.

Sybil Guthrie — nous pouvons à présent nous montrer plus familiers —, Sybil Guthrie, donc, avait quitté la piste, heurté un talus, pivoté et s'était immobilisée. Je l'avais suivie, d'un peu plus haut, puisque ma Rolls était allée se percher sur sa voiture. Mais je ne m'étais pas retourné et je restais là, assis comme un imbécile. J'aurais pu tuer la jeune fille. Soucieux d'agir comme il le fallait, je lui demandai, plein de sollicitude :

— Êtes-vous blessée ?

— Oui. Salement vexée, dit-elle avant d'ajouter d'une voix plus gaie : Bien sûr, si nous prenons feu, il y a de la neige en quantité. La neige éteint le feu, non ?

Mais nos voitures ne flambaient pas. Nous nous assîmes chacun sur une aile avant de ma Rolls — l'épave paraissait bien coincée — et nous nous réchauffâmes les mains en les posant sur le radiateur tout en réfléchissant à notre situation. Sybil — une fille charmante —, Sybil, donc, dit qu'elle croyait que le village à partir duquel nous nous étions égarés s'appelait Kinkeig ; elle l'avait déjà traversé auparavant et il s'y trouvait un pub, ce qui était une bonne chose si nous pouvions revenir sur nos pas. Avais-je mieux à proposer ?

L'instinct restait présent, tu vois, malgré le coup d'œil qui me jaugeait ; et là, sous la neige, je venais de passer du rang de chiot à celui de saint-bernard. Je pris donc la pose sous le projecteur mobile et m'efforçai de paraître responsable et sérieux, ce qui n'est guère dans ma nature.

Il avait neigé sans arrêt tout l'après-midi mais à ce moment précis — et mis à part le fait que l'obscurité était tombée —, la visibilité était excellente. Et, tout en réfléchissant, j'aperçus, lointaine mais sans qu'il pût y avoir le moindre doute à son sujet, une lumière solitaire.

— Je crois, dis-je, que nous devrions nous diriger vers cette maison qui se trouve là-bas, droit devant. Avez-vous une petite valise ?

Il est tout à fait improbable, ne crois-tu pas, que Sybil n'ait pas été impressionnée ; ne fût-ce que par l'énergique brièveté des propos du héros. Et, de toute façon, je pensais avoir dit ce qu'il fallait ; le village se trouvait, au minimum, à près de dix kilomètres tandis que cette lueur — même si, la nuit, on risque de se tromper beaucoup sur les distances des lumières isolées — ne devait pas être à plus de trois ou quatre. Aurais-tu douté ou discuté, Diana ? Sybil se contenta de piquer une tête sous la ferraille et extirpa une valise — une petite valise — des débris de sa voiture.

— Hieronimo, dit-elle, le moment est venu de te mettre en route[1].

Une personne agréablement cultivée, comme il convient à une sibylle.

Cette lueur devait signaler une maison et du même coup un refuge ; mais nous risquions fort de nous égarer au fur et à mesure de notre progression. Je laissai donc mon projecteur orientable allumé et le braquai sur un arbre d'assez bonne taille — ce qui nous fournirait sans doute un point de repère en cas d'urgence — puis nous partîmes. Non sans que l'admirable Sybil n'ait préalablement exhibé une torche électrique. À dire vrai, on aurait cru qu'elle s'était d'ores et déjà préparée à cette aventure.

La suite ressembla à une sorte de version de poche de *The Worst Journey in the World*[2]. Il faisait sombre, il faisait froid et il y avait, bien sûr, de la neige. « Je dirai qu'il y a de la neige » fut en vérité la seule remarque qu'émit Sybil *en route*[3]. Nous tombions parfois dans diverses postures comiques, comme les personnages du numéro de Noël de *Punch*. On pourrait croire que c'est un élément passif, la neige. Pourtant, je te garantis que, de temps en temps, elle bondissait et nous bourrait de coups.

1. Allusion à un personnage de Thomas Kyd, dramaturge anglais de l'époque élisabéthaine. (*N.d.T.*)

2. Titre d'un récit d'Apsley Cherry-Garrard, qui accompagna Robert Scott lors de l'une de ses expéditions antarctiques et fit partie de l'équipe qui découvrit le corps gelé de l'explorateur et ses ultimes notes. (*N.d.T.*)

3. En français dans le texte. (*N.d.T.*)

Nous connûmes des moments d'angoisse lorsqu'une colline ou une rangée d'arbres nous cachaient la lumière ; mais il y eut pire lorsque la lumière commença à monter vers le ciel et que j'imaginai qu'elle pouvait aussi bien se trouver à plus de trente kilomètres de distance et au sommet d'une montagne. Une cinquantaine de mètres plus loin, cependant, il se fit devant nous une obscurité plus sombre que celle du ciel. Une forme vague se découpait à présent et nous réussîmes à l'identifier sans mal. Ce que nous voyions n'était autre qu'une lampe solitaire brillant au sommet d'une sorte de donjon.

— Le jeune Roland, dis-je, gagna la tour noire[1].

C'était bien sûr une plaisanterie anodine — qui ne valait pas celle à propos de Hieronimo — et je fus assez heureux de constater que mes propos étaient noyés, de façon d'ailleurs assez inquiétante, par des hurlements soudains de chiens. Mais l'évidence n'en frappa pas moins Sybil.

— Sir Leoline[2], dit-elle, le baron à la pleine escarcelle...

— Avait un mastiff édenté femelle...

— Laquelle, fit sévèrement Sybil.

— Je vous demande pardon ?

— « Laquelle », pas femelle.

— Nous vérifierons.

Vu les circonstances, pourrais-tu dire, il s'agissait là d'un dialogue aussi fantastique qu'insensé. Et, au même moment, comme pour exprimer sa désapprobation, la lumière s'éteignit. Les chiens, en revanche, continuèrent de hurler.

1. Allusion au poème de Robert Browning : *Childe Roland to the Dark Tower Came*. (*N.d.T.*)

2. Allusion à un personnage de *Christabel*, poème de Samuel Coleridge. (*N.d.T.*)

Sybil chercha ma main, plutôt aimablement et chastement.

— Mr. Gylby, dit-elle — nous nous étions présentés —, je ne suis qu'une pauvre gosse découragée.

Je pressai fermement sa paume — sans donner à cette pression le caractère vulgaire et suggestif de ce qu'on pourrait appeler une étreinte — et dis, dans mon style concis, que nous avions de la chance que la lumière n'ait pas disparu une demi-heure plus tôt. Ce fut alors qu'elle se ralluma, un peu plus bas et sur la gauche. Elle disparut derechef pour réapparaître plus bas encore, mais cette fois sur la droite. Quelqu'un descendait un escalier en colimaçon.

Je m'avançai de quelques pas et braquai la torche, allumée, sur la bâtisse. Cet éclairage nous suffit pour constater qu'il s'agissait d'une construction de belle taille. Ce qui me réjouit; par une nuit pareille, l'aristocratie se devait de nous accueillir noblement; et j'abaissai la lampe électrique pour voir si nous piétinions dans un jardin ou sur une allée carrossable. Ce que je vis me tira un gémissement : j'étais debout au bord d'un abîme.

— Une douve, fit Sybil.

Elle posa une main sur la torche et l'orienta vers la gauche.

— Un pont-levis, dit-elle.

Je crois qu'elle s'excitait. C'était à mon tour de me sentir un gosse démoralisé. Je connaissais bien ce genre de château : des stalactites pendouillaient au bout du nez des massacres exposés dans le hall. Je le savais : je m'étais enfui le matin même d'un endroit identique.

— Vous n'envisagez pas sérieusement, demandai-je, de dormir dans la chambre hantée ?

Ce à quoi elle riposta sèchement :

— Je ne suis pas médium, Mr. Gylby.

Avant d'ajouter :

— Regardez !

Plus bas et sur la droite venait d'apparaître un rai de lumière. L'exploration prudente du bord de la douve nous révéla l'existence d'un deuxième pont, non mobile celui-là, et, de l'autre côté, d'une petite poterne dont la porte s'entrouvrait de quelques centimètres assez peu hospitaliers. Nous traversâmes, la neige craquant sous nos pas. Plus nous approchions, plus les chiens hurlaient, mais l'huis ne révélait pas plus de quelques centimètres de chandelle. Je frappai. De l'intérieur, une voix plébéienne lança :

— C'est le docteur ?

Manifestement, il y avait erreur sur la personne.

— Nous sommes deux, confiai-je à la fente par où passait la lumière de la chandelle. Et nous avons eu un accident d'auto.

Cette explication me semblait suffisante et je ne tenais pas à en rajouter dans le pathétique. Mais je n'eus aucun succès. L'interstice éclairé disparut. La porte se ferma.

— Je vais le dire ! fit Sybil.

Je ne répéterai pas ce que j'ai dit alors. Mais, tandis que je le disais, il se produisit un nouvel événement, rien de moins qu'un grand bruit de chaînes. Sybil lança :

— Le Fantôme !

Tu conviendras avec moi, Diana, que le temps où l'on pouvait laisser les femmes dans une heureuse ignorance est bel et bien révolu. J'expliquai donc :

— Les chiens.

Mais, nonobstant toute cette agitation, les choses s'améliorèrent rapidement. La voix d'un homme bien élevé se fit entendre — apparemment pour enguirlander ce malappris de gardien —, puis la porte s'ouvrit tandis que la même voix disait :

— Entrez, je vous en prie.

Nous entrâmes donc, chacun de nous deux traînant une valise comme si l'endroit avait été un hôtel. Notre hôte avait repéré Sybil au premier coup d'œil et il déclara avec ce genre de courtoisie qui est l'apanage des personnes âgées et distinguées :

— Bienvenue à Erchany. Je m'appelle Guthrie.

Et Sybil de répondre dans son américain le plus charmant :

— Comme c'est étrange ! Je m'appelle Guthrie moi aussi.

Mr. Guthrie d'Erchany lui décocha un regard rapide d'un œil qui flamboyait à la lumière de la bougie.

— Raison de plus, dit-il, pour vous offrir toute l'hospitalité que nous pouvons vous proposer. Pour commencer, nous devons vous trouver des chambres et du feu.

Les choses se passaient comme elles le devaient et ce n'est vraiment pas la peine d'en écrire si long à ce sujet (chère, chère Diana !). Tout semblait aller comme il se devait — et ce fut alors que j'eus l'étrange impression que ce Mr. Guthrie était *fou*. Je pense qu'il l'est, et, pour dire plus, je l'ai cru avant même d'avoir réellement vu son château de chapelier fou[1].

C'était quelque chose dans ses yeux, j'imagine, lorsqu'il nous avait regardés à la lueur incertaine de sa bougie. Peut-être s'agit-il simplement d'un mathématicien ou d'un joueur d'échecs parce que j'ai eu le sentiment qu'il nous examinait comme s'il nous disposait sur un graphique invisible ou nous plaçait sur un échiquier non moins invisible. Peut-être, après tout, me sentais-je dans la peau d'un pion : c'était bien possible après toute cette neige. Mais quelle qu'ait été la raison de cette première impression, elle n'a fait que croître. Les chiens constituèrent un second indice.

Bien entendu tout le monde veille à garder ses chiens en bonne condition physique pendant l'hiver, mais ces

1. Allusion à *Alice au pays des merveilles*, de Lewis Carroll. (*N.d.T.*)

chiens — les deux qui nous accompagnèrent tandis que nous allions à la recherche de chambres et d'un feu — mouraient de faim : c'est là une situation qu'on ne s'attend pas à trouver au domicile d'un gentilhomme campagnard. Je remerciai le ciel qu'on n'ait pas lâché sur nous des animaux encore moins domestiques — qui donnaient de la voix dans une cour voisine —, comme cela semblait avoir été le premier réflexe de l'homme qui avait ouvert. Et ce fut alors que je regardai autour de moi pour repérer ce serviteur qui nous avait si mal reçus. Un moment, je crus que le châtelain d'Erchany était seul, puis je me rendis compte de la présence d'une brute qui se dissimulait dans l'ombre. Je sais maintenant qu'il s'agissait du Hardcastle dont j'ai parlé. Il semblait prêt à nous estourbir au moindre prétexte, mais notre hôte nous le présenta cérémonieusement comme son intendant. Un intendant, tu sais, c'est une espèce de régisseur et sa présence implique d'ordinaire l'existence d'un domaine considérable. Il paraît donc curieux que l'intendant du châtelain soit indiscutablement une sorte de valet de chambre en même temps qu'un individu bizarre — et aussi étrange que le châtelain lui-même ait l'air de vivre dans la pauvreté la plus totale.

Erchany est un endroit particulièrement extravagant. Le vent s'était levé tandis que nous avancions, un vent nocturne vraiment froid qui ajoutait encore à l'inconfort général. Mais lorsqu'il y a du vent à l'extérieur, il en souffle une vingtaine à l'intérieur du château. L'un prenait en enfilade le long couloir dans lequel nous nous étions engagés et, sur le sol, un tapis fatigué et en loques frissonnait comme la mer, en lançant dans notre direction de petites vagues, comme dans un rêve. Un vent de côté apportait des flocons de neige par les vitres brisées d'une longue suite de fenêtres et ces flocons, emportés par un autre courant d'air, étaient aspirés dans l'escalier que nous montions maintenant. C'est un escalier magnifique, en pierre, nanti d'une grande balustrade sculptée qui doit être l'œuvre d'artisans français du Moyen Age, avec des monstres déchaînés portant ce que je suppose être la devise des Guthrie : *Ne touchez pas au Tigre.* L'endroit n'avait rien d'accueillant, murmura Sybil, mais il était à sa façon fort impressionnant. Et cette définition, soit dit au passage, peut s'appliquer à notre hôte, personnage de haute taille, maigre, distant, avec des traits fortement accusés et des rides profondes — j'allais écrire hantées — autour de la bouche et des yeux. Un vieil homme intimidant, même de dos, ce qui était tout ce que nous voyions de lui tandis qu'il nous précédait dans un autre couloir parcouru par le vent, l'égorgeur Hardcastle nous suivant avec les valises. Nous ne rencontrâmes personne — à moins qu'on ne prenne en compte un rat ou deux — jusqu'à notre arrivée devant deux portes qui se faisaient face : Miss Guthrie à droite, Mr. Gylby à gauche. Sur le seuil, le châtelain d'Erchany s'arrêta : Étais-je par hasard apparenté à Horatio Gylby ? J'ai toujours plaisir à entendre évoquer mon grand-oncle Horatio, éminent professeur *fin-de-siècle*[1] de mauvaises manières et de poésie pire encore. Je répondis donc par l'affirmative en ajoutant que j'avais été son petit-neveu préféré. Le vieux Mr. Guthrie me regarda avec une sorte d'intérêt absent et murmura que, jadis, ils avaient échangé leurs œuvres. Je le suppose donc poète. On pourrait prendre Erchany pour une cage à canari ou penser que les hiboux locaux ont un rival pour la mélodie. J'en conclus que lorsque le bon châtelain me dévisagea avec ce curieux regard de joueur d'échecs, il cherchait simplement une rime à Gylby.

La chambre de Sybil est assez plaisante. Elle ressemble vraiment à une chambre d'invité, ce qui est plutôt inattendu. Un lit aussi vaste qu'un champ de bataille,

1. En français dans le texte. (*N.d.T.*)

des draps d'une blancheur de neige — association d'idées peu conforme alors à notre idée du confort —, l'ensemble d'une propreté convenable et le seul carreau cassé proprement obturé par du papier brun. Mais, dans mes quartiers, la situation était nettement moins plaisante : des mouvements dans l'ombre du plafond; des trottinements dans la poussière du sol; le lit sans draps mais, hélas, pas inoccupé; les vents d'Erchany s'en donnant lentement à cœur joie et dansant la sarabande dans la pièce. Guthrie, il faut le dire, jeta un regard empli de doute sur les lieux.

— Hardcastle, dit-il, faites venir votre femme.

Diana, Mrs. Hardcastle; Mrs. Hardcastle, Miss Diana Sandys ! N'ouvre pas de grands yeux, Diana — je crois la vieille dame presque aveugle. Mais n'est-ce pas une beauté ? Sans doute, Hardcastle, qui n'a guère dépassé la cinquantaine, l'a épousée pour sa retraite des vieux — ou alors elle s'est fait une petite fortune comme femme à barbe dans un cirque. Si ces remarques te semblent brutales, pense à quelque noble poète de la Renaissance décrivant une sorcière; ce qui s'applique d'ailleurs très bien au reste. Penses-y, le châtelain Guthrie peut fort bien être un enchanteur et se garder une sorcière ou deux sous la main. Je ne parierai pas là-dessus. Mais je soupçonne Mrs. Hardcastle d'avoir le cœur tendre : à sa façon maladroite, elle alluma les feux, apporta de l'eau vraiment chaude, des serviettes, pensa même au savon — de la variété dite de cuisine, il est vrai — et à divers éléments de literie pour ma couche inhospitalière. Ensuite, Guthrie s'inclina pour nous dire que nous nous verrions pour souper, à neuf heures.

Nous fîmes alors la connaissance — comme tu vas la faire maintenant — de Christine. Je ne la connais pas encore mais, à sa façon, elle est aussi étonnante que Guthrie, qui semble être son oncle. Étonnante peut-être de manière provisoire — j'entends par là que, hier soir, pendant notre curieux repas, c'était une agréable et belle jeune fille. Et qu'il n'y a qu'une chose plus belle encore : une jeune fille superbe. Mais ne t'inquiète pas, Diana, si tu ne participes pas à la compétition. Tu la gagnerais. Sans l'ombre d'un doute.

Une fille plaisante donc, aussi timide qu'une rosière de village et avec un doux accent écossais qui contraste de manière charmante avec celui de Sybil ; une fille timide, mais du feu sous la cendre avec les façons — ou la manière d'être — d'une aimable lady d'autrefois, et qui semble ne pas avoir de rapports avec le monde ; telle est Christine. Une Miranda écossaise, ai-je pensé, tandis que je la regardais au cours du repas. Et cette impression ne fit que croître — parce qu'elle était Miranda dans sa première grande scène, quand elle écoute avec une attention soumise les propos de Prospero, alors qu'elle est en fait bien loin de là, tendue vers ce qui pourrait bien se trouver sur une mer agitée où elle sait que le destin travaille pour elle. Si cela te paraît une réminiscence poétique ou extravagante, souviens-toi que j'écris, à la pointe du jour, dans le château d'un enchanteur.

Ce fut dans une salle toute en hauteur — comme l'escalier, cette pièce a de telles dimensions qu'on pourrait croire Erchany plus grand qu'il n'est — que l'enchanteur s'assit à l'un des bouts d'une table immense, Christine à l'autre, Sybil et moi prenant place, solitaires, de chaque côté. Nous aurions tous eu besoin de davantage de chaleur que n'en dispensait le maigre feu brûlant dans l'âtre — un âtre si vaste que nous aurions pu tous y tenir de part et d'autre des braises, ce qui aurait été plus confortable. L'horrible Hardcastle s'était retiré — les Hardcastle logent dans une autre partie de la maison — et le souper fut servi en partie par sa vieille épouse décrépite et en partie par Christine. Ce qui me confirma dans l'impression que les ressources domestiques d'Erchany sont limitées. Et il y avait partout des signes soit de la plus invraisemblable pauvreté soit d'une avarice pathologique. La totalité de ces agapes, par exemple, étaient éclairées par des chandelles fort peu appropriées. Je crois que Guthrie paraissait le plus sinistre, Christine la plus belle et Sybil la plus énigmatique — t'ai-je dit que Sybil a l'air énigmatique ? — dans cette demi-obscurité. Je m'apprêtais à accepter l'idée que les propriétaires terriens de cette région constituent un exemple inhabituellement pittoresque de nouveaux pauvres lorsque Mrs. Hardcastle s'amena en trottinant avec le premier plat. Diana chérie, c'était du caviar, servi sur un plateau d'argent.

C'était là ce que les Britanniques du Nord appellent une *bizarrerie* — et le reste du repas ne fut pas moins surprenant : tout se passait comme si les Guthrie, ayant réussi en ville, étaient revenus pour un coûteux pique-nique dans les ruines de leur antique grandeur féodale. J'ai bien peur d'avoir laissé errer mon regard de la salle délabrée aux luxueux mets en boîte, et des mets aux chiens efflanqués, et des chiens à Mr. Guthrie d'Erchany avec un étonnement difficile à masquer, parce que j'ai remarqué que Christine me regardait avec le même genre d'intérêt absent que celui manifesté par son oncle pour le petit-neveu d'Horatio Gylby — un intérêt absent teinté d'amusement. Elle devait se demander, j'imagine, à quel point ce jeune Anglais bien élevé prenait bien ou mal la situation particulière dans laquelle il se trouvait.

Car ce ne fut pas, tu t'en rendras compte, un repas très agréable. Parfois Guthrie murmurait une remarque courtoise ou une question ; dans quel état se trouvaient nos voitures ; si nous avions des amis dans les environs, et s'ils savaient que nous avions pris la route d'Erchany ? Mais, dans l'ensemble, il demeura silencieux, soit qu'il regardât au-dessus de nos têtes, l'air perdu dans quelque profonde abstraction, soit qu'il nous lançât parfois entre ses paupières mi-closes son coup d'œil de joueur d'échecs d'une façon que j'aimais de moins en moins. Je crois que Sybil en était consciente; comme tu le sais, elle a sa manière à elle de regarder et j'avais l'impression qu'elle commençait à lui rendre la monnaie de sa pièce — elle l'étudiait pensivement. C'était Christine qui portait le plus lourd du fardeau social : ce qu'elle faisait très bien à sa façon timide. L'œil de Miranda, dilaté dans l'attente d'événements à venir. Ce fut sans aucun doute son regard qui attira mon oreille vers l'horloge.

C'était une gigantesque horloge de grand-père, assez haute pour tenir sa place dans la salle et avec un tic-tac bruyant et — comme tu peux l'imaginer — particulièrement lent. Tu sais à quel point des acteurs de talent peuvent donner l'impression d'un suspense insoutenable, d'une attente absolue et totale? J'ai eu soudain le sentiment que je projetais sur une mécanique ancienne et scientifique l'intuition croissante et pressante d'une catastrophe imminente. La conséquence de la fatigue et d'une alimentation insuffisante, me dis-je — en m'intéressant à un plum-pudding en boîte et à une sauce riche en cognac. Mais l'horloge continuait à émettre son tic-tac de la même façon menaçante. Au moment où Christine entraîna Sybil hors de la salle, j'étais presque hypnotisé : l'horloge se serait-elle mise à gesticuler des deux mains en criant *Ne dormez plus, Macbeth a tué le sommeil!* que j'aurais été terrorisé mais pas surpris. Et bien que je sois impressionnable, tu le sais, je ne suis pas loufoque sans motif. C'était Erchany qui semblait attendre et je ressentais ses vibrations.

Mais, ensuite, je traversai ce qu'on pourrait qualifier de période de lucidité — avec une explication simple et rationnelle de la tension que je sentais dans l'air. Il devait y avoir dans la maison quelqu'un de gravement malade. Hardcastle, lorsqu'il avait ouvert sa petite porte avec tant de précaution, n'avait-il pas demandé si nous étions le docteur ? Ils attendaient une aide médicale au milieu de cette neige épouvantable et notre arrivée avait dû constituer une déception qu'ils avaient courtoisement dissimulée. Il semblait n'exister que deux objections à cette hypothèse : la façon dont Hardcastle avait entre-bâillé la porte, comme à regret et avec quasiment l'air d'un conspirateur (mais cela pouvait être dans sa nature), d'une part ; et, de l'autre, si l'urgence suffisait à provoquer une angoisse visible, il aurait été naturel de demander si, par hasard, Sybil ou moi possédions quelques connaissances médicales (mais peut-être paraissions-nous trop jeunes). Cette idée m'occupa cinq minutes avant d'être réduite à néant par Guthrie lui-même.

— Mr. Guthrie, dit-il alors que nous nous levions de table, la neige peut vous bloquer un certain temps et vous devrez excuser notre mode de vie très simple. Outre un homme à tout faire dans les communs, ma nièce et moi sommes, avec le couple Hardcastle, les seuls occupants de la maison.

J'émis les propos appropriés pour déplorer les tracas que notre présence imposait à Miss Mathers — je veux dire Christine. Tandis que Guthrie explorait une boîte de cigares neuve, ouvrait une porte et disait gravement :

— Je suis heureux que vous soyez venu ici.

Je ne suis pas certain que la secousse intérieure que j'ai ressentie à ce moment-là ait été provoquée par ces mots anodins ou par l'apparition simultanée de l'indescriptible Hardcastle, qui paraissait avoir attendu derrière la porte, et qui avançait à présent devant nous, semblable à l'un des démons les plus repoussants de Jérôme Bosch. Il donnait l'impression de se trouver là sur ordre ; peut-être venait-il chaque soir à cette heure prendre ses instructions — en tout cas Guthrie n'attendit pas pour lui en donner une :

— Hardcastle, fit-il d'une voix péremptoire, si le jeune Lindsay arrive — quoique je ne pense pas qu'il le fasse avec toute cette neige —, faites-le entrer. Je tiens à le rencontrer une nouvelle fois.

Hardcastle retira lentement une main de derrière son dos voûté — je m'attendais plutôt à un rasoir ouvert —, frotta dubitativement son menton pas rasé. Puis il dit — avec ce que je pris pour un effort pour affecter le comportement fidèle des domestiques dans les meilleurs romans écossais :

— Si vous m'en croyez, Votre Seigneurie, ce garçon est on ne peut plus dangereux.

— Ce qui signifie, mon ami ?

Le châtelain s'était arrêté et regardait son intendant avec ce qui semblait, dans ce couloir poussiéreux, une très évidente méchanceté.

— Je veux dire que Neil Lindsay est synonyme d'ennuis.

Guthrie dit sèchement :

— Lindsay peut monter dans la tour. Mr. Gylby, les dames.

Et nous reprîmes notre marche. Mes réactions devenaient paresseuses. Nous étions arrivés à la moitié du couloir quand je compris que, sans doute, Guthrie n'avait pas été aussi indifférent qu'il le paraissait aux curieux propos de son serviteur. Je crois bien que cela venait du fait que je n'y avais pas été indifférent moi-même. J'avais ressenti l'atmosphère de *suspense* qui régnait à Erchany ; je me demandais maintenant si je n'avais pas également ressenti la *terreur*. Mais qui avait peur — et de quoi ?

J'en étais arrivé à ce point de mes réflexions — tu diras que j'avais considérablement besoin d'un lit et de sommeil — quand je sursautai. Guthrie venait de dire à haute voix : « Peur. » Ou plutôt, il l'avait dit en latin : « *Timor...* » Il avait murmuré à voix basse mais distinctement :

— *Timor Mortis conturbat me.*

Le regard que je lui jetai me montra qu'il avait oublié mon existence — ce qui me rappela que je le croyais fou. Et, tout en continuant à progresser dans le couloir, les yeux fixés quelque part du côté du plafond, il continua à psalmodier :

Le clerc de Tranent elle a pris,
Comme les parents de Gauvain;
Elle a pris aussi Sir Gilbert Hay;
Timor Mortis conturbat me.

Elle a emporté Harry l'aveugle et Sandy Traill
En leur lançant son fatal appel,
Auquel Patrick Johnston n'a pu échapper;
Timor Mortis conturbat me.

Diana, tu n'as jamais assisté à quoi que ce soit d'à moitié aussi étrange que le spectacle qu'offrait ce bizarre gentilhomme écossais descendant son couloir décrépit et battu par le vent tout en déclamant ce terrifiant chant funèbre de Dunbar !

Elle a pris le seigneur d'Aberdeen,
Et le gentil seigneur de Corstorphine;
Les deux meilleurs compagnons qu'on ait vus;
Timor Mortis conturbat me.

Nous franchîmes un angle et le vent éloigna les mots de moi si bien que je ne les entendais plus que comme un murmure. Au même moment, la flamme de la bougie grossit et j'eus soudain une meilleure vue du visage de Guthrie que je n'en avais eu jusqu'à présent dans cette maison ténébreuse. Et je jure que la peur qu'il éprouvait se voyait vraiment.

Le deuxième couloir paraissait interminable. Finalement, nous nous arrêtâmes devant une porte et je devinai que Sybil et Christine se trouvaient de l'autre côté.

Guthrie était immobile. Le rythme de sa psalmodie avait changé, il regardait la porte, ou à travers elle, avec une expression qui à ce moment, pensai-je, ressemblait à de l'exaltation. Puis il s'exclama, mais à voix basse :

— O mon Amérique, ma nouvelle patrie[1] !

Une fois de plus, cela sonnait comme une *bizarrerie*. La main de Guthrie se posa sur la poignée de la porte et, tout aussitôt, il me rendit toute son attention. Il me fit un sourire courtois et me déclara :

— J'ai l'habitude de passer une demi-heure ici en compagnie de ma nièce.

Je crois qu'il ne se souvenait même plus qu'il avait déclamé en marchant dans le couloir. En d'autres termes, il semblait à peu de chose près un cas de dédoublement de la personnalité, deux Guthrie distincts jouant à cache-cache comme des jumeaux dans une farce de comédie. Je réfléchissais à cette idée pittoresque — le Guthrie *A* désargenté qui affamait ses chiens et ne pouvait pas réparer ses fenêtres, le riche Guthrie *B* qui dégustait du caviar en boîte —, je cultivai un moment cette idée après que nous eûmes rejoint Christine et Sybil dans ce qu'on appelait la salle d'études. Cela suggérait une autre explication possible à la question de Hardcastle : le châtelain donnait des signes de folie douce et la maisonnée attendait tranquillement l'arrivée d'un médecin. Ce n'était peut-être pas une analyse très brillante — mais la question de l'indescriptible Hardcastle commençait à m'inquiéter. *C'est le docteur ?* J'en conclus que si Erchany dissimulait un secret, la clé s'en trouvait dans cette petite phrase.

Diana, si ce récit décousu est intéressant, nul doute

1. L'auteur a joué sur le double sens possible de *new-found land*. Les habitants de Kinkeig ont cru qu'il s'agissait de Terre-Neuve alors que Guthrie veut parler d'une nouvelle patrie, le lecteur comprendra plus loin pourquoi. (*N.d.T.*)

que tu voudras l'interrompre ici pour dire : « Guthrie attend le dangereux Neil Lindsay ; Hardcastle attend le mystérieux docteur : il s'agit sans doute d'une seule et même personne — celle du Dr Neil Lindsay, pas forcément attendu dans l'exercice de son art ? Ne s'agirait-il pas, disons, d'un soupirant indésirable de ta romanesque Christine ? »

Sur ce point, je ne puis te donner raisonnablement satisfaction. Que Christine ait un amoureux — elle semble ne pas avoir d'autre perspective —, je te l'accorde volontiers. Cet amoureux peut être ce Neil Lindsay — à moins que ce ne soit le « docteur » de Hardcastle. Mais je ne crois pas qu'il s'agisse d'un seul individu : quelque chose dans la voix de l'abominable Hardcastle me l'interdit. Je le saurai avec le temps.

Il est peut-être temps de dire un mot de l'heure. Nous sommes le mardi 24 décembre. Il est huit heures du matin. La rédaction de ces feuillets, chère Diana, m'a occupé pendant trois heures et demie exactement — y compris les interruptions pour rallumer la bougie. Car le vent a soufflé violemment ; cette chambre est vraiment la caverne d'Éole : des vents géants rebondissent sur le plafond, des bébés vents cabriolent à la façon des *putti* du XVIe siècle et essayent leur voix enfantine sous le lit. Le feu de hier soir n'est plus qu'un lointain souvenir ; il fait épouvantablement froid. Je suis assis près de la fenêtre — on ne gèle pas davantage là qu'ailleurs — sous une sorte d'igloo confectionné avec un édredon de plumes, et j'attends avec espoir l'annonce du petit déjeuner. À l'extérieur, la neige qui continue à tomber s'entasse de façon inquiétante et j'ai peu de chances de pouvoir partir avant plusieurs jours. On a un peu parlé hier soir des miraculeuses prouesses de l'homme à tout faire d'Erchany en tant que voyageur des neiges. Si je suis bloqué ici, il est donc possible que ce garçon puisse acheminer un télégramme à ton intention. Le jour a dû se lever depuis longtemps, mais la visibilité reste mauvaise sous un ciel de plomb. Je distingue juste une tremblotante blancheur. Mais, légèrement à gauche, il y a une trouée, un reflet sombre qui m'intrigue depuis vingt minutes. On dirait que la neige a fondu sur une surface d'acier sombre et chaud : je crois que c'est de l'eau — le bras gelé d'un loch qui sinue à droite du château — et que le vent chasse la neige de la glace.

Pas plus de signe de vie que de petit déjeuner — j'en profite donc pour apporter d'autres éléments sur la soirée d'hier. La salle d'études où Christine s'est instruite — elle n'a guère dû avoir l'occasion de sortir d'Erchany, je suppose — est à présent une sorte de boudoir agréable, plutôt dépouillé — la partie de la caverne appartenant à Miranda, meublée avec quelques élégants souvenirs de Milan : un très beau secrétaire flamand, quelques dessins d'oiseaux à l'encre de Chine qui mériteraient un meilleur éclairage que les deux bougies qui semblent de règle dans toutes les pièces communes d'Erchany. Lorsque Guthrie et moi sommes entrés, nous avons trouvé Christine et Sybil assises côte à côte sur un siège bas devant le foyer, et apparemment en train de devenir une paire d'amies. Elles se levèrent toutes les deux, le regard de Sybil fixé, je le remarquai, sur Guthrie. Celui de Christine s'attardait avec un peu d'embarras sur Sybil. Je me souviens m'être demandé comment nous allions pouvoir rester tous ensemble sans le secours de la nourriture et de la boisson.

Nous nous réfugiâmes donc dans des banalités. Je me retrouvai livré, plus ou moins sur un plateau, à Christine, et m'efforçai d'afficher consciencieusement une espèce de gaieté de bon aloi — comprise dans le prix, ma chérie — à propos de mes aventures du jour. Je ne pense pas que Christine soit normalement le genre de personne qui ne pourrait pas apprécier un jeune homme venu du monde à Erchany par un soir d'hiver, ou qu'elle n'ait pas l'intelligence et l'envie d'apprécier ironiquement la gaieté dudit jeune homme. Je suis un individu sociable. Je rencontre chaque année des dizaines de jeunes femmes et je sais que je pourrais nouer des relations plus personnelles avec une demi-douzaine d'entre elles. On s'en rend compte sur-le-champ, n'est-ce pas ? Et Christine est très bien : aussi timide qu'elle soit, la glace aurait dû être rompue entre nous au bout de huit à dix minutes. As-tu noté, Diana, la note de vague dépit ? Elle était plutôt charmante, mais si tu imagines une duchesse avisée mettant au point lors d'une soirée une manœuvre difficile tout en se montrant aimable à l'égard d'un jeune homme quelconque qui pourrait devenir passablement important quelque trente ans plus tard, tu auras presque exactement le tableau. Exactement — parce que Christine, toute jeune fille campagnarde qu'elle soit, témoigne d'une prestance à l'ancienne mode bien séduisante : je brûle de curiosité en me demandant de quelle façon elle a grandi ici. Le fait est, de toute manière que, tandis que nous étions assis, et que je lançais mes plaisanteries, qu'elle accueillait avec juste ce qu'il fallait d'intérêt et d'amusement, elle se contentait simplement de répondre avec le minimum de mots nécessaire — tout en restant en permanence parfaitement indifférente à ma présence. Ce qui, je l'ai dit, me dépita légèrement.

Christine — je me répète peut-être de façon ennuyeuse — *attend* : attend comme devaient attendre les fiancées quand le monde était plus jeune. Sans l'ombre d'un doute, c'est un amoureux qu'elle espère ainsi.

Guthrie attend, lui aussi : mais je ne sais pas quoi — peut-être a-t-il rendez-vous avec les fantômes du Clerc de Tranent et de Sir Mungo Lockhart de la Lea[1]. Mais,

1. Personnages de *Lament for the Makaris* de William Dunbar. (*N.d.T.*)

d'un certain point de vue, il donnait un spectacle bien meilleur que Christine. Son côté taciturne avait disparu, il entretenait la conversation avec Sybil et flattait celle-ci par l'attention qu'il lui accordait. Je suppose que sa folie n'exclut pas la conscience de ce qu'il se doit en sa qualité de châtelain d'Erchany. Lorsque mon attention se porta sur Sybil et lui, il montrait à la jeune fille des objets de collection — pour l'essentiel des monnaies et des médailles — qu'il était allé chercher dans une pièce voisine. Christine profita de cet instant pour s'éloigner. J'ai bien peur qu'après notre tête-à-tête elle n'en ait eu assez de moi.

Guthrie tendait un petit médaillon à Sybil.

— Vous reconnaissez la devise ? demanda-t-il.

Je l'identifiai : elle était semblable à celle affichée par les créatures de l'escalier. C'était les armoiries des Guthrie. Sybil prit l'objet et le manipula délicatement sans rien dire.

— Les armes de la famille, dit Guthrie. Je me demande, ma jeune amie, si, par hasard, nous ne serions pas parents.

Guthrie est, naturellement, le genre de vieux monsieur à pouvoir dire *ma jeune amie* : je sentis néanmoins obscurément que l'expression affable donnait, et c'était un paradoxe, du piment à la question.

Sybil répliqua de façon plutôt inattendue :

— Mr. Guthrie, comme ce serait merveilleux ! Je sais que mon père était extrêmement fier de ses origines écossaises. Et j'aime à penser que je pourrais avoir des liens avec un endroit aussi romantique que votre château. Il doit être terriblement ancien ?

Tu ne dois pas croire que Christine m'a fait oublier mon admiration pour Sybil : je trouve cette dernière remarquable quelle qu'ait pu être son attitude à mon égard. À présent, j'ouvrais tout grands les yeux parce que sa réponse à l'hypothèse polie de Guthrie était un peu trop belle pour être vraie. Mais si j'ouvrais les yeux, Guthrie fermait à demi les siens. Il répondit de façon concrète à la question de la jeune fille :

— Il est vieux. Les fondations datent du XIIIe siècle.

Puis il reprit d'un ton précis :

— Nous avons des parents, je le sais, aux États-Unis. Les familles comme la nôtre n'aiment pas perdre de vue même leurs branches les plus lointaines.

— Comme c'est excitant, Mr. Guthrie ! Je suis certaine qu'ils adorent venir en visite à Erchany.

— Ils ne sont jamais venus me voir.

Je crois que Guthrie avait souri.

— Du moins pour autant que je le sache.

Une pause.

— Mais, voici un an ou deux, ils nous ont envoyé des... amis.

Christine ne s'intéressait pas à moi ; je devinais, plus que je ne la sentais, sa froideur. Je me souviens de lui avoir lancé un regard rapide. Et je crois avoir surpris sur son visage ce que j'avais déjà noté sur celui de son oncle : de la peur.

Guthrie attend et Christine attend — mais peut-être pas la même chose. Guthrie a peur et Christine a peur — mais, encore une fois, peut-être pas de la même chose. D'un mot, c'est cela qui me préoccupe — m'angoisse presque — en cet instant précis ; c'est là, Diana, que réside le mystère du château Erchany.

Sybil ne se montra pas très loquace sur sa famille et Guthrie n'insista pas après son allusion à d'éventuels liens de parenté. Il se mit alors à évoquer sa propre enfance, détail étrange selon moi — encore que si le spectacle d'un aristocrate âgé racontant à ses hôtes les souvenirs enchanteurs de ses premières années à Erchany était assez plaisant, il n'en demeurât pas moins contradictoire avec la retenue fondamentale du personnage. Puis, à titre d'échange en quelque sorte, il demanda à Sybil ses propres souvenirs et il me sembla, mais je dormais à moitié, qu'il essayait de recueillir à nouveau quelques renseignements sur la famille de la jeune fille. Toutefois son intérêt paraissait d'ordre plus général ; il était peut-être un spécialiste de l'histoire sociale américaine qui s'intéressait aux tendances et à la tonalité de la vie aux États-Unis vingt ans plus tôt. Sybil vient de Cincinnati, Ohio — c'est tout ce que j'ai appris —, et je ne suis pas certain qu'il n'y ait pas quelque chose de singulièrement hypnotique dans les mots. Cincinnati, Ohio... Cincinnati, Ohio : une superbe cadence propre à faire dormir que je me surpris à répéter en me laissant peu à peu aller au sommeil. Puis je me réveillai en sursaut.

Guthrie s'était approché du feu agonisant devant lequel il se tenait à présent, une petite bûche dans les mains : je pensais qu'il ne voulait pas alimenter le foyer plus que nécessaire. Et, tandis qu'il hésitait, Christine dit :

— Tu sembles partagé.

Il n'y a pas là de quoi réveiller un type — moins encore que le petit bruit que fit la bûche en tombant au même moment dans les braises. Mais la remarque me conforta dans l'idée que je me faisais de l'humeur de Christine : j'avais senti dans son propos qu'il impliquait une situation désespérée et lui apportait tout le réconfort qu'un éclair de compréhension peut procurer. Quelle que fût la chose qui, à son sens, opposait Guthrie à lui-même, elle lui paraissait essentielle.

Pour autant que je m'en souviens ils n'ajoutèrent rien, ni l'un ni l'autre. Nous restâmes assis encore un moment, Sybil et moi aspirant à aller nous coucher, et Guthrie et Christine attendant je ne savais quoi — mais sans doute quelque chose d'aussi immédiat que des pas dans le couloir ou un cri dans la nuit. Pourtant, à dix heures et demie, tout le charme du mystère s'était dissipé et je fus heureux lorsqu'on nous reconduisit au grand escalier pour gagner nos chambres.

Je t'épargne les détails des horreurs de la nuit — surtout parce que Mrs. Hardcastle vient de passer sa tête dans la chambre pour demander :

— Voulez-vous venir prendre votre petit déjeuner ?

Les rats ont certainement voulu leur dîner, de même que d'autres vermines de moindres dimensions : médite sur l'effet démoralisant de ce facteur avant de juger sévèrement mes notes décousues sur le château Erchany. J'ai dormi deux heures environ avant d'être éveillé peut-être par un rat en train d'explorer l'extrémité de mon orteil ou tout simplement par les hiboux dans le lierre couvert de neige qui entoure ma fenêtre. En général, j'ai un faible pour ces oiseaux, mais ceux d'Erchany sont particulièrement ennuyeux. J'en ai compté plusieurs variétés, hululant tous leur dépression ou leur désespoir, avec une espèce dont le ramage me parut étrange — un long *too-ee* qui glace littéralement le sang. Les chiens mêlaient de temps en temps leurs hurlements au concert ; il n'était pas bien difficile de croire que c'était des loups — voire, et pourquoi pas, des loups-garous — contrôlés par l'enchanteur. Et le vent soufflait sans relâche. Par temps calme, Erchany doit être sans cesse parcouru par des murmures : dans la tempête, cet endroit est peuplé de voix fortes, criant des mots et des phrases impossibles à comprendre. Peut-être après tout pourrai-je partir ce matin, arriver à Édimbourg en fin de journée et en ville par le premier train de demain.

Sois assurée, Diana, que ton amoureux fera tout ce qu'il peut pour parvenir à ce résultat.

NOEL.

II

Veillée de Noël

Rien à faire. C'est exaspérant, je suis isolé du monde par le blizzard comme un explorateur peut l'être de son dépôt de vivres, pourtant tout proche. Le village — Kinkeig — n'est guère qu'à une journée de marche dans l'Antarctique — une quinzaine de kilomètres environ —, mais les conditions météorologiques ne laissent aucun espoir : les piquets qui servent à délimiter le chemin lors de chutes de neige normales vont disparaître pratiquement tous. Vent violent. Neige qui s'accumule autour de soi dès qu'on pose le pied dehors. À chaque heure qui passe les congères deviennent plus épaisses et, je le suppose, plus dangereuses. Notre prodigieux Tammas lui-même — c'est le domestique du château, qui s'est révélé être une sorte d'idiot de village de seconde zone (tout à fait assorti au château) — est impuissant à se déplacer par une tempête pareille. Je dois donc me résigner — ô Diana, vierge souveraine du calendrier et des étoiles ! — à ce que tu passes Noël dans l'ignorance, l'inquiétude et la colère. Le pire est encore de se trouver ainsi isolé au milieu de la civilisation ; il est difficile d'imaginer qu'on puisse passer d'un confort raisonnable à pareille situation sans désastre majeur. Je n'ai rien cassé — ou rien de plus que la minuscule auto d'une belle jeune fille — et je ne suis pas en prison ; je suis simplement à quinze kilomètres du téléphone le plus proche et isolé par un temps épouvantable.

Et je m'ennuie. Après tout ce que j'ai écrit aux petites heures à la lueur d'une bougie, ce que je dis à présent semble bien banal mais, comme tu peux t'en douter, le mystère d'Erchany s'est quelque peu dissipé à la lueur du jour. Mon hôte se trouvait au centre de mes fantasmes mais aujourd'hui il est resté invisible, en nous faisant simplement aviser qu'il ne se sentait pas très bien. Peut-être n'a-t-il pas supporté le caviar; je ne crois pas d'ailleurs que le caviar soit régulièrement au menu d'Erchany. Tu sais que ce *fut* vraiment un souper mystérieux. Je crois qu'à Erchany l'équivalent du veau gras serait un plat de lapin bouilli — et pourquoi même faire bouillir un lapin sans fils prodigue à accueillir? Parce que Sybil pourrait être une cousine prodigue au second degré depuis longtemps perdue de vue? Certainement pas. Ou ce festin aurait été donné en l'honneur du petit-neveu préféré du déplorable Horatio? Là encore, je n'en crois rien.

Sybil et moi, nous avons été pour l'essentiel livrés à nous-mêmes. Christine a présidé aux deux repas — assez simples cette fois — avant de nous quitter sous prétexte d'obligations qu'elle n'a pas trop clairement expliquées. Après le petit déjeuner, elle nous a conduits dans une espèce de longue galerie, remplie de portraits de Guthrie décédés et d'ouvrages de théologie mort-née et nous a suggéré avec une franche ironie de choisir un livre. Le repas de midi terminé, elle nous a emmenés dans une salle de billard, a ôté la housse du billard lui-même, tissu qui aurait pu servir à Noé pour cacher sa nudité à l'heure fatale où il l'exposa, et fit :

— Toutes les Américaines jouent, non?

Une plaisanterie lancée avec autant d'élégance que d'astuce. Le diable ou un démon habitait aujourd'hui Christine; elle avait laissé derrière elle ses terreurs — si elles n'étaient pas le simple fruit de mon imagination. Et elle est toujours aussi belle.

Sybil et moi, nous jouâmes donc au billard. Il n'y avait pas de queues; l'une des poches manquait et une grande partie du tapis avait servi de nourriture à d'innombrables générations de mites. Autrement dit nous avons, drapés dans nos manteaux, joué à une sorte de billard et nous nous sommes bien amusés.

Mrs. Hardcastle nous a apporté deux grandes tasses d'un thé ignoble et est restée là une demi-heure à écouter le cliquetis des boules comme si ce bruit avait été aussi intéressant que la TSF. Nous avons même conversé un moment avec elle — à l'initiative de Sybil qui soupçonnait la vieille dame de vouloir bavarder.

— Avez-vous beaucoup de compagnie à Erchany, Mrs. Hardcastle ?

Mrs. Hardcastle parut interloquée.

— Vous dites, Miss ?

— Avez-vous beaucoup de visiteurs ?

Mrs. Hardcastle digéra la question, syllabe après syllabe. Puis elle secoua la tête d'un air décidé.

— Le châtelain est plutôt du genre solitaire.

Elle hocha derechef avec une espèce de délectation morose.

— Il y a, dans la région, bien peu de gens aussi solitaires dans l'âme que Guthrie d'Erchany.

C'était là un sujet qu'il nous était difficile de développer — encore que Mrs. Hardcastle ait eu l'air de considérer le fait comme un point essentiel. Sybil cherchait un autre sujet de conversation quand la vieille femme baissa la voix pour murmurer d'un ton passionné :

— Les rats !

— Les rats, Mrs. Hardcastle ?

— Les Guthrie ont toujours eu des idées noires. Il pense que les rats vont le dévorer — lui et tout son être. Il est d'humeur solitaire parce qu'il croit combattre les rats. Dites-moi, n'existe-t-il pas quantité d'endroits sans rats — des îles ou des lieux du même genre ?

Nous émîmes des bruits affirmatifs encore qu'embarrassés.

— On devrait l'emmener dans une île. Je l'ai dit aux médecins lorsqu'ils sont venus. Il pourrait y passer des nuits tranquilles et se porterait bien, le pauvre monsieur.

Sybil dit maladroitement :

— Vous croyez que les rats inquiètent vraiment beaucoup Mr. Guthrie ?

Mrs. Hardcastle afficha de nouveau son sourire à la fois énergique et sénile.

— Et il ne dépense pas son bel argent pour acheter de la mort-aux-rats. Il affirme préférer son petit canif.

Il y a dans les ballades écossaises tant de personnes assoiffées de sang qui s'acquittent d'incroyables massacres avec leurs canifs que je crus qu'il s'agissait là d'une petite plaisanterie littéraire du seigneur des lieux. Mais Mrs. Hardcastle poursuivit très sérieusement :

— Il est vraiment très habile au lancer du couteau. Et les petites créatures se mettent à pousser des cris perçants.

C'était là des révélations peu édifiantes, pensai-je, sur la perversion de l'instinct sportif dans la noblesse campagnarde : les confidences de Mrs. Hardcastle me mettaient fort mal à l'aise. Mais Sybil paraissait intéressée.

— Il chasse les rats de cette façon ?

— Exactement. Et maintenant c'est une hache. Il a passé son temps hier à l'aiguiser sans relâche dans la cour. Et il m'a crié d'une voix effrayante : « C'est pour régler mes comptes avec un grand rat, Mrs. Hardcastle ! » Je voudrais qu'il les règle avec tous. Je voudrais qu'il n'y ait pas de rats. Ils piaillent la nuit dans ma tête.

Pauvre vieille chose. Sybil demanda, plutôt faiblement :

— Mr. Hardcastle ne pourrait-il pas en débarrasser le château ?

Mrs. Hardcastle la dévisagea nerveusement. Son murmure se fit plus rauque :

— Hardcastle est un vrai sauvage !

Je la crus. Tout en ayant l'impression que le récit des infortunes conjugales des Hardcastle manquerait singulièrement de charme. Pour faire diversion j'entrechoquai aussi violemment que possible les boules du billard. Leur musique avait toutefois cessé de plaire ; la vieille et laide bonne femme s'avança distraitement et posa sur le bras de Sybil une main qui ressemblait à une griffe.

— Et pourquoi ?

Ni Sybil ni moi ne nous sentions en mesure de répondre à cette question purement idiomatique. De toute façon, Mrs. Hardcastle ne nous en laissa pas le temps. Sa voix vira à un impossible croassement.

— Les rats !

Décontenancés tous les deux, nous répétâmes :

— Les rats !

Cette fois Mrs. Hardcastle acquiesça non seulement de la tête mais du corps tout entier : si ma mémoire est bonne, ce genre de pantomime emphatique caractérise les sorcières et les méchantes fées.

— Je regrette de ne pas avoir pensé à vous prévenir hier soir. Les rats pullulent littéralement à Erchany.

Variations sur un thème. Viens, ô Muse, et chantons les rats. Et Mrs. Hardcastle continua, avec une conviction et une horreur croissantes dans la voix :

— Ce sont les rats. Il y a des années qu'ils travaillent mon homme. Leur nature déteint sur lui. Je pense qu'ils fréquentent sa tête la nuit en couinant, ces affreux monstres. Il est à moitié rat lui-même à présent et il le sent. C'est pour cela qu'il est sauvage. Qu'allons-nous devenir ? La nuit, quand je suis au lit, Miss, les rats courent en piaillant sur ma tête et sur celle de mon mari. Mais plus ça va, plus Hardcastle ressemble à un grand rat gris. Qu'allons-nous devenir quand je ne pourrai plus distinguer l'homme du rat ?

Mrs. Hardcastle, tu l'avoueras, a l'art de poser des questions qui ne dépareraient pas une pièce scandinave du siècle dernier. Elle a en même temps, dans le genre psychologue remplie d'imagination, un brin de génie et sa conversation, si elle demeure quelque peu limitée, a rétabli l'atmosphère si lourde de la soirée d'hier. J'allais commencer à lui demander son avis sur l'influence qu'exerçaient les rats d'Erchany sur Tammas, l'idiot, lorsque Sybil demanda tout à trac :

— Mrs. Hardcastle, le docteur doit-il passer?

Il est intéressant de constater que le médecin ait continué d'intriguer Sybil tout comme moi. Et plus intéressant encore de noter que cette question tomba totalement à plat.

— Le docteur, Miss?

— Je croyais que vous attendiez un médecin hier soir.

— Ma foi, Miss, nous n'attendons jamais personne à Erchany. Le Dr Noble, de Dunwinnie, est le médecin de la famille, mais il n'est pas venu depuis deux ans. Quelques médecins se sont présentés voici un an ou deux — ceux dont je vous ai parlé — mais le maître les a fort mal accueillis. Et vous, *vous* étiez attendus?

Cette suggestion donnait à penser qu'en dehors des rongeurs, les perceptions de la bonne Mrs. Hardcastle étaient plutôt sommaires. Nous avons répondu que notre arrivée était on ne peut moins préméditée. Elle nous regarda l'un et l'autre d'un air incrédule avant de s'adresser de nouveau à Sybil :

— J'ai pensé en vous voyant que vous étiez une parente du châtelain...

Ce fut à ce moment que Sybil, dont l'intérêt s'était relâché et qui s'amusait à faire rouler vigoureusement les boules sur la table, en expédia une hors du tapis, en plein dans le ventre de Mrs. Hardcastle.

— Oh, Mrs. Hardcastle, je suis vraiment désolée...

Mrs. Hardcastle ramassa la boule et jeta un coup d'œil respectueux à Sybil. Sa voix retrouva ses accents éraillés.

— Ma foi, Miss, vous visiez un rat? Il y en a énormément à Erchany.

Avec ça, Diana, je crois que tu as fait le tour de Mrs. Hardcastle : elle peut certes présenter d'autres traits de caractère, mais elle ne nous les a pas révélés.

Ce qui me rappelle que je veux visiter le château de fond en comble. Il semble plein de coins et de recoins, avec, ici et là, des ajouts qui s'accordent plus ou moins à son caractère médiéval. La partie la plus ancienne est, de toute évidence, la tour centrale ; à ce que j'ai cru comprendre, le châtelain y a ses appartements et en sort rarement. Et sa maladie pourrait donc être purement diplomatique. Mais, s'il est censé garder la chambre, il n'est pas décemment possible de partir en exploration de ce côté. Il est probablement l'heure de dîner et j'éprouve la même impatience futile et agacée que ressent quelqu'un qui attend le repas dans un hôtel quelconque. J'espère, je dois l'avouer, une nouvelle apparition de Christine et je pense retirer du caractère mystérieux des lieux un divertissement supplémentaire pour les douze ou vingt-quatre heures à venir. Mais je suis tout de même bien déçu de n'être pas de l'autre côté de la Tweed[1] !

C'est ce soir le réveillon — et mon anniversaire. Devrais-je suspendre mes chaussettes au manteau de la cheminée pour que les hiboux viennent y nicher et les rats les ronger ? Je me demande quelle sorte de cadeaux vont arriver à Erchany ? Je regarde par ma fenêtre et constate que le vent est tombé ; le soir descend sur un paysage merveilleusement calme, silencieux, paisible, blanc. *Noël*, Diana, *Noël* !

Ton

NOEL.

1. Rivière qui sépare l'Écosse de l'Angleterre. (*N.d.T.*)

III

Matin de Noël

Quelle journée épouvantable ! Mes gribouillages des deux derniers jours ont servi de prélude à une vraie tragédie. Mr. Ranald Guthrie d'Erchany est mort.

Tout cela est tellement fantastique — en même temps qu'horrible — que je me demande si je peux vraiment changer de ton pour écrire. Erchany est toujours un château enchanté ; mais l'enchantement s'est assombri à la façon de l'un des poèmes de mon grand-oncle Horatio et l'enchanteur — jadis copain d'Horatio — a rejoint le seigneur d'Aberdeen et le noble sire de Corstorphine. Il est étrange que Guthrie ait, l'autre soir, chanté son propre requiem dans le couloir !

Notre présence ici-bas n'est que futile gloriole,
Ce monde trompeur est fugace,
La chair est faible, le Démon sournois ;
Timor Mortis conturbat me.

Dans la mort finissent les Possédants,
Les Princes, les Prélats et les Puissants,
Les riches et les pauvres ;
Timor Mortis conturbat me.

Elle n'épargne aucun lord pour sa puissance,
Aucun clerc pour son intelligence ;
Sa griffe farouche ne laisse échapper personne ;
Timor Mortis conturbat me.

Magiciens et astrologues,
Rhéteurs, logiciens et théologiens...

Je dois me mettre au travail — c'est-à-dire coucher sur le papier le récit de ce qui est arrivé. Cela peut s'avérer utile : et, de plus, ce sera la suite du journal que je te destine, Diana. Il va se passer des heures avant que le monde — médecins, police, avocats — se manifeste à Erchany. Et j'ignore du coup quand je pourrai partir. Je suis mêlé à ce qui est peut-être une affaire de meurtre : pour déplaisant que ce soit, le fait est là. Drôle de jour de Noël.

Je dois d'abord te convaincre — et me convaincre — que si la rédaction des feuillets qui précèdent a été pour moi une façon de tuer le temps, elle n'est en aucun cas romancée. Mon récit rapporte les événements avec précision et, avec tout autant de précision, les réactions peut-être trop personnelles qu'ils m'ont inspirées. Malgré tout, je ferais mieux de consacrer un paragraphe à récapituler les faits bruts.

Miss Guthrie et moi, nous sommes arrivés à Erchany, sans y être attendus et par un pur hasard, tard dans la soirée de lundi. Hardcastle paraissait attendre un médecin. Guthrie nous a accueillis assez courtoisement dans ce qui semblait être le royaume de l'avarice — malgré quelques curieux indices de libéralité pendant le souper. Les occupants des lieux sont intéressants : Hardcastle, le factotum anormal qui a l'air d'une canaille, sa femme faible d'esprit, l'homme à tout faire à moitié idiot, le maître lui-même qui semble fort intelligent et qui est peut-être complètement fou — j'extrapole ici car je ferais piètre figure pour parler de l'état mental de Guthrie à la barre des témoins. Mais le fait indiscutable, pour mystérieux qu'il soit, demeure l'impression d'angoisse et d'attente — comme une sorte de courant électrique circulant entre Guthrie, sa nièce Christine Mathers et certains individus ou événements extérieurs et inconnus. Autre détail : la mise en garde de Hardcastle à propos du danger représenté par un certain Neil Lindsay. À cela viennent s'ajouter de simples impressions. D'abord, quelque chose en rapport avec l'attitude de Sybil Guthrie à l'égard du foyer de son parent et la façon dont Guthrie lui-même a dit à la jeune fille que ses cousins américains lui avaient « envoyé des amis ». Ce que, comme tu vas t'en rendre compte, j'ai élucidé. Ensuite, la manière dont Christine a lancé à son oncle qu'il était « partagé ». Et enfin le fait que Guthrie m'ait dit : « Je suis heureux que vous soyez venu ici. » Toutes ces formules étaient *chargées de sens*; elles s'intégraient assez bien dans le tableau; je les qualifierai de points énigmatiques. Il se peut que soient enfouis dans ma mémoire d'autres détails également significatifs mais, pour l'instant, je ne peux pas m'en souvenir.

Et j'en viens maintenant aux événements qui ont conduit à la mort de Guthrie. Je ne sais pas si tu seras étonnée d'apprendre que le premier élément digne d'être rapporté concerne un *rat*.

Christine s'est montrée seule au repas hier soir. Je crois qu'elle s'est trouvée plutôt embarrassée ensuite dans la salle d'études pour trouver un moyen ou un autre de nous divertir. Elle a fini par nous montrer un carton rempli de ses dessins, carton posé sur une table comme s'il attendait d'être emballé — il s'agissait de croquis rapides et simples représentant surtout des oies sauvages sur le loch Cailie. Mais elle se montra plus timide et même plus secrètement tourmentée que jamais et elle s'éclipsa rapidement. Quelques minutes plus tard, Sybil déclara qu'il faisait froid — ce qui était le cas — et qu'elle allait se coucher pour lire au lit. Je m'attardai un instant avant de monter moi-même, avec en tête le plan d'une tente antirats d'un modèle amélioré pour m'abriter pendant la nuit. C'est dans l'accomplissement de cet ambitieux projet que je commençai à étudier ces vermines.

Les classer par taille et par couleur paraissait la démarche la plus évidente. Il y avait des grands rats et des petits rats, des rats bruns, des rats gris et — ce que je tenais vaguement pour l'élite — des rats noirs ; mais il y avait aussi des rats de teinte indéterminée, soit bigarrés, soit mouchetés. Il y avait quelques gros rats et quantité de rats efflanqués, quelques rats paresseux et quantité de rats fort actifs — ces diverses catégories se recoupant — et il existait une possibilité de classement entre rats hardis et rats plus hardis encore. Pour autant que j'ai pu le constater, il n'y avait pas de rats vraiment craintifs, malgré la consternation que devait parfois provoquer le canif du châtelain. Tout cela était plus ou moins ce à quoi on pouvait s'attendre dans une maison pratiquement abandonnée à ces rongeurs. Mais ce qui m'étonna vraiment, ce fut l'apparition occasionnelle de rats *instruits*. Qui sont, je le suppose, plus rares encore que les variétés rose et bleue.

Des rats savants. Des rats, veux-je dire, tournant laborieusement en rond avec des petits rouleaux de papier — un peu comme des étudiants qui viennent de recevoir un diplôme fraîchement imprimé. Je ne suis pas certain d'en avoir vu deux ou trois en tout.

J'imaginai d'abord que Guthrie occupait peut-être ses journées solitaires à des expériences — dans le genre de celle qui consiste à doter les baleines d'étiquettes pour découvrir combien de temps il leur faut pour faire le tour du monde à la nage. Et la chose m'intrigua suffisamment pour que je parte à la chasse au rat érudit : j'y passai une heure. Je devais avoir l'air d'un fou, dans la meilleure tradition d'Erchany, tandis que je traquais ces créatures avec le tisonnier de la chambre. Les frères savants étaient plus paresseux, je pense, et plus hardis que les autres ; de ce fait, je crois que l'emploi du tisonnier constituait probablement une erreur ; deux mains habiles auraient pu attraper plus aisément l'un de ces rongeurs. Le tisonnier, s'il n'est pas très bon pour l'attaque, peut toutefois être utile comme arme défensive ; lorsque je renonçai à ma chasse et m'occupai de mes fortifications, je le gardai près de moi.

Je finis par m'endormir. Les piétinements rapides des rats me réveillèrent à deux reprises et, par deux fois, je lançai des coups de tisonnier dans l'obscurité. La deuxième fois, il y eut un bruit écœurant. Pauvre Mrs. Hardcastle : je sais maintenant ce qui lui passe par la tête la nuit. J'allumai la bougie. Miracle : j'avais tué un rat de bibliothèque.

Le résultat était plutôt horrible et il me fallut une minute pour me résoudre à enquêter. Le rouleau était un morceau de beau papier — il aurait pu être arraché à un carnet de notes en papier Japon — et se trouvait fixé à la patte du rat, plutôt astucieusement, par un bout de fil de coton. Je le détachai et le dépliai délicatement, parce qu'il était imprégné du sang de la créature. Il portait sept mots soigneusement écrits à l'encre. *Apporter secrètement aide urgente dans la tour.*

Je m'habillai. Je ne crois pas avoir imaginé que c'était mélodramatique, ou absurde, ou la conséquence d'une plaisanterie ou d'un fantasme de Guthrie. Si l'on reste un moment à haute altitude, on se met en condition pour monter plus haut encore sur une montagne et les quelque vingt-quatre heures passées à Erchany m'avaient conditionné à l'Appel du Rat Savant. Je me demandais simplement comment gagner le sommet de la tour.

À l'extérieur de ma chambre, le passage était plongé dans l'obscurité et je n'avais pas fait deux pas lorsque ma bougie s'éteignit. Je me souvins alors que Sybil Guthrie possédait une torche électrique; il me semblait déplorable de la réveiller ou de l'inquiéter — non pas qu'elle soit du genre timide —, mais j'estimais en même temps que les circonstances du moment exigeaient toute l'aide dont je pouvais disposer. Je fis demi-tour et toquai à sa porte. Il n'y eut aucune réponse audible; cela n'avait rien de surprenant parce que le vent soufflait de cent côtés à la fois. Je frappai derechef, puis ouvris la porte et entrai. J'appelai, grattai une allumette et rassemblai tout mon courage pour m'approcher du gigantesque lit. Mes soupçons se muèrent alors en certitude : il n'y avait personne dans la chambre.

Si j'en avais eu le loisir, je crois que je me serais senti singulièrement mal à l'aise. Mais, au même moment, j'aperçus un peu de lumière venue du corridor ; je sortis de la pièce. J'espérais trouver Sybil, je tombai sur l'abominable Hardcastle tenant une lanterne d'une main et frappant de l'autre à ma porte. Il me regarda d'un sale œil — sans doute avait-il émis une hypothèse plaisante en me voyant sortir de la chambre de Sybil —, puis il me dit que le châtelain me présentait ses compliments ; il allait mieux et aimerais-je le rejoindre pour prendre un dernier verre dans la tour ?

Je regardai ma montre — faire preuve d'une politesse raffinée aurait été peine perdue avec Hardcastle — et constatai qu'il était minuit moins cinq. Un vrai réveillon.

— Oui, fis-je. De toute façon, j'y allais. Montrez-moi le chemin.

Je dus proférer ma réponse sur un ton aussi menaçant que celui de son sinistre patron. Car le message qui me parvenait de la tour — des heures après que je fus monté me coucher, ce que tout le monde savait — était à peine moins problématique que celui que le rat m'avait apporté : les deux, associés à la disparition de Sybil, témoignaient de quelque manigance sur laquelle je ne pouvais faire moins que m'informer. Je m'engageai donc dans le couloir à la suite de Hardcastle. J'étais d'une humeur de chien qui masquait probablement une bonne dose d'émoi. Il se passait quelque chose et, quoi que ce fût, j'avais bel et bien l'impression qu'il s'agissait d'un piège. L'araignée guettait une mouche. Était-ce Sybil ? Ou moi ? Il ne me vint pas à l'idée qu'il pouvait s'agir de Guthrie.

Mais cela me fit penser que Hardcastle était, en son genre, une sorte d'araignée. Ce pourquoi je lui avais demandé de passer devant, car je n'étais pas sans éprouver quelque inquiétude pour ma gorge et je gardai un œil vigilant sur lui, tandis que nous descendions le grand escalier puis empruntions ce que je crus être, sans réelle certitude, le couloir de la salle d'études. Nous devions nous trouver à peu près à mi-chemin quand il hésita et s'immobilisa un instant, comme s'il écoutait. Je stoppai derrière lui et écoutai aussi de toutes mes oreilles. Pour commencer, j'eus l'impression d'entendre le bruit de pas pressés qui s'approchaient de nous ; j'écarquillai les yeux pour tenter de percer l'obscurité du couloir mais je ne vis personne ; puis, ce qui était à faire dresser les cheveux sur la tête, les pas trottinèrent à ma hauteur sans le moindre signe visible. Détail absurde — parce qu'on ne peut pas assommer un fantôme —, je regrettai de ne pas avoir emporté le tisonnier qui avait réglé son compte au rat savant ; je me rendis compte enfin que je n'entendais plus rien que le bruit caractéristique des ondulations du tapis sur le sol du corridor. Ce fut alors que je repris suffisamment mes esprits pour écouter ce qui tirait l'oreille de Hardcastle : on parlait au fond du couloir.

Il s'agissait d'un simple murmure — jusqu'à ce qu'un caprice des vents erratiques d'Erchany l'amplifie et que je reconnaisse la voix de Christine. Cela me soulagea parce que je supposai que Sybil se trouvait avec elle et que les deux jeunes filles veillaient peut-être pour fêter Noël. Hardcastle dut avoir la même idée ; il consulta sa montre comme je l'avais fait quelques minutes plus tôt ; puis un nouveau coup de vent nous apporta l'autre voix, celle d'un homme — d'âge mûr, supposai-je, et terriblement écossaise. Une seconde plus tard, une porte s'ouvrit et nous distinguâmes juste une silhouette qui se faufilait et disparaissait dans l'obscurité qui s'étendait devant nous.

L'exécrable Hardcastle hésita encore un moment puis nous repartîmes. Comme tu le sais, je n'avais pas eu jusqu'alors l'occasion d'explorer les coins les plus reculés du château et notre progression me désorienta totalement. La tour est la partie la plus ancienne, le donjon primitif, et, lorsque nous étions descendus de l'étage où se trouvaient les chambres, j'avais pensé que cette tour était structurellement distincte des bâtiments les plus récents et qu'elle ne leur était reliée qu'au rez-de-chaussée, ce qui l'isolait totalement. Et je prenais maintenant la mesure de cet isolement. Nous franchîmes une petite porte massive puis, à peine un mètre plus loin, une seconde porte exactement semblable : l'espace qui les séparait, parvins-je à comprendre malgré mon trouble, correspondait à l'épaisseur du mur du donjon. Nous nous engageâmes alors dans un escalier.

Je me souvenais, comme on se rappelle un détail particulièrement absurde d'un rêve, que j'étais un hôte de hasard convié par un maître de maison amical et courtois à fêter Noël dans ses appartements. Et, une nouvelle fois, je regrettai de ne pas m'être muni du tisonnier. Nous montions toujours — Hardcastle devant moi avec la résolution sinistre d'un gardien de prison accompagnant d'un pas solennel un condamné à l'échafaud. Chose inattendue, l'escalier était large, se composait de courtes volées de marches, et prenait jour par d'étroites fenêtres toutes les deux volées. Le ciel devait s'être partiellement dégagé ; un clair de lune incertain reflété par la neige baignait les lieux d'une vague et pâle clarté ; et ce fut ce détail qui donna aux quelques secondes qui suivirent leur effet le plus macabre. Nous montions cet escalier apparemment interminable — je venais d'en conclure que Guthrie veillait sans doute au sommet de la tour proprement dit — quand il y eut, au-dessus de nous, un cri de terreur. Un moment plus tard, la fenêtre devant laquelle je passais s'obscurcit un très court instant comme si un rideau avait été rapidement tiré puis relevé devant la lune. Après un intervalle de temps appréciable, un bruit sourd nous parvint d'en bas.

Nous avons dû l'un et l'autre plus ou moins deviner ce qui s'était passé. J'ai trouvé ce bruit infiniment plus horrible que le cri qui l'avait précédé ; Hardcastle, qui se trouvait à trois ou quatre marches plus haut que moi, s'exclama :

— Bonté divine, comme si je ne l'avais pas prévenu !

Nous entendîmes des bruits de pas.

Ce qui passa ensuite dura l'espace d'un éclair. Un jeune homme apparut au coude de l'escalier, au-dessus de nous. La torche de Hardcastle l'éclaira pendant une seconde et une seconde seulement — j'en retirai néanmoins l'impression d'une passion extrêmement vive : une peau sombre et pâle, tendue par les mâchoires, un regard brûlant comme celui de Guthrie. Hardcastle cria :

— Lindsay !

Et il lança un coup si maladroit que je me surpris à me demander s'il n'était pas ivre ; un instant plus tard le jeune homme nous croisa sans nous prêter la moindre attention puis disparut. J'aurais peut-être dû le maîtriser ; je suppose toutefois que j'ai trouvé la situation trop confuse pour intervenir. Hardcastle parut hésiter à descendre ; puis il poussa un juron et s'élança vers le haut. Je ne pus que le suivre.

Nous étions encore à deux étages du sommet, mais l'escalier rétrécissait et il n'y avait plus de fenêtres. Sur chacun des paliers, j'avais remarqué une porte massive. Nous en dépassâmes encore une et arrivâmes, essoufflés, devant la dernière, encore plus massive que les autres. Hardcastle l'ouvrit. Nous vîmes une petite pièce carrée meublée comme un bureau et éclairée, comme partout dans le château, par quelques bougies. Sybil Guthrie s'y trouvait, debout.

Pendant un instant, nous restâmes comme des acteurs

figés en scène avant le lever du rideau ; puis Hardcastle se précipita vers Sybil dans un accès de fureur imprévisible :

— Espèce de sale petite bâtarde !...

C'était indiscutablement une insulte. Je m'offris le plaisir d'empoigner le scélérat par l'épaule — ou peut-être par le col — en lui ordonnant de se taire. Ma réaction eut un effet plus net que celui que j'avais escompté. Hardcastle adopta aussitôt une attitude maussade et obstinément passive, ce qui eut pour conséquence immédiate de faire passer entre mes mains la direction de la suite des événements à Erchany. Que je le veuille ou non, je suis responsable jusqu'à l'arrivée de gens plus compétents.

Je demandai à Sybil :

— Où est Guthrie ?

Elle hésita une fraction de seconde, tandis que son regard tranquille mais circonspect nous examinait l'un après l'autre.

Puis elle dit d'une voix douce et plutôt mal assurée :

— Il est tombé de la tour.

Et, en guise d'explication, elle désigna une porte voisine de celle par laquelle nous étions entrés.

J'empruntai la lanterne de Hardcastle et partis en exploration. Je découvris une petite chambre étroite, avec les mêmes meurtrières en guise de fenêtres que dans l'escalier, et une autre lourde porte qui, grande ouverte sur l'obscurité, battait dans le vent, quasiment en face du seuil sur lequel je me trouvais. Je traversai la chambre pour aller y voir de plus près. Je dus me cramponner au montant car le vent — même s'il soufflait, je crois, modérément — exerçait une force énorme à cette hauteur. Je vis devant moi une plate-forme recouverte de neige abondamment piétinée. Un parapet bas et crénelé la délimitait — les fortifications d'origine du donjon, je suppose. Je me penchai prudemment au-dessus et regardai en bas. Il n'y avait rien à voir, sinon l'obscurité, et rien à entendre, sinon les murmures et les soupirs du vent. Je me souvins du temps que je venais de passer à grimper l'escalier de la tour et me rendis compte que, quelle que fût l'épaisseur de la couche de neige, l'homme qui avait basculé par-dessus le parapet était mort. Je pensai d'abord avec soulagement — et cela montre à quel point on se découvre un curieux sens pratique en cas de crise — que son trépas nous épargnerait de chercher désespérément le secours d'un médecin. Je me dis ensuite, et cette seconde idée découlait de la première, que nous étions affreusement isolés, dans des lieux peut-être en proie à quelque mal profond. Je pensai enfin tout simplement à cette crapule de Hardcastle, parce que, dans mon esprit, le mal et cette horrible brute allaient de pair.

Je regagnai le bureau en m'efforçant de réfléchir vite. Un fait m'apparut clairement au bout d'un instant. Ranald Guthrie, sauf s'il était ivre, ou vraiment fou, ou s'il marchait en dormant — somnambulisme ou transe —, n'avait probablement pas basculé par accident. Je me souvins, choqué, de la phrase toute plate de Sybil : « Il est tombé de la tour. » Pris dans leur sens littéral, ces propos signifiaient que cette chute n'était rien de plus qu'une sinistre mésaventure. Je compris soudain toutes les implications d'un événement aussi violent et aussi mystérieux que celui-là, ainsi que de l'atmosphère dans laquelle je baignais depuis une trentaine d'heures. Suspense, terreur, humeurs noires, rats savants et mort violente : la réunion de tous ces éléments aboutissait à une réponse incontournable — le soupçon. Erchany considéré comme le domaine exclusif d'un méchant enchanteur n'était plus qu'un fantasme dépassé ; ce qui venait de se produire dans la tour en faisait désormais le territoire des enquêteurs et des policiers en civil. Dans un rayon de quinze kilomètres au-delà de ces fantastiques amas de neige, il y avait sans aucun doute un agent de police campagnard ; à trente un sergent ; et à Aberdeen ou à Édimbourg, peut-être, le genre de policier capable de s'occuper efficacement d'une affaire comme celle-là. J'ai alors dû regarder Sybil puis Hardcastle puis de nouveau la jeune femme en arborant l'expression d'une responsabilité toute neuve.

Guthrie était indiscutablement mort : l'humanité la plus élémentaire n'en commandait pas moins de commencer par aller à la recherche de son corps. Si toutefois nous nous trouvions sur la scène d'un crime, ni Sybil — dont la présence dans la tour demeurait inexpliquée — ni le sinistre Hardcastle ne pouvaient, à mon sens, être laissés à eux-mêmes. Il fallait que j'envoie Sybil à Christine — mais je devais d'abord me charger moi-même d'informer cette dernière de ce qui s'était produit et cela attendrait que je sois allé m'assurer du décès de Guthrie. Pour le moment, il valait donc mieux que nous restions ensemble tous les trois.

Tout en réfléchissant à ces problèmes, je regardais partout. Je crois préférable de te décrire le terrain comme je l'ai découvert à cet instant et par la suite.

Le dernier étage du donjon est plus petit que les étages inférieurs et se trouve donc entièrement entouré par une plate-forme crénelée — un parapet — qui domine les corps de bâtiment et les douves. Il y a deux escaliers : l'un, petit, est en spirale et débouche par une trappe sur un angle du chemin de ronde ; l'autre, c'est-à-dire celui par lequel j'étais arrivé, donne à l'intérieur et s'ouvre directement sur le bureau. L'une des portes de celui-ci donne sur le parapet, la deuxième dans la petite chambre qui communique par une troisième avec le rempart. Toutes les fenêtres sont de simples meurtrières.

Je décidai de boucler les lieux, si possible. Je repris donc la lanterne de Hardcastle et partis explorer l'escalier en spirale et vérifier l'état de la neige sur la plate-forme. J'eus l'impression qu'il y avait des traces de quantité d'allées et venues sur ce chemin de ronde battu par le vent, mais ces marques étaient déjà indistinctes et c'eût été une perte de temps que de les examiner avec l'œil d'un détective amateur. Je notai un fait supplémentaire : peu auparavant, disons dans la dernière demi-heure, il y avait eu pas mal de mouvement dans cet endroit dangereux. Je m'approchai ensuite de la trappe. Ici, la neige offrait la preuve indiscutable que la trappe avait été ouverte. Une traction sur un robuste anneau de fer me prouva que celle-ci était à présent fermée par en dessous ; en tâtonnant, je trouvai ce que je cherchais : un verrou, côté extérieur. Il coulissa aisément. L'une des entrées du dernier étage de la tour était désormais condamnée.

Je revins sur mes pas, aussi vite que le permettait la prudence, en ne m'arrêtant que pour jeter un coup d'œil au ciel. La lune disparaissait derrière un amas de nuages, mais on distinguait ici et là une étoile ou une constellation : ce qui devait être la ceinture d'Orion apparut soudain, tels les réverbères d'une rue. Je supposai qu'une fois le jour levé on verrait en bas le paysage couvert de neige sous un ciel dégagé, parce que, pour l'instant, les derniers flocons étaient tombés.

En rentrant dans le bureau, j'y retrouvai Sybil et Hardcastle : ils ne semblaient pratiquement pas avoir bougé depuis mon départ.

— Maintenant, nous allons descendre, dis-je.

Nous sortîmes sur le petit palier. Je fermai la porte et empochai la clé. Le bureau, la chambre et le chemin de ronde étaient désormais inaccessibles. Hardcastle marmonna des mots à peu près inaudibles — peut-être pour affirmer sa qualité d'intendant d'Erchany — mais j'avais déjà entamé la descente en tête. Quand nous arrivâmes au niveau du sol, Hardcastle désigna un nouvel escalier, plus petit. Je fermai la porte qui donnait accès à celui du donjon puis nous descendîmes dans une sorte de cave. Je me rendis alors compte que, du sommet de la tour, Guthrie avait dû tomber dans la douve. Lorsque nous arrivâmes à une petite porte qui permettait d'accéder aux fossés, Sybil parla pour la première fois depuis qu'elle avait dit : « Il est tombé de la tour. » Elle fit :

— Je vous accompagne.

Et elle brandit sa torche qu'elle alluma avec un tel air de détermination que je compris que toute protestation serait inutile.

Dans la douve, il y avait une épaisse couche de neige, mais si poudreuse que je me demandai un instant, contre toute raison, si Guthrie n'avait pas survécu à sa chute. Nous nous enfonçâmes jusqu'aux genoux en contournant l'un des angles du donjon. La lanterne de Hardcastle émettait un cercle de lumière tremblotant autour de nous tandis que la lampe de Sybil éclairait la douve. Un instant plus tard, nous aperçûmes devant nous sur la neige la tache sombre que nous nous attendions à voir. Nous pressâmes le pas. Mon cœur bondit dans ma poitrine. La chose avait bougé.

Hardcastle hurla. Je le regardai ; son visage ruisselait de sueur dans ce décor glacial ; il avait totalement perdu le contrôle de ses nerfs. J'examinai de nouveau la forme indécise sur le sol et me rendis compte que c'était la silhouette d'un homme, accroupi au-dessus du corps, qui avait remué. Une voix déclara :

— Il est mort.

Lorsque j'ai écrit que la fin de Guthrie avait été horrible, je pensais surtout à l'intonation satisfaite de la voix, fortement teintée d'accent écossais, qui avait prononcé ces mots. Les morts n'entendent pas les malédictions, et les injures et la fureur des hommes ne touchent pas les fantômes. Ce qui ne m'empêche pas d'espérer que personne n'emploiera ce ton pour mon oraison funèbre. Je demandai aussi sèchement que si j'avais été tout à la fois le propriétaire d'Erchany et le commissaire du comté :

— Qui êtes-vous et que faites-vous ici ?

Bel homme d'un certain âge au rude visage marqué par la vie à la campagne, l'inconnu me dévisagea sans ciller à la lueur de la lanterne.

— C'est Rob Gamley que je m'appelle et j'étais venu pour parler au châtelain. Mais, maintenant, il parle à d'autres, plus aptes à l'entendre.

Sans relever ce propos brutal et malséant et tout en examinant le cadavre, je me posai la question de savoir si Guthrie laisserait un seul cœur en peine derrière lui. Peut-être Christine — je n'en savais rien. Il était certainement parti affronter le jugement auquel Gamley avait fait allusion. Il avait la nuque brisée et sa mort avait sans doute été instantanée.

Debout dans le petit groupe qui entourait le corps, j'en vins à réfléchir à ce qu'il convenait de faire. Il aurait peut-être fallu que j'insiste pour que la dépouille mortelle de Guthrie reste à sa place ; c'est ce qu'on fait, je suppose, quand on soupçonne un mauvais coup. Mais, tout compte fait, y avait-il quelque chose à soupçonner ? Sybil avait déclaré que Guthrie était tombé de la tour, d'une part, et, de l'autre, le seul indice relevait de l'atmosphère ambiante — que la violence et le mystère fussent purement dans l'air ou qu'ils résidassent uniquement dans le fantastique incident du rat savant. En somme, je trouvais inutile et indécent d'abandonner les restes de Ranald Guthrie dans la douve — les propos amers du nommé Gamley avaient en quelque sorte souligné cette inconvenance.

— Miss Guthrie, expliquai-je rapidement, devrait marcher devant avec la torche et la lanterne. Nous la suivrons avec le corps. Mr. Gamley, vous nous aiderez, s'il vous plaît.

Gamley, soudain respectueux, se découvrit. Son geste

me tira l'œil et je constatai qu'il regardait Hardcastle d'un air à la fois curieux et inamical. Quand je me tournai vers ce dernier, je vis quelque chose d'extraordinaire. L'abominable individu semblait éprouver une peur mortelle de Gamley et s'en tenait à distance, comme on se tient à distance d'un ours enchaîné. Et, en même temps, il examinait le cadavre de Guthrie avec cette sorte d'intérêt à la fois excité et sournois qu'il aurait accordé, j'imagine, à une photographie obscène. Je n'avais pas la moindre idée des motifs de cette attitude dont les deux composantes ne m'en paraissaient pas moins singulièrement répugnantes. Je préférais de beaucoup l'irrespect de Gamley. Sous le coup d'une impulsion soudaine — et, je suppose, plutôt arbitraire —, j'ordonnai à Hardcastle de nous précéder afin de trouver dans la maison un endroit convenable pour y déposer le cadavre. Nous suivîmes, Gamley et moi, en portant notre fardeau de notre mieux.

Nous déposâmes provisoirement le mort sur une espèce de table de pierre qui se trouvait dans une cave accessible par la porte de la douve. Sybil nous éclaira avec sa torche puis déclara :

— Je suppose que je dois aller prévenir Christine.

Elle disparut. C'était bien de sa part, pensai-je, et c'était peut-être aussi le meilleur plan possible ; j'aurais risqué de me montrer assez maladroit.

J'envoyai Hardcastle chercher un drap. Gamley, sa coiffure toujours à la main, regarda longuement le corps. Puis il marcha vers la porte.

— Du calme, lui dis-je, où allez-vous ?

Je pensais en effet qu'il me devait sa version des faits. Il me regarda carrément une fois encore.

— Mon jeune monsieur, dit-il, je m'en vais prévenir le Diable de mettre ses cuillers et ses fourchettes sous clé.

Et il disparut sur cette sinistre plaisanterie.

C'était le second visiteur mystérieux, pensai-je, que je laissais me filer entre les doigts cette nuit. Erchany, pour pratiquement isolé qu'il fût du reste du monde, s'était révélé étrangement peuplé. D'où sortait Neil Lindsay, d'où venait Gamley? Qui avait fixé les messages aux pattes des rats? Qui avait parlé à Christine dans la salle d'études? Et le médecin de Hardcastle était-il arrivé? Je renonçai à m'interroger sur ces énigmes pour m'intéresser à celle, plus importante, qu'offrait le mort.

Un homme, Diana, peut crier sous l'effet de la souffrance ou de la peur, tomber de plus de soixante mètres de haut, se rompre le cou et bien d'autres choses encore et avoir l'air ensuite d'un enfant endormi dans son berceau! Sans doute une simple contraction des muscles à l'instant ultime, mais ce n'en était pas moins bizarre et terrible à voir. Guthrie, en retournant à la poussière, avait recouvré son innocence; ce visage sinistre, avec ces traits fortement accusés qui trahissent l'appartenance à l'aristocratie, paraissait à présent plus ferme et plus pur, comme si quelque artiste avait pris une éponge pour en effacer les marques. On lit dans les livres que la mort provoque cet effet, mais le constater après une fin aussi brutale était singulièrement déconcertant. Je disposai le corps comme je pus, enlevai la neige de son visage et de ses cheveux puis j'attendis.

Finalement Hardcastle revint avec un drap. J'en étais arrivé à penser, avec ou sans raison, que son attitude à l'égard de feu Guthrie était franchement indécente et, instinctivement, je lui barrai le passage à la porte. Il me donna le drap, l'air maussade, en regardant ailleurs.

— Je vous suggère, fis-je, d'aller demander à votre femme de préparer du thé ou du café. Nous en aurons besoin.

La sale brute déglutit comme s'il avalait ses vrais sentiments à mon égard. Puis il dit avec une espèce de ruse grossière quelque chose qui m'embarrassa :

— Mr. Gylby, avez-vous jeté un coup d'œil au corps ? On a pu lui faire les poches ?

— La police s'en occupera.

— Mais, monsieur, il suffirait que nous vérifiions !

Ma hargne contre ce déplaisant individu prit de l'ampleur. Je fis demi-tour et recouvris rapidement Guthrie de son linceul de fortune.

— Maintenant, Mr. Hardcastle, nous devons envoyer un message à Kinkeig. Il ne neige plus et le vent est tombé. Il faudrait que vous voyiez si votre homme à tout faire peut partir à l'aube.

Je le poussai hors de la cave, fermai la porte et empochai la clé. Je peux te garantir ceci : il y a quelque chose dans l'atmosphère de cet endroit qui me conforte dans le rôle de gardien d'Erchany que je me suis attribué. Heureusement les minutes ont défilé rapidement tandis que j'écrivais et j'espère pouvoir maintenant me démettre avec les honneurs quand arriveront les représentants de la loi. D'ici là, j'ai encore un ou deux faits marquants à rapporter.

Lorsque je fermai la porte de la cave, Hardcastle prit la mouche et s'enfonça dans le couloir, en me laissant réfléchir à ce que j'allais faire ensuite. Rien n'aurait pu me convaincre de fouiller le corps comme un spécialiste de la police mais l'allusion de Hardcastle à un vol possible m'avait mis une idée dans la tête. Il m'avait fallu quelque temps pour fermer la partie supérieure du donjon et descendre avec les autres jusque dans les douves. Quand nous étions arrivés, nous avions trouvé le mystérieux Gamley accroupi à côté du cadavre. N'y aurait-il pas dans la neige quelque trace de la façon dont il était arrivé — trace fugace et qu'il valait mieux vérifier sans attendre ? Je ramassai la lanterne abandonnée par Hardcastle et, avant de remonter, me faufilai à nouveau dans la douve.

Le vent qui avait si rapidement effacé les marques sur

le chemin de ronde était demeuré impuissant dans ce profond fossé ; toutes les empreintes laissées depuis que la neige avait cessé de tomber étaient d'une parfaite netteté. Et l'isolement d'Erchany me revint bizarrement à l'esprit ; la neige était partout marquée par les pistes des animaux sauvages qui avaient cherché là un abri contre la tempête : renard, belettes, lapins, et même un faisan — sans parler d'un petit tas de fourrure sanglant. La lune apparaissait et disparaissait derrière les nuages avec la régularité d'une enseigne clignotante au néon et sa lumière déferlait par vagues sur ce tapis de neige couvert d'arabesques ; ce spectacle méritait qu'on s'y arrête et qu'on le contemple avec un plaisir désintéressé ; je dus refouler cette pulsion esthétique hors de saison avant de poursuivre mes investigations.

Là où Guthrie était tombé, la neige était marquée en creux comme si une grosse météorite avait percuté la terre et, tout autour, on voyait les multiples traces de pieds que nous avions laissées en soulevant le cadavre. Mais, au-delà de ce cercle, toutes les traces de pas étaient nettes. Et elles racontaient une histoire parfaitement claire. Gamley avait sauté — c'était risqué — dans le fossé à une quinzaine de mètres environ du corps et s'en était approché aussitôt. Lorsqu'il m'avait quitté, il avait suivi ses traces jusqu'au mur de la douve puis, trouvant peut-être difficile de remonter par où il était arrivé, il s'était dirigé vers le petit pont que nous avions traversé, Sybil et moi, pour arriver à la porte de service. De là, il n'avait eu aucun mal à escalader le fossé. La sûreté qu'indiquait sa démarche donnait à penser qu'il connaissait bien les lieux. Je grimpai à sa suite et suivis, beaucoup plus difficilement, sa piste qui s'éloignait du château. Une piste qui rejoignait des empreintes à demi effacées et tournées en sens contraire. Gamley était sorti de la nuit avant d'y retourner ; selon toute vraisemblance, il se dirigeait vers la poterne quand la chute de Guthrie l'avait fait changer de direction.

Je redescendis dans le fossé et refis laborieusement le chemin inverse. Le tableau était désormais parfaitement clair : Gamley était arrivé d'un côté, Sybil, Hardcastle et moi d'un autre ; nous avions ensuite tous rejoint la maison à la queue leu leu ; puis Gamley était parti comme il était venu. Peut-être ma reconnaissance des lieux avait-elle été une perte de temps mais elle me donnait l'impression réconfortante de tout laisser en ordre derrière moi.

Hardcastle rôdait à l'extrémité du couloir du sous-sol ; je suppose qu'il avait essayé d'ouvrir la porte de la cave — si sa femme est une sorcière, cet homme est assurément un vampire. Il s'approcha de moi et me dit d'une voix rauque :

— C'est un meurtre.

— Cela reste à voir, Mr. Hardcastle. Montons.

— Je vous assure que ce voyou de Lindsay l'a mutilé et assassiné. N'avais-je pas prévenu le maître que rien de bon ne pourrait résulter d'une rencontre avec quelqu'un portant ce nom ? Il l'a tué et maintenant il est parti avec la fille.

Je marchais devant la brute. Je me retournai et lui fis face.

— Qu'est-ce que vous dites ?

Il eut un sourire diabolique qui pouvait signifier « Je vous ai tout de même surpris » ; et, comme il l'avait déjà fait auparavant, il sortit sa main sale de derrière son dos pour se frotter le menton. Puis il reprit avec une lenteur et une méchanceté qui me parurent incroyables :

— Vous voulez le savoir ?

L'effet de suspense impertinent que cherchait peut-être Hardcastle fit long feu : des hurlements et des gémissements à glacer le sang nous parvinrent, venus d'au-dessus de nos têtes, à ce moment précis. Un violent combat entre des loups et des hyènes aurait, me dis-je sur l'instant, donné une impression à peu près identique.

Il me fallut quelques secondes pour comprendre que j'entendais enfin les lamentations d'Erchany en l'honneur de Ranald Guthrie — des lamentations provenant, pour deux cinquièmes, de Mrs. Hardcastle, pour deux autres cinquièmes de l'idiot qui servait d'homme à tout faire et, pour le dernier cinquième, de l'environnement. Tammas — le domestique — murmurait des borborygmes tandis que Mrs. Hardcastle émettait des sons qui paraissaient constituer un discours articulé. Sybil se tenait entre eux, l'air si sévère et si froidement déterminée que je la soupçonnai d'en avoir par-dessus la tête des événements de la nuit.

— Maudit soit ce jour, maudit soit-il ! Le bon châtelain est mort et la gamine est partie avec un Lindsay !

La vieille femme psalmodiait en cadence ses malédictions d'une voix étrange et changeante. Tammas, entraîné par le rythme de sa voix, se mit à débiter des vers grotesques de son cru :

Le corbeau a tué le chat,
Le corbeau a tué le chat...

C'était un hymne funèbre qui donnait la chair de poule. Mais j'avais eu mon compte de mystères et je tapai sur une vieille porte matelassée qui se trouvait à côté de moi comme un président de séance rappelant à l'ordre l'assistance. Tammas continua à murmurer tandis que Mrs. Hardcastle, après une allusion hors de propos aux rats, recouvrait son bon sens. Pour expliquer ce que je compris de la situation au cours des quinze minutes suivantes, je vais me contenter d'un résumé de quelques phrases.

Neil Lindsay, le jeune homme qui nous avait croisés dans l'escalier, est, comme je le supposais, l'amoureux de Christine — ce que refusait absolument d'accepter Guthrie. Il habite une petite ferme dans une vallée voisine ; et cette disparité sociale se complique, selon les

Hardcastle, du fait d'une espèce de vendetta héréditaire — je suppose que dans ces régions il est encore possible de trouver une aussi pittoresque absurdité. La tension s'était accrue depuis quelque temps et, tout récemment, Lindsay était venu un soir au château, l'air menaçant. Ni Guthrie ni Christine n'avaient fourni d'explications, si bien que les Hardcastle ne savaient pas grand-chose. Mais Hardcastle prétend croire que Guthrie avait résolu d'acheter le jeune homme et que c'était pour cela qu'il avait ordonné à l'intendant d'envoyer Lindsay au sommet du donjon dès qu'il viendrait.

Lindsay était arrivé peu avant onze heures et demie du soir. Hardcastle l'avait fait entrer et lui avait dit de monter dans la tour. À quelques minutes de minuit, Guthrie avait sonné — il semble que les Hardcastle lui aient été totalement dévoués — et, alors que l'intendant montait l'escalier, il lui avait hurlé d'en haut le message m'invitant à venir prendre un verre, ce message qui m'avait finalement amené sur les lieux.

Ce fut à ce moment que je me décidai à interrompre le récit.

— Mais enfin, Mr. Hardcastle, pouvez-vous m'expliquer pourquoi il fallait me convoquer pour arroser un événement aussi désagréable que l'achat du jeune Lindsay ? Ne s'agissait-il pas plutôt d'une affaire privée ?

— Avec votre permission, Mr. Gylby, je pense que la transaction était terminée et que le fait de prendre un verre avec un étranger donnait au garçon l'occasion de s'en aller tranquillement.

Je n'ai pas besoin de te dire que je n'en croyais pas un mot. Toutefois, pour juger de la crédibilité de cette histoire, je dois me rappeler que, en ce qui me concerne, je trouverais suspecte la table de multiplication si Hardcastle me la récitait. Et il était pour l'instant encore moins avenant que d'habitude : son air bourru se teintait, assez mal, de servilité et je le sentais incroyablement mal à l'aise. J'avais prévu de me faire rapporter une partie des faits par sa femme et je crois qu'il craignait qu'elle ne dise ce qu'il ne fallait pas — comme si elle avait tiré le mauvais numéro à la loterie. À moins tout simplement qu'il n'ait eu peur de moi. Ou de Sybil.

Une chose, en tout cas, paraissait claire. Lindsay et Christine — sauf s'ils s'étaient réfugiés dans quelque fortification secrète du château — avaient vraiment disparu, ensemble ou séparément. Mrs. Hardcastle, que j'avais de plus en plus tendance à tenir pour une femme honnête, assure qu'elle a vu Christine filer avec une valise dans le couloir de la salle d'études. L'examen de l'entrée principale du château à la lueur d'une lanterne a révélé deux séries d'empreintes de pas à demi effacées qui allaient se perdre dans l'obscurité. Cette fuite, à mon avis, est un fait — mais les deux jeunes gens ont choisi une étrange saison et une façon de s'en aller bien pénible. Quand nous l'avons croisé dans l'escalier, Lindsay allait certainement rejoindre Christine ; et quelques minutes plus tard, ils quittaient sans doute le château. Mais que s'était-il passé dans l'intervalle ? Qu'était-il arrivé dans la tour ?

Sybil pouvait répondre, en tant que témoin, à l'une de ces questions. Elle se trouvait, assez mystérieusement, dans la pièce d'où Guthrie était sorti pour aller à la mort. Mais, pour le moment, elle tenait sa langue et je répugnai à me lancer, devant Hardcastle, dans ce qui aurait eu l'air d'un interrogatoire. Hardcastle lui-même, je le voyais bien, brûlait de curiosité et cela m'aurait suffi pour m'abstenir. De plus je croyais lire un appel ou un avertissement dans les yeux de la jeune fille, comme si elle voulait me faire comprendre qu'avant d'aller plus loin mieux valait que nous nous retrouvions en tête à tête.

Un autre problème me vint à l'esprit. Je me tournai vers Hardcastle et lui demandai aussi abruptement que je le pus :

— Votre médecin est-il venu ?

Cela fit mouche. Aurais-je mis le masque du bourreau et aurais-je invité l'abominable individu à poser sa tête sur le billot qu'il n'aurait pas été plus secoué. Je crois bien qu'un avocat d'assises aurait pu lui en faire dire beaucoup sur le moment — un moment où il était littéralement désarçonné. Il ignorait ce que je savais. Mais je dois confesser que, comme un imbécile, je me suis empressé de le lui dire.

— Vous avez demandé si c'était le docteur quand vous nous avez ouvert la porte, à Miss Guthrie et à moi-même.

— Et ce que vous ignorez, Mr. Gylby, c'est que l'un des chiens s'appelle Docteur et que je croyais qu'il s'était sauvé.

Je demeurai interloqué à mon tour en entendant ce qui était sans conteste un mensonge éhonté. Cet homme est aussi fourbe que le montre son visage. Et, sur l'instant, je m'avouai vaincu. J'entrepris alors de communiquer avec Tammas, qui allait être, semblait-il, notre premier lien avec le reste du monde.

— Pensez-vous, lui demandai-je, que vous pouvez aller à Kinkeig ?

En s'apercevant qu'on lui parlait, Tammas rougit comme une jeune fille dans la lumière incertaine de la lampe. Puis il murmura doucement :

La chance a déserté la maison,
La chance a déserté,
La chance a déserté la maison,
Maintenant que not' maître n'est plus là...

Dans la tragédie élisabéthaine, tu t'en souviens, les fous et les idiots profèrent sans cesse des fragments de chansons obscures. Le comportement de Tammas donne à penser que cette convention théâtrale trouve son origine, tout au moins en partie, dans la pathologie. De toute façon, il n'avait visiblement rien compris à ce que j'avais tenté de lui faire entendre. Donc, et même si c'était singulièrement irritant, je devais passer par le truchement de Hardcastle. Il me fallut écouter une conversation tenue dans un dialecte incompréhensible d'où il ressortit enfin que Tammas était prêt à partir tout de suite pour Kinkeig.

Et c'est ce qu'il s'apprêta à faire sur-le-champ, chargé simplement d'annoncer la mort de Guthrie et de demander l'assistance d'un médecin et d'un policier. Je m'étais plutôt attendu à ce que Hardcastle fasse organiser une battue pour retrouver Lindsay et Christine et, en l'occurrence, sa répugnance à agir ainsi me donna une preuve de son bon sens, ce qui me surprit. J'écrivis quelques télégrammes, y compris celui que tu auras reçu à l'heure qu'il est. Puis je regardai Tammas s'en aller, en se frayant vigoureusement au clair de lune un chemin au milieu des congères. Quelques minutes plus tard, il avait disparu ; mais dans le silence qui s'était installé après que le vent se fut calmé je l'entendais chanter à sa façon mystérieuse pour l'astre des nuits. Sa progression allait être affreusement pénible ; avec de la chance, calculai-je, il atteindrait le village à l'aurore.

Le jour est maintenant levé depuis deux heures et nous attendons les secours d'un moment à l'autre. J'ai consacré la fin de la nuit et le début de la matinée à rédiger ce récit ; il a pris des dimensions déraisonnables et je ne veux pas l'orner de broderies supplémentaires. Mais il reste encore un sujet dont je dois rendre compte. Tu devines que c'est de mon entretien avec Sybil Guthrie qu'il s'agit.

Après le départ de Tammas, il semblait qu'il n'y eût plus rien ou plus grand-chose à faire. Sybil et moi buvions de grandes tasses du thé préparé par Mrs. Hardcastle. Nous nous trouvions dans la salle d'études — cette pièce charmante et simple semble maintenant bizarrement désolée — et Mrs. Hardcastle, qui, tout en larmoyant, avait une attitude respectueuse, nous expliqua que, jusqu'à une date récente, Guthrie n'avait jamais autorisé le thé dans la maison — trait de caractère superbe du bon châtelain duquel la brave femme semblait tirer un singulier réconfort.

Quand nous l'eûmes congédiée, il y eut un moment de silence. Les affaires de Sybil, j'en avais bien l'impression, ne regardaient pas un compagnon de rencontre tel que moi, même si elles se rapportaient en partie au mystère. Je crus donc préférable de me taire et de ne pas avoir l'air trop impatient. Et Sybil me déclara :

— Je crois que je veux vous parler, Mr. Gylby.

Elle désignait en même temps la porte d'un mouvement de tête éloquent.

Je compris le message et allai ouvrir. Hardcastle était à l'affût, ce qui semblait être son rôle favori, comme une espèce de renard adipeux guettant une poule.

— Mr. Gylby, dit-il en s'efforçant à grand-peine d'avoir l'air plein de sollicitude, je pense que vous aimeriez avoir un peu de feu dans l'âtre ?

Je pensai que, pour le moment, il n'y avait qu'un seul arrangement possible entre Hardcastle et moi — deux portes solides et fermées à clé. Je lui dis donc que nous n'avions pas besoin de chauffage ; nous allions monter dans la tour. Et, tandis que nous nous éloignions, Hardcastle nous suivit du regard comme si nous étions deux coquelets allant chercher refuge dans un arbre. J'imagine qu'il suppute encore — Dieu sait quoi — et que c'est cela qui nuit à l'efficacité de sa peu aimable personnalité. Je me retournai et lui criai, peut-être avec un rien de méchanceté, que nous redescendrions pour le petit déjeuner et qu'il veuille bien demander à Mrs. Hardcastle de préparer des œufs durs. Puis, en silence et toujours à la lueur d'une lanterne, nous grimpâmes. Interminablement.

Depuis que j'avais démoli la voiture de Sybil, nous avions, elle et moi, eu des rapports aussi amicaux que possible ; nous nous étions tamponnés — au sens littéral du terme, ajouterai-je un peu laborieusement — alors que nous venions d'horizons séparés par des milliers de kilomètres et que nous nous retrouvions ensemble dans un environnement qui nous était presque aussi étranger à l'un qu'à l'autre, situation bien faite pour nous rapprocher. Mais, au cours des deux heures précédentes — depuis l'apparition inexpliquée de Sybil dans le bureau —, nous nous étions quelque peu éloignés l'un de l'autre. Tandis que nous montions dans ce donjon plongé dans l'obscurité, et sans tenir compte de la promesse implicite d'explications de Sybil, notre alliance se resserra. Je ne crois pas me perdre en conjectures romanesques sur cette fort peu romanesque jeune fille mais, lorsque nous arrivâmes devant la porte verrouillée du bureau, je pensai qu'elle pouvait s'être mise dans un mauvais cas et que je devais me tenir prêt à l'épauler.

— Sybil, dis-je, tenez donc la lanterne pendant que je cherche la clé.

Elle mit la main sur mon bras puis sur la lanterne ; une minute plus tard, nous nous retrouvions dans le bureau de Ranald Guthrie.

Je fis, plutôt inutilement :

— La scène du crime.

— Mais, Noel, ce n'était pas un crime. Je vous ai dit qu'il est tout simplement tombé.

— Comment a-t-il fait ?

Je suppose que mon incrédulité était évidente, que ce fût dans la façon dont je regardais Sybil ou dans mes propos. Elle rougit et répéta :

— Il est tout simplement tombé.

Il y eut un bref silence. Dans ma perplexité, je me suis peut-être passé machinalement la main dans les cheveux ; mais, pendant ce court instant, je pris conscience du tic-tac de ma montre-bracelet. Et cela me rappela le lent tic-tac de l'horloge pendant le dîner de l'avant-dernière soirée, ce bruit sur lequel j'avais projeté toute la tension insupportable de l'attente qui pesait sur nous. Attendions-nous seulement que Ranald Guthrie tombe par accident du haut de son donjon? À deux heures du matin, l'esprit n'est pas au mieux de ses possibilités en matière de logique : je me convainquis soudain que l'atmosphère dans laquelle nous avions baigné était incompatible avec l'affirmation de Sybil. Il y avait là une contradiction; je cherchais sans la moindre raison à plaquer une explication mélodramatique et simple sur une série d'événements pour le moins confus; et Sybil me surprit en demandant :

— Voulez-vous insinuer quelque chose de plus sinistre?

Je rétorquai évasivement :

— On nous posera quantité de questions, vous savez.

— Je m'en doute.

— On voudra tout savoir sur tout le monde : où se trouvait chacun et pourquoi — tout, en somme.

— Et je devrais essayer mes réponses sur vous?

— J'aimerais bien, dis-je sobrement.

Sybil gagna le fond du bureau et se retourna :

— Noel, vous êtes un gentil garçon malgré vos grands airs. Mais je souhaiterais en savoir davantage sur vos principes moraux.

— Ils sont à la fois orthodoxes et sévères.

— Quel dommage!

Sybil me regardait en parlant avec une expression d'absolue gravité et je compris qu'elle prenait tout à fait au sérieux ce qu'elle disait. Elle s'interrompit un instant, se renfrogna et trouva des cigarettes je ne sais où. Je grattai une allumette. La jeune fille tira deux bouffée et reprit en pesant ses mots :

— Mr. Gylby — Noel —, vous allez entendre toute l'histoire telle que je peux la raconter. Écoutez.

Elle regagna le fond de la pièce mais, cette fois, parla avant de se retourner.

— J'étais montée ici pour espionner.

— C'était courageux de votre part.

Je crains fort que mon intonation admirative n'ait rencontré aucun succès. Quand Sybil me fit face, elle adressa un sourire ironique au pauvre Anglais vexé que j'étais.

— J'ai dit que j'espionnais. Cette étrange maisonnée a excité ma curiosité et je voulais simplement écouter aux portes. C'est pour cette raison que j'ai réagi si vite tout à l'heure dans la salle d'études avec l'ami Hardcastle. Je sais fouiner d'instinct.

— Parfait, Sybil. Vous avez rôdé et tendu l'oreille. Continuez.

Sybil me jeta un regard empli de doute et poursuivit comme à regret.

— C'était cette tour qui m'intriguait le plus. Elle est tellement romantique...

— Arrêtez de jouer les touristes ingénues, Sybil. Ou gardez ça pour les imbéciles.

— Je pensais que je devais essayer mes réponses sur vous ! Bon, écoutez. Quand je suis montée dans ma chambre, je me suis allongée sur mon lit pour lire — mais plus ça allait et moins j'avais envie de me déshabiller et d'essayer de dormir. Je me suis levée une fois ou deux et suis allée à la fenêtre. C'était juste de la nervosité, bien entendu ; il n'y avait rien à voir, sinon l'obscurité. Ou du moins il n'y eut rien d'autre jusqu'à onze heures et demie environ : j'aperçus une lueur qui se déplaçait en hauteur au-delà de la cour. Je supposai qu'il s'agissait sans doute de Guthrie dans la galerie et je pensai que, tant qu'il se trouvait là, la tour pouvait bien être accessible. Je me suis dit qu'après tout visiter les... les autres pièces du château ouvertes à tout le monde... ne présenterait guère de risques.

— Très bien. En fait, je suis parti pour le donjon peu après vous.

— Vous voulez dire au moment où Hardcastle est venu vous chercher ?

— Non, j'y allais de ma propre initiative quand Hardcastle m'est tombé dessus.

Un moment, Sybil parut se concentrer pour tenter de voir ce qui se dissimulait derrière cette déclaration. Puis elle poursuivit :

— J'ai pris une bougie et je suis descendue. J'avais déjà ma petite idée sur le plan du château et je comptais sur la chance pour trouver mon chemin. De toute manière, je n'espérais pas vraiment réussir une exploration fructueuse ; je supposais que Guthrie avait fort vraisemblablement fermé la tour à clé. Aussi fus-je à la fois ravie et terrorisée comme un enfant lorsque je constatai que le passage était libre et que je pouvais emprunter l'escalier.

— Vous n'avez rencontré personne ni rien entendu ? On vous posera ce genre de question.

— Rien ni personne. J'ai tenté d'ouvrir une ou deux portes quand je montais. Elles étaient fermées. J'ai donc continué à grimper jusqu'à ce que j'arrive en haut et que je me retrouve dans cette pièce.

Sybil s'interrompit et nous regardâmes autour de nous. L'endroit était sombre, avec des boiseries foncées, et rempli de livres ; selon toute vraisemblance, Guthrie était à la fois un érudit et un poète. Je commençai à examiner les lieux, tant parce que ma curiosité me poussait à découvrir quels avaient été les goûts du défunt que parce que je ne voulais pas avoir l'air d'attendre avec impatience les confidences de Sybil. Sur l'un des murs les étagères étaient divisées en niches ; je m'approchai pour les examiner puis je m'écartai et demandai à Sybil :

— Vous avez fouillé la pièce ?

— Non. Je n'ai pas eu le temps. Je ne me trouvais pas dans le bureau depuis une minute quand j'ai entendu des pas dans l'escalier que je venais de monter. C'était Guthrie.

— Vous avez dû vous sentir gênée, Sybil.

— C'est le moins qu'on puisse dire. Je savais que ma présence ici était injustifiable. Et témoignait d'une mauvaise éducation sans bornes. Et j'avais peur de la réaction du vieux monsieur quand j'en viendrais à lui présenter mes plus plates excuses. Je me rendis compte que j'avais commis une bourde en m'aventurant dans son repaire. Et j'ai perdu la tête.

La tête de Sybil, pensai-je, se trouvait à nouveau et fort heureusement sur ses épaules : elle était aussi calme qu'il est possible de l'être.

— C'était carrément fou, mais je cherchai partout un endroit où me cacher ! Il n'y avait que deux possibilités : la porte qui jouxte celle de l'escalier et cette espèce de porte-fenêtre qui donne sur le chemin de ronde. La première — dont nous savons à présent qu'elle mène à la petite chambre — était fermée à clé ; je n'eus que le temps d'ouvrir l'autre et de m'y faufiler. Ma position n'était pas confortable ; je me retrouvais à l'extérieur, sur une étroite plate-forme, à des dizaines de mètres de haut, par un violent ouragan.

— Entre le Prince de l'Air dedans et ses serviteurs dehors.

— Exactement. J'ai laissé tomber ma bougie dans la neige — elle doit s'y trouver encore — et me suis cramponnée à la poignée de la porte-fenêtre. Il faisait noir comme dans un four et le vent m'engourdissait l'esprit. Plusieurs minutes ont dû passer avant que je comprenne qu'une porte ne pouvait donner directement sur le vide et que je me tenais debout sur autre chose que sur son chambranle. Toutefois je ne pouvais pas refermer convenablement derrière moi et je craignais de perdre l'équilibre si je tirais vraiment fort. J'étais donc d'un côté et Guthrie de l'autre. Il alluma des bougies ici et là. Il fallait soit que je recouvre mon bon sens et aille affronter le châtelain des lieux, soit que je reste où j'étais. Je choisis cette dernière solution.

« Guthrie gagna le bureau qui se trouve au milieu de la pièce, s'assit et enfouit son visage dans ses mains. Deux minutes plus tard — pas davantage — il se ressaisit et dit quelque chose que je ne compris pas. La porte de l'escalier s'ouvrit — elle se trouvait exactement dans mon champ visuel — et un jeune homme entra, sans doute annoncé par Hardcastle, mais je ne vis pas ce dernier. Guthrie se leva, désigna un siège et je l'entendis parler, cette fois assez distinctement.

« — Mr. Lindsay, asseyez-vous, dit-il.

« Malheureusement — je pense que c'est le mot juste — ce fut tout ce que je pus comprendre. Le vent soufflait si fort que le reste de l'entretien eut l'air d'une pantomime. Les deux hommes ont discuté d'un air sérieux pendant un moment...

Je l'interrompis :

— Ils semblaient fâchés, Sybil ?

Elle secoua la tête.

— Absolument pas. J'eus l'impression qu'ils n'étaient pas bons amis — leur conversation paraissait guindée —, mais rien n'évoquait une tension quelconque. Ils étaient peut-être simplement en train de conclure un marché.

— Tel que celui dont nous a parlé Hardcastle ?

— Je suppose.

Sybil se tut un moment comme pour réfléchir à ma question. Elle reprit :

— Finalement, ils se sont levés tous les deux et Lindsay a hoché la tête — d'une façon qui m'a paru à la fois aimable et curieusement décidée —, puis ils se sont dirigés vers la porte...

— Vous ne les avez jamais perdus de vue, Sybil ? Ils ne sont pas allés à l'autre bout de la pièce, par exemple ?

— Je n'ai jamais cessé de les voir. Une fois à la porte, ils se sont serré la main — d'une façon plus polie, dirai-je, que cordiale. Lindsay est sorti et Guthrie a fait demi-tour. L'aspect de son visage m'a choqué. Il paraissait — je ne sais pas comment dire — à la fois tragique et brisé. Je ne l'ai vu que pendant une seconde. Il a tiré une clé de sa poche, a ouvert la porte de la chambre dans laquelle il a disparu en refermant derrière lui. Ce fut une minute ou une demi-minute plus tard, me semble-t-il, que j'entendis un faible cri. J'attendis une minute de plus puis décidai de m'élancer vers l'escalier. Je me trouvais au milieu du bureau quand vous êtes tombés sur moi, Hardcastle et vous.

— Et quand je vous ai interrogée à propos de Guthrie, vous avez dit : « Il est tombé de la tour. » Excusez-moi, Sybil, mais c'est la question qu'on va vous poser : comment le saviez-vous ?

Sybil Guthrie me regarda un moment en silence. Puis elle fit :

— Oui, je vois.

Il y eut un nouveau silence.

— C'était une espèce d'intuition, Noel.

— Vous ne m'avez pas dit l'autre soir que vous n'étiez pas médium ?

Je n'aurais pas dû mettre cela sur le tapis ; je n'étais pas procureur. Mais j'avais le sentiment qu'il était extraordinairement important que Sybil comprenne les risques certains que présentait sa situation. Soudain, elle se mit en colère.

— Je vous ai dit que je le savais, Noel Gylby ! Cette conversation avait, d'une manière ou d'une autre, brisé Guthrie. J'ai lu l'imminence de la mort sur son visage. Et votre arrivée ici après le cri m'a *éclairée*. Guthrie, de toute façon, était en passe de sombrer dans la folie et, quand ses projets ont capoté, il a mis fin à ses jours.

— Vous voulez dire qu'il n'a pas réussi à acheter Lindsay et qu'il n'a pas pu supporter l'idée de perdre sa nièce ?

— Quelque chose comme ça. Et cela devrait être assez tragique pour vous.

Nous étions maintenant perchés côte à côte sur le bureau de Guthrie.

— Eh bien, nous avons fait une répétition fort utile, Sybil, dis-je au bout d'un moment.

Elle tourna la tête et me lança un coup d'œil rapide.

— Qu'est-ce que vous entendez par là ?

— Que nous devons adopter une version revue et corrigée, dis-je doucement.

— En d'autres termes, je mens ?

— Absolument pas. Vos propos pourraient être parole d'évangile. Mais ils sont malheureusement trop beaux pour être crédibles. Votre histoire d'intuition est tout à fait possible. Mais c'est le genre de possibilité qui semble parfaitement incroyable devant un tribunal.

Sybil répéta :

— Oui, je vois.

— Vous vous cachez, Guthrie passe dans la chambre, il y a un cri, nous arrivons et votre esprit fait un grand saut dans l'inconnu — vers la vérité, peut-être. Mais vous voyez à quel point cela pourrait paraître étrange ? Seul le fait que vous n'avez aucun lien avec Guthrie vous protège des soupçons.

Sybil se leva et me fit face :

— Noel, faut-il que je vous dise la vérité ?

— Faites-le, pour l'amour du ciel.

— Vous avez devant vous la châtelaine d'Erchany !

Je bondis.

— Que voulez-vous dire ?

— Je suis l'héritière de Ranald Guthrie.

. . . .

Cette rangée de points de suspension signifie, Diana, que tu es priée de sursauter. Peut-être ne le feras-tu pas — dans la mesure où je ne l'ai pas fait moi-même. J'avais eu vaguement l'impression depuis quelque temps qu'il y avait des points compliqués dans les rapports de Sybil Guthrie avec Erchany et cette impression a probablement marqué le début de mon récit. Ce qui me prit au dépourvu, ce fut le souvenir soudain très net des instants où Sybil et moi nous étions assis chacun sur une aile de ma voiture dans la neige. J'avais aperçu la lumière d'Erchany et déclaré d'un air important que nous devions nous diriger par *là*. Mais j'étais tombé sur elle, en fait, dans le cadre d'un plan plus qu'ingénieux pour forcer les portes d'Erchany — un plan dans lequel elle m'avait superbement introduit sur sa lancée. Je me souviens avec respect des variantes qu'elle a improvisées — quand elle demandait la route du sud d'un air naïf, ou la manière délibérée dont elle a envoyé sa voiture dans le décor. Et n'a-t-elle pas, au moment le plus délicat de son complot, gardé son sang-froid en plaisantant tranquillement sur le texte de *Christabel* de Coleridge ?

Pour autant que j'ai pu m'en rendre compte, c'est une jeune femme extraordinaire.

Je vais me contenter maintenant de donner les grandes lignes de l'histoire. Les Guthrie d'Amérique — à savoir Sybil et sa mère veuve — avaient été financièrement roulées par Ranald Guthrie ; elles avaient entendu des rumeurs selon lesquelles l'homme était fou et irresponsable ; compte tenu des intérêts qu'elles avaient dans ses biens, elles avaient essayé par divers moyens de savoir ce qu'il en était vraiment. Sybil, se trouvant en Angleterre, décida d'enquêter elle-même. Elle a reconnu les lieux voilà quelques semaines puis, quand la neige a commencé à tomber, elle a décidé de tenter sa chance. Ce qu'elle n'avait pas prévu, la pauvre, c'était l'horrible pétrin dans lequel son aventure allait la mettre. À présent, elle est vraiment terrorisée — ce qui prouve son bon sens. En tout cas, sa situation est on ne peut plus extraordinaire.

Mais, si elle a peur, elle n'en demeure pas moins combative. Debout devant la cheminée sans feu dans le bureau de Guthrie et regardant Sybil s'asseoir de nouveau sur la table de travail, je songeai à la devise dont je savais à présent qu'elle était de droit la sienne. *Ne touchez pas au Tigre*. C'était plutôt approprié : le fauve était vraiment aux aguets et j'eus l'impression de ne l'avoir ni touché ni même égratigné — ce qui, en d'autres termes, signifiait que j'en savais très peu sur la jeune fille. Je me doutais seulement qu'elle affronterait le danger si cela s'avérait nécessaire; et je me rendais compte qu'elle pouvait se montrer impitoyable, vraiment impitoyable. Note, Diana, que la séduction de Miss Sybil Guthrie est en quelque sorte l'écho lunaire de celle de Miss Diana Sandys : note-le et garde ton calme.

Elle était perchée sur ce bureau, combative, et n'ayant sûrement pas besoin de l'avertissement que je lui avais donné sur le caractère délicat de sa situation. J'étais intrigué, bien entendu, par l'impression vague qu'elle voyait plus loin que moi — une impression née, je le savais, de quelque association d'idées récente. Une seconde plus tard, je compris : c'était l'œil de Sybil. Elle me regardait et regardait le bureau exactement de la même façon que Guthrie avait, l'autre soir, examiné ses hôtes inattendus. Rien n'aurait pu me rappeler de façon plus spectaculaire qu'il y avait encore un membre de la famille Guthrie à Erchany.

— Qu'est-ce qu'on sait, demandai-je, de votre première reconnaissance des lieux ?

— Je l'ignore. Pas grand-chose. J'ai envoyé un télégramme depuis le pub de Kinkeig pour dire que j'espérais bientôt découvrir quelque chose.

— À qui l'avez-vous adressé ?

— À notre avocat. Il se trouvait alors à Londres mais il est reparti pour les États-Unis. Noel, je crois qu'il me faudrait un avocat ou quelqu'un de ce genre.

— Je pense que c'est le mieux. En fait, vous en avez un. J'ai, moi aussi, envoyé un télégramme.

— Noel Gylby ! Expliquez-vous.

— Je n'aimais pas ça du tout : Guthrie mort, Hardcastle marmonnant qu'il s'agissait d'un meurtre et vous présente dans cette pièce. Nous devons nous protéger, non ? Et j'ai un oncle à Édimbourg en ce moment ; c'est un militaire et il est responsable du commandement territorial de l'Écosse. Il fera en sorte d'envoyer la personne adéquate.

— Ça alors ! Vous avez du toupet et de la tête.

— Vous aussi, Sybil. Et c'est bien ça le problème.

— Oui, je vois.

Il n'y avait rien à ajouter. Je ne pensais pas que quelqu'un pût réellement vouloir pendre Sybil ; j'espérais plutôt qu'on pendrait Hardcastle, encore que je ne visse pas très bien comment. Cette réflexion m'amena à poser une question :

— Sybil, vous m'avez dit n'avoir jamais perdu de vue Guthrie et Lindsay ? Vous avez vu Guthrie sonner, aller à la porte et crier à Hardcastle de m'inviter à monter ?

Pour la première fois depuis notre rencontre, la jeune fille parut vraiment effrayée ; je constatai que j'avais abordé là un point qui lui avait échappé.

— Où se trouve la sonnette ? demanda-t-elle.

— Au-dessus de la cheminée.

— Alors Guthrie n'a pas sonné. Pas plus qu'il n'est allé à la porte ni qu'il a appelé. Hardcastle a menti.

— Et Hardcastle a blêmi en vous trouvant ici. En fait, il avait un plan. Venez par ici.

Je l'amenai jusqu'à l'une des encoignures que j'avais

explorées plus tôt. Il y avait là un vieux secrétaire dont un tiroir avait été forcé brutalement. Ce tiroir était vide, exception faite de quelques pièces d'or éparpillées.

— La boîte à joujoux de l'avare, dis-je, mais les jouets se sont envolés.

Tout en parlant, je regardais Sybil. Elle avait pâli. Elle resta silencieuse un long moment ; puis elle dit :

— Non... non. Je ne vois pas.

Ce qui était exactement le contraire de la phrase qu'elle avait le plus souvent répétée depuis le début de notre entretien.

Elle fronça les sourcils.

— Et même si...

Elle s'interrompit et je constatai qu'elle mettait désespérément à contribution son esprit et peut-être sa mémoire.

— Je n'ai pas pu me tromper.

Et elle se détourna du tiroir dévalisé.

— Bien entendu, Noel, cela complique le puzzle, mais sans poser un nouveau problème.

Je dus marquer mon étonnement devant ces propos quelque peu énigmatiques, car Sybil me sourit tout en allant jeter sa cigarette dans la cheminée.

— Noel, à quoi ressemble votre avocat ? J'ai plutôt hâte de le voir.

Elle s'étira en affectant une paresse élégante puis ajouta :

— Et j'ai bien envie d'aller dormir.

— Allez-y. Vous disposez de quelques heures avant le début des hostilités. Je vous accompagne à votre chambre.

Elle fit non de la tête.

— Inutile de descendre, Noel Gylby. Le fantôme de Guthrie ne me fait pas peur ; comme vous le savez, je ne suis pas vraiment romanesque. Mais je suis contente que vous ayez démoli ma voiture. Bonne nuit.

Et ce fut ainsi que je me retrouvai seul maître du donjon de Ranald Guthrie. Et c'est là que je griffonne comme Pamela[1] — laquelle, tu t'en souviens, écrivait des milliers et des milliers de mots à chaque fois que son maître tentait d'attenter à sa vertu. J'ai toujours aimé Pamela et je sais maintenant pourquoi : j'ai la même démangeaison — la sienne, veux-je dire, pas celle de son maître. Comme on disait à l'historien de l'Empire romain : « Gribouillez, gribouillez, Mr. Gibbon ! » L'anecdote est belle mais je l'ai oubliée. Je suis fatigué. Considère que ces dernières lignes sont écrites dans un demi-sommeil.

Bientôt, je le suppose, Tammas va ramener quelques courageux représentants de la loi et de la médecine dans ce château dément. Crazycastle, Dampcastle, Coldcastle, Hardcastle. Hardcastle... grrr !

Bonne nuit, ma dame, bonne nuit, tendre dame, bonne nuit, bonne nuit.

Noel Yvon Meryon GYLBY.

1. Héroïne du roman de Samuel Richardson *Pamela ou la vertu récompensée* (1741). (*N.d.T.*)

III

LES INVESTIGATIONS D'ALJO WEDDERBURN

I

Je dois commencer ma contribution à ce récit des événements bizarres qui se sont produits au château Erchany par une confession. Dès le début, j'ai éprouvé les doutes les plus graves — des doutes dont je ne puis en conscience dire que les événements ultérieurs les aient dissipés — sur le point de savoir si, pour reprendre les propos du jeune Gylby, « on avait envoyé la personne adéquate ».

Les lecteurs qui connaissent les institutions légales des îles Britanniques n'ignorent certainement pas que la Société des avoués d'Édimbourg s'occupe pour l'essentiel des aspects les plus tranquilles, les plus confortables, les plus civilisés de la loi. Et je puis ajouter en toute modestie que le cabinet Wedderburn, Wedderburn et McTodd a amplement contribué à cette respectable tradition. Nous n'importunons jamais nos clients par des initiatives visant à mener leurs affaires à leur terme, parce qu'il va de soi que les passions d'aujourd'hui sont les folies oubliées de demain et qu'une sage inaction relève de l'essence même d'une pratique légale respectueuse des traditions. De même se trouvent-ils rarement exposés aux incertitudes d'un procès, car les relations harmonieuses et profitables entre avoué et client ne peuvent être troublées que par l'intrusion — toujours accompagnée d'importantes exigences financières — de nos distingués confrères de la faculté des avocats. Les plaisirs de la rédaction des actes de cession de propriété — science souvent du plus grand intérêt du point de vue archéologique — joints à la gestion discrète des banqueroutes, des pensions alimentaires, des démences et des irresponsabilités pour le compte des meilleures familles écossaises constituent l'essentiel de nos activités depuis plusieurs générations. Et nous répugnons donc tout particulièrement à nous montrer sous la lumière crue d'un procès d'assises.

Après cette remarque liminaire — destinée, je l'espère, à éviter toute éventuelle erreur d'interprétation — je vais aborder les faits, pour reprendre l'expression employée par mon digne ami Ewan Bell, *in medias res*. Dans l'après-midi du jour de Noël autour duquel se centre cette chronique, et alors que j'avais envoyé ma famille à la pantomime — genre de divertissement que, je l'avoue, je ne prise guère —, je gagnai le Mound et entrai dans la bibliothèque de la Société des avoués, en me promettant d'y passer quelques heures d'étude tranquilles : il pourra intéresser certains de mes lecteurs de savoir que j'espère publier prochainement une monographie intitulée *Run-rig, In-field and Out-field in the Scottish Land Courts of the Eighteenth Century*[1]. J'étais en train de consulter un passionnant article du savant Dr Macgonigle dans la *Scottish Historical Review* quand mon chauffeur vint m'interrompre pour m'informer que le général Gylby avait téléphoné chez moi à

1. Qu'on pourrait traduire par « Statuts des terrains en culture et en jachère devant les tribunaux territoriaux écossais au XVIIIe siècle ». (*N.d.T.*)

propos d'une affaire d'une extrême urgence et qu'il attendait mon retour.

Gylby et moi avions chassé ensemble dans le Morayshire et il avait quelques titres à mon amitié ; j'étais bien conscient, de surcroît, que la sœur de sa femme était fiancée au jeune comte d'Inverallochy : je remerciai donc mon domestique de m'avoir prévenu et regagnai mon domicile en voiture.

Il est à peine nécessaire d'informer le lecteur que l'affaire du général Gylby concernait un télégramme qu'il avait reçu de son neveu : ce jeune homme, ainsi qu'une de ses amies, se trouvait mêlé à une histoire à la fois violente et mystérieuse — et cela d'une telle façon qu'une consultation juridique immédiate s'imposait. Le télégramme était court et, par force, obscur et, n'eût été le risque de vexer le général, je crois bien que je me serais contenté de lui recommander quelque jeune avocat compétent sans lien avec notre cabinet. Telles que les choses se présentaient, toutefois, je résolus de l'adresser à mon neveu Aeneas. Ce dernier était depuis quelques années mon jeune associé et il faut bien admettre que, pendant cette période, il avait manifesté un flair exceptionnel pour ces à-côtés pittoresques de la loi que nous nous sommes toujours efforcés d'éviter. Lorsque Mrs. Macrattle de Dunk avait empoisonné son premier garde-chasse en injectant du désinfectant pour mouton dans une panse de brebis farcie avec la seringue hypodermique du médecin local, c'était Aeneas qui avait résolu le problème. Quand Macqueady avait été spectaculairement traîné en justice pour avoir fait sauter une mine sous une réception organisée par son épouse, ce fut Aeneas qui suggéra à l'avocat l'argument, qui emporta la décision, selon lequel il ne s'était pas agi d'autre chose que d'une expérience géologique de nature purement scientifique. De ce fait, Aeneas semblait être l'homme de la situation pour le neveu du général; et dès le soir du jour de Noël il partit pour Dunwinnie. On imaginera mon trouble lorsqu'un télégramme m'apprit le lendemain matin qu'au cours d'un changement rapide de train à Perth il avait glissé sur la glace et s'était cassé une jambe. Inutile que je rapporte ici mes tentatives pour trouver une solution de rechange. Elles échouèrent; nous étions engagés vis-à-vis du général Gylby; l'après-midi même je partis à mon tour pour Dunwinnie.

Il m'est impossible de dissimuler que j'étais d'une humeur considérablement chagrine lorsque je me hissai dans mon wagon à la Caledonian Station — ni que mon ennui s'accrut plus qu'il ne diminua lorsque je découvris que je partageais mon compartiment avec mon vieux camarade d'école Lord Clanclacket. Avec tout le respect qu'on doit à un juge, il faut bien dire franchement que Clanclacket est un raseur. Non pas seulement un raseur ordinaire, mais un raseur réfrigérant : le dernier individu qu'on choisirait comme compagnon de voyage pour un trajet aussi ennuyeux que glacial en soi.

Clanclacket ne parla que lorsque nous fûmes arrivés sur le Forth Bridge.

— Alors, Wedderburn, vous allez dans le Nord?

C'est avec des questions d'une pertinence de ce niveau que Clanclacket prend au piège dans son tribunal de jeunes avocats sans expérience. J'admis brièvement que j'allais dans le Nord et me risquai à supposer qu'il en était de même pour lui.

— Une semaine de repos dans le Perthshire, dit-il. Vous prenez des vacances, Wedderburn?

— Déplacement professionnel — une sorte d'affaire de famille. Remarquez, Clanclacket, que la flotte est au port. Je me demande si c'est le *Renown* qui est mouillé devant Rosyth?

Mon compagnon, comme je le craignais, affecta de s'intéresser un moment à ces sujets maritimes. Nous cahotions encore entre les cantilevers du pont lorsqu'il revint à la charge :

— Où descendez-vous ?

— Je change à Perth. Permettez-moi de vous offrir le *Blackwood's*.

Clanclacket prit le journal — que je ne lui avais proposé, je dois l'avouer, qu'à mon grand regret — et entreprit d'en étudier la couverture comme s'il s'était agi d'un document hors du commun présenté à titre de preuve. Puis il remarqua lourdement :

— Ah, le *Blackwood's*. Merci. Excellent. Très bon.

Puis il rangea soigneusement le journal — si soigneusement même qu'il ne serait pas malvenu de dire qu'il s'assit dessus.

— Vous disiez, Wedderburn, que vous changiez à Perth pour... ?

— Dunwinnie.

— C'est là que vous avez affaire ?

— *Mon* affaire, mon cher Clanclacket, se situe là, ou dans les environs.

Quelques minutes durant, la sécheresse de ma riposte le fit se tenir coi, mais nous étions à peine à hauteur de North Queensferry qu'il recourait à une autre tactique.

— Hum, oui... Dunwinnie. Un endroit superbe. Je n'y suis jamais allé, mais je connais pas mal de gens dans le coin. Les Fraser de Mervie, ça vous dit quelque chose ?

— Non.

— Les Grant de Kildoon ?

— Je crois avoir rencontré le colonel Grant. Mais nous ne sommes pas liés.

— Les Guthrie d'Erchany ?

— Je n'ai jamais, je crois, croisé un membre de cette famille.

— La vieille Lady Anderson de Dunwinnie Lodge ?

— C'était une amie de mon père. Mais notre cabinet

n'a jamais travaillé pour elle et je ne sais même pas si nous nous sommes jamais rencontrés.

Clanclacket se replongea pendant quelques minutes dans un silence un peu déconcertant. J'avais dépassé le point dangereux, me félicitais-je, en employant une formule suffisamment précise. Mais il tenta autre chose.

— Je m'interroge sur les autres familles des environs. Vous les connaissez ?

Ce fut avec une intense satisfaction que je répliquai :

— Je n'ai de lien avec aucune d'entre elles.

Ce qui lui cloua le bec — comme dirait Aeneas. Et, contrarié dans ses efforts pour obtenir des renseignements, il changea son fusil d'épaule pour en fournir :

— En ce qui concerne les Fraser de Mervie, dit-il, je pourrais vous raconter certains épisodes curieux...

Il s'agissait du préambule habituel de Clanclacket à un long discours ; pendant plus d'une heure, nous suivîmes les excentricités des Fraser de Mervie et de leur famille sur l'ensemble de la planète. Clanclacket est une véritable encyclopédie sur ce genre de questions et, tandis que le sujet des Fraser commençait à donner des signes d'épuisement, je me dis que cette science, si je savais l'exploiter habilement, pourrait s'avérer d'une utilité immédiate pour moi.

— Clanclacket, dis-je comme si j'étais pris d'un intérêt soudain pour ces ragots, vous en savez beaucoup sur les Grant de Kildoon ?

Il me regarda d'un air soupçonneux.

— Non, dit-il. Non ! Rien du tout. Mais si vous m'interrogiez sur les Guthrie d'Erchany...

Je m'efforçai d'arborer l'expression que j'avais affichée pour écouter le récit des fredaines des Fraser, bien que je fusse animé de sentiments tout autres. Ce que je savais de Mr. Guthrie d'Erchany, le mort chez qui je me rendais à présent, se limitait à l'information, glanée dans un coin du *Scotsman* du matin, selon laquelle il était tombé d'une tour pendant la nuit de Noël et cela dans des circonstances qui exigeaient une enquête. Tous les renseignements que je pourrais recueillir de la manie anecdotique de Clanclacket sur le caractère et les relations de ce malheureux personnage se révéleraient probablement utiles. Je dois confesser que je simulai un bâillement tout en demandant d'un air indifférent :

— Ce sont des gens intéressants ?

— Ils sont intéressants depuis des siècles ! Prenez par exemple Andrew Guthrie, plus connu sous le nom de Guthrie le Sanglant, qui périt à Solway Moss..

Il ne faisait pas l'ombre d'un doute, me dis-je quelque quarante minutes plus tard alors que la chronique de mon compagnon abordait le XVIIIe siècle, que ces Guthrie d'Erchany étaient des gens intéressants ; il était même improbable qu'on pût trouver une autre famille écossaise de la petite noblesse qui présentât un passé aussi pittoresque. Mais, en la circonstance, mon souci était contemporain et je m'armai de patience en attendant que Clanclacket parvînt à la génération actuelle et à ses prédécesseurs immédiats. Tandis que le soir tombait et que nous filions vers le nord à travers un paysage enneigé, je n'avais pas tendance à trouver la mission dans laquelle j'étais engagé moins déplaisante et moins ennuyeuse ; pourtant je déplorais presque la vitesse à laquelle nous roulions, car je craignais que nous ne parvenions à Perth avant d'en arriver à Mr. Ranald Guthrie.

— ... Et prenons le cas de Ranald Guthrie, le châtelain actuel. Une fois de plus, on retrouve le même tempérament morbide — et, je crois, sous une forme aggravée. Je crois...

Et ici Clanclacket baissa la voix et jeta un coup d'œil dans le couloir pour vérifier que personne ne l'entendait.

— Je crois qu'il a des goûts artistiques.

— Mon Dieu !

— Mais nous devons être précis, Wedderburn ; nous devons toujours l'être. Je m'empresse donc d'ajouter que cette tendance à l'art peut fort bien appartenir au passé.

— J'en suis convaincu, Clanclacket.

— Eh, qu'est-ce à dire ? Vous ne connaissez rien à la question, mon ami. Je vous explique que, jeune homme, Ranald a quitté le domicile familial pour monter sur les planches.

— Ah !

— Exactement. Une hérédité particulièrement instable. Mais nous devons être honnêtes, Wedderburn ; nous devons toujours l'être. Il était fort jeune. Et on le récupéra. Au bout de quelques mois — un an peut-être —, on remit la main sur lui et on l'envoya outre-mer. Visiblement, la vie aux Colonies était l'unique solution. On choisit l'Australie ; laquelle présente sur le Canada l'avantage de se trouver trois ou quatre fois plus loin. Mais Ranald n'apprécia pas. À peine en vue du port de Fremantle, il tenta de se suicider.

— Mon Dieu ! Je suppose que tout cela n'est que vieux ragots ? Il serait difficile, par exemple, de prouver l'existence de cette tentative de suicide ?

— Vraiment, Wedderburn, vous devriez savoir que je ne colporte jamais de ragots. Il s'agit de faits qui m'ont été communiqués sous le sceau du secret. Pour aussi vieille que soit cette histoire, et pour aussi lointain l'endroit où elle s'est passée, je pourrais vous trouver un témoin oculaire demain. Ranald Guthrie, je l'ai dit, a voulu se noyer et il n'a dû la vie qu'au courage de son frère aîné.

— Il avait donc un frère qui l'accompagnait en Australie ?

— Ian Guthrie. Il avait lui aussi posé quelques problèmes. Rien de très sérieux, je crois ; je n'ai pas la preuve qu'il ait souffert d'un tempérament artistique. Il s'agissait peut-être tout simplement d'une histoire de femme. Nous devons être honnêtes. Et je ne crois pas qu'il y ait eu de scandale avéré. On a généralement supposé que les deux frères avaient été envoyés outre-mer parce qu'ils refusaient de devenir prêtres. Bien entendu, lorsque Ranald a hérité, il est rentré au pays.

— Ian était mort ?

— Oui. Il y eut une espèce de tragédie. Je crois que les deux frères prospectaient ou exploraient et que Ian s'est égaré. Une équipe de secours a retrouvé son corps par la suite. Ranald, qui est, comme je l'ai dit, un personnage instable, en est tombé malade.

— Malade ?

— *Gravement* malade. Une fois de retour, il a adopté un mode d'existence très particulier. Je crois savoir qu'il s'y tient toujours et qu'il vit en avare et en reclus.

— Vivait.

— Je vous demande pardon, Wedderburn ?

— Ranald Guthrie vient de mourir. Et nous voici à Perth. Je crains d'être pressé. Priez pour lui, Clanclacket, gardez le *Blackwood's*. Au revoir.

II

De Perth à Dunwinnie, on avait enlevé la neige de la voie ferrée, mais incomplètement, tant et si bien que mon train prit plus d'une heure de retard. Une fois arrivé, de surcroît, j'éprouvai les plus extrêmes difficultés à trouver un chauffeur qui consentît à affronter les risques d'une course nocturne à Kinkeig. J'appris que le Dr Noble était passé, ainsi que la police et le shérif, et que le bruit courait que, d'après le shérif, il était nécessaire d'ouvrir une enquête sur les circonstances du décès de Mr. Guthrie. J'en déduisis qu'il fallait aller de l'avant et ayant obtenu une réduction du tarif exorbitant d'abord demandé, bien que la somme à laquelle je transigeai constituât encore une belle indemnité, je réussis à atteindre Kinkeig sans incident notable peu avant onze heures du soir. C'était un très modeste hameau et je m'estimai heureux de trouver un hébergement simple mais pratique dans une auberge laconiquement baptisée les *Arms*.

Mon client que je supposais être le jeune Mr. Gylby se trouvait toujours à Erchany et je me proposai de m'y rendre — d'y entrer, plutôt — dès le lendemain matin. Je disposerais alors de renseignements précis. D'ici là, il me paraissait sage de ne pas négliger la rumeur publique. Je gagnai le salon — le bar était bien entendu fermé — et j'agitai la sonnette. La patronne du lieu, une certaine Mrs. Roberts, apparut et je lui dis :

— Voudriez-vous être assez aimable pour m'apporter...

— Ce dont vous avez besoin, m'interrompit Mrs. Roberts d'une voix ferme, c'est d'un bon bol de lait malté.

Il y a chez les juristes une maxime selon laquelle aller dans le sens des excentricités d'un témoin est le plus sûr moyen de lui arracher la vérité.

— C'est exactement, dis-je, ce que j'allais vous demander. Ayez donc la bonté, s'il vous plaît, de m'apporter un bon bol de — euh — lait malté.

Mrs. Roberts fit diligence et il n'est que juste de dire que la boisson avec laquelle elle revint n'était pas imbuvable. En outre, elle se montra d'humeur loquace et, au cours de la demi-heure suivante, j'entendis sur l'affaire d'Erchany quantité d'informations qui, par moments, me firent ouvrir tout grands les yeux. Vingt-quatre heures plus tôt j'étais encore absorbé par l'étude tranquille des terres en labour et des terres à l'engrais au

XVIIIe siècle. Et voilà qu'à présent je me trouvais confronté à une histoire possédant toutes les caractéristiques de ce que les lettrés appellent un drame à la Sénèque : vengeance, meurtre, mutilations et même un fantôme. Dois-je avouer que je sentais frémir en moi comme un soupçon du caractère de mon neveu Aeneas tandis que j'écoutais et qu'on aurait pu noter une accélération du pouls de l'aîné des associés de Wedderburn, Wedderburn et McTodd ? J'ai toujours ressenti une bizarre attirance pour les romans policiers — un genre de fiction populaire qui a autant de rapports avec l'univers du crime réel que la poésie pastorale avec l'économie rurale — et pendant que je prêtais l'oreille à la bonne Mrs. Roberts, j'avais l'impression de me trouver plongé en pleine confusion des genres. La mort de Mr. Guthrie était un fait, mais elle s'inscrivait dans un contexte fantastique qui aurait pu être le fruit d'un esprit littéraire capricieux et irresponsable. Ou peut-être était-ce plutôt à l'imagination populaire et à son instinct pour les bizarreries que j'avais affaire. Écouter Mrs. Roberts revenait à écouter la voix de la rumeur, peut-être la faculté innée des gens simples à fabriquer des mythes. Vengeance, meurtre, mutilations et fantôme — tout cela s'ajoutait, en somme, aux légendes romanesques sur les Guthrie dont Clanclacket m'avait entretenu plus tôt dans la journée.

Vengeance et meurtre. Un certain Neil Lindsay, jeune homme sans principes et à l'âme cruelle, avait décidé de reprendre à son compte et de perpétuer une vendetta immémoriale avec les Guthrie. Il avait mené la chose à terme en précipitant Ranald Guthrie d'une haute tour à minuit pendant la nuit de Noël, avait volé une grosse somme en or, et s'était enfui en compagnie d'une jeune femme présentée tour à tour comme la pupille, la nièce, la fille et la maîtresse de son ennemi.

Mutilations et fantôme. Non content d'avoir commis

ces actes abominables, le jeune Lindsay s'était interrompu dans sa fuite pour infliger un outrage plus affreux encore au cadavre de Guthrie, en lui coupant plusieurs doigts, rappel macabre de quelque incident sauvage survenu cinq cents ans plus tôt entre les deux familles. Et ce crime effroyable et pervers criait à son tour vengeance ; à minuit, le soir du jour de Noël, le fantôme de Ranald Guthrie avait parcouru Kinkeig, en agitant ses mains mutilées en direction de la lune. Il hurlait l'horreur de l'enfer d'où il était sorti pour revenir sur terre quelques heures.

J'ai résumé ici en quelques phrases le récit de Mrs. Roberts ; les rumeurs sont toujours diffuses. Mais j'étais, comme je l'ai indiqué, curieusement attiré par son histoire qui, malgré son incohérence, présentait une sorte de logique imaginative qui trahissait la conviction. Je constatai que je devais faire un effort pour la juger d'un point de vue critique — et noter, par exemple, l'intéressante rapidité avec laquelle la légende s'enjolivait d'ajouts surnaturels. Modeste connaisseur du folklore que je suis, je pensais que cet aspect des réactions de Kinkeig à la mort du châtelain valait qu'on s'y attardât un moment.

— Mrs. Roberts, demandai-je, beaucoup de gens ont-ils vu le fantôme ?

— Ma foi oui.

— Vous-même ?

— Non, ma foi !

Mrs. Roberts paraissait terrorisée à cette simple idée.

— Qui donc alors ?

Mrs. Roberts étudia la question.

— Mrs. McLaren, la femme du forgeron, doit être la première. La pompe de sa cour avait gelé et elle descendait la rue pour aller chercher de l'eau quand elle a vu cette chose bizarre dans le clair de lune, juste devant elle. La pauvre a poussé un hurlement que la moitié de

Kinkeig a entendu. Il ne pourrait pas y avoir de meilleure preuve que ça.

Mrs. Roberts devait avoir flairé une note sceptique dans mes questions car elle cita le cri de Mrs. McLaren d'un air triomphant.

— Pas forcément, Mrs. Roberts. Et qu'est-il arrivé ensuite ?

— La McLaren se trouvait devant la maison d'Ewan Bell, le savetier. Terrorisée, elle s'est précipitée chez lui. Il l'a accueillie bien sûr.

— Et Mr. Bell a vu l'apparition ?

— Non.

— Mrs. McLaren voit-elle souvent des fantômes ?

Cette question choqua considérablement mon hôtesse.

— Demander ça n'est pas sérieux, monsieur ! C'est une Écossaise respectable et elle a le don de seconde vue ; elle avait d'ailleurs prédit que l'idiot d'Erchany traverserait la campagne couverte de neige pour venir annoncer la mort de Guthrie. Et elle savait aussi que Guthrie avait le mauvais œil.

— Donc, pour reprendre vos propres mots, Mrs. Roberts, on ne pourrait pas avoir de meilleure preuve que ça. Qui d'autre a rencontré le fantôme ?

Mrs. Roberts me décocha un regard soupçonneux.

— Ça pourrait bien être Miss Strachan, l'institutrice.

— Miss Strachan. Savez-vous si cette Miss Strachan avait une raison quelconque de penser à Erchany et à ses affaires ?

La méfiance de Mrs. Roberts se mêla soudain de respect.

— Ma foi, quelle drôle de question ! C'est cette jeune Strachan qui a rencontré récemment à Erchany, dans des circonstances pénibles, le châtelain.

— Bien. Et qui d'autre encore a vu le spectre de Mr. Guthrie ?

Mrs. Roberts parut envahie par le doute.

— C'est-à-dire que je ne suis pas certaine que...

— Bref, personne d'autre? Simplement ces deux femmes et non, comme vous le suggériez, un certain nombre de gens?

Cet interrogatoire me remplissait de remords. Mrs. Roberts paraissait vraiment déconcertée.

— Non, dit-elle. Je suppose que personne d'autre ne l'a vu vraiment. Sauf, bien entendu...

Nous fûmes interrompus par l'entrée du mari de la dame qui semblait en train de fermer l'auberge pour la nuit.

— Mr. Wedderburn, dit-il, vous voulez sûrement boire un coup avant d'aller au lit? Et ce sera un grog, je pense, par ce temps de chien?

Mrs. Roberts s'empara de mon bol.

— Mr. Wedderburn, vous prendrez bien un autre lait malté?

Je devinai là un conflit conjugal dont je répugnais à me mêler; en marmottant un grognement incompréhensible, je pris ma bougie et montai me coucher. Mais je crois vraiment qu'en dépit de ma destruction, fort satisfaisante, de l'élément surnaturel dans l'histoire de Mrs. Roberts je m'attendais à moitié à rencontrer le fantôme de Ranald Guthrie dans le couloir.

Ce fut une clameur qui me réveilla au matin; bondissant à la fenêtre, je compris que tout ce remue-ménage était le fait de la jeunesse de Kinkeig et avait pour motif l'apparition au bout du village d'un jeune homme grand et mince, doté de cette élégance qui défie la fatigue et se moque du désordre vestimentaire. Il portait sur l'épaule — et c'était cela la cause première de l'excitation juvénile qui m'avait tiré du lit — des trucs que je finis par identifier : il s'agissait d'une paire de skis et de leurs bâtons. Il fallait supposer qu'il s'agissait d'un visiteur venu d'Erchany; je m'habillai et descendis rapidement. Comme je l'avais prévu, le jeune homme m'attendait. Il s'avança et se présenta :

— Je suis Noel Gylby. Je crois que vous devez être...

Je m'attendais à ce qu'il ajoutât « la personne que m'envoie mon oncle ».

Mais il conclut :

— ... le gentleman qui a été assez bon pour consentir à venir nous aider.

— Je me nomme Wedderburn, dis-je. Et je suis là pour vous fournir toute l'assistance possible.

Chaudement, mais non sans la déférence propre à la jeunesse, Mr. Gylby me serra la main.

— Eh bien, monsieur, dit-il, commencez donc par m'offrir le petit déjeuner.

Au cours de l'heure qui suivit, je constatai que Noel Gylby — tout en n'étant certes pas inconscient de son charme — était un jeune homme agréable et intelligent. Il me fit un récit très vivant de ce qui s'était produit à Erchany — et parfois, comme dirait Aeneas, mon neveu, « pas piqué des hannetons ». C'était à la fois digne de confiance et clair : j'en pris bonne note pour le cas où, le moment venu, il serait appelé à la barre, car il ferait un excellent témoin. Mieux, une extraordinaire bonne fortune voulait qu'il ait tenu son journal à Erchany. Il eut la gentillesse de me le confier et je le lus aussitôt. Je n'y ajouterai qu'une note concernant les événements qui se sont produits après les dernières lignes de son récit.

L'homme à tout faire simple d'esprit d'Erchany — le « simplet », pour faire couleur locale — était arrivé à Kinkeig peu après l'aube du jour de Noël, comme l'avait prévu Gylby. Il était si totalement épuisé qu'il lui fallut un certain temps avant de pouvoir s'expliquer. Et ce ne fut qu'entre neuf et dix heures du matin qu'on prit des mesures efficaces. Il fallut trouver un volontaire pour aller à Dunwinnie prévenir le médecin, car la ligne téléphonique avait été coupée pendant la nuit. Mais il fallait sans doute prévoir un retard supplémentaire ; la route la plus pratique que pouvait emprunter le Dr Noble pour gagner Erchany longeait le cours gelé du loch Cailie et il paraissait fort peu probable qu'on pût lui préparer un véhicule avant quelques heures. Un délai semblable fut nécessaire pour joindre le château Erchany. Le policier de Kinkeig doutait fort raisonnablement de pouvoir y parvenir sans Tammas et il fallait laisser à celui-ci le temps de récupérer. Il partit enfin, avec Tammas et deux robustes gaillards peu après midi — cette escorte étant justifiée, on peut le supposer, par le fait que le policier avait l'impression qu'il allait donner l'assaut à une forteresse en proie à la plus noire des magies noires. Ils réalisèrent un temps remarquable puisqu'ils arrivèrent à Erchany quelques minutes après quatre heures. L'agent de police examina la tour et le corps, recueillit des témoignages, empocha les clés et but du thé — à ce moment-là il était trop tard pour envisager de repartir en toute sécurité. L'un des garçons, cependant, était résolu à s'en aller le soir même — il devait avoir rendez-vous avec sa petite amie, avait supposé Gylby. Il finit par partir seul et eut la chance d'atteindre Kinkeig, sain et sauf, vers neuf heures en apportant avec lui le rapport préliminaire du policier. La ligne téléphonique avait été réparée entre-temps et la police de Dunwinnie avait reçu — selon toute vraisemblance par le truchement de la postière, Mrs. Johnstone — tous les renseignements disponibles. Dans l'intervalle, le Dr Noble était arrivé au château par la route du loch ; comme l'agent de police et le second des hommes venus de Kinkeig, il avait passé la nuit sur place.

Jeudi 26 décembre, c'est-à-dire le jour de mon propre voyage vers le nord, arrivèrent des policiers et le shérif du comté, personnage d'esprit aventureux qu'attirait l'existence d'un mystère si profondément enfoui dans les neiges. Il partit de Kinkeig, abandonna son secrétaire à mi-chemin, parvint au château, prit des notes, annonça qu'il allait ouvrir une enquête, repartit, trouva son malheureux collaborateur en fort mauvais état, le chargea sur ses épaules et le ramena au village. Il avala ensuite un souper dont, par la suite, Roberts me décrivit les détails, crucifia Mrs. Roberts en sifflant une bouteille et demie de mauvais bordeaux, puis regagna Dunwinnie par la route, après avoir promis d'envoyer des chasse-neige le lendemain. J'avoue que j'insère ici ces détails non pas tant pour l'intelligence de mon récit que pour donner une idée de la loi et de ses serviteurs dans le nord des îles Britanniques.

Gylby en vint alors à expliquer sa propre apparition. Il avait remarqué les skis au milieu du fouillis qui encombrait la petite chambre du donjon et, se souvenant que la route de Kinkeig descendait et que les pentes enneigées n'étaient pas trop boisées, il avait persuadé la police de le laisser les emprunter. L'expédition avait été couronnée de succès et lui avait donné, remarqua-t-il avec satisfaction, un appétit d'ogre. Il regrettait seulement qu'il n'y ait pas eu une deuxième paire de skis pour ma cliente, Miss Sybil Guthrie — laquelle, en tant qu'héritière d'Erchany, attendait impatiemment l'arrivée de son conseil.

Je commençais à me résigner à la perspective d'un voyage plus pénible qu'il n'aurait convenu à mon âge quand un nouveau vacarme, plus bruyant encore, secoua le village : les chasse-neige promis arrivaient. Ces deux engins, d'un type moderne et puissant, passèrent devant nous en vrombissant puis disparurent sur la route d'Erchany. J'avais gardé ma voiture de location ; nous n'avions donc rien d'autre à faire que d'y monter et de suivre confortablement et à notre rythme. En apprenant que le corps serait amené au village dans l'après-midi et que l'enquête se déroulerait au presbytère préalablement à l'inhumation, j'avais en effet jugé prudent d'aller tout de suite au château. J'avais des instructions à recevoir et des observations à faire avant de pouvoir affronter en toute confiance les formalités légales de l'après-midi. Gylby, qui ressemblait vaguement à un gardien de phare après la relève, une relève effectuée dans des conditions difficiles, semblait prêt à rester en tête à tête avec les galettes d'avoine et la marmelade. Avec un rien de persuasion, je réussis à le faire bouger un peu avant la demie de neuf heures. Nous allions quitter l'auberge quand Mrs. Roberts apparut et me demanda — avec un intérêt manifeste — si je voulais voir un visiteur, l'homme chez qui s'était réfugiée Mrs. McLaren, Ewan Bell. Il m'était difficile de refuser; Gylby déclara, par politesse, qu'il allait au village acheter du tabac; le nouveau venu se trouvait déjà, quant à lui, dans mon salon privé.

Mr. Bell me pardonnera si je me risque à le décrire comme un personnage à la fois vénérable et magnifique. La meilleure image que je puisse offrir au lecteur est peut-être celle d'un athlète qui, l'âge de la retraite venu, aurait embrassé la profession de patriarche biblique : il avait des épaules de forgeron plus que de cordonnier; son visage exprimait la sévérité bienveillante d'un pilier de l'Église écossaise croqué par le crayon d'un Wilkie. Il s'inclina gravement devant moi et me dit avoir cru comprendre que je représentais les intérêts de la famille dans cette triste affaire.

— Je suis l'avoué de Miss Guthrie, Mr. Bell. Comme vous le savez sans doute, il s'agit de la jeune Américaine qui se trouvait au château lors de la mort de Mr. Guthrie.

— Et qui est sans doute, monsieur, apparentée au châtelain ?

Je scrutai Mr. Bell. Il avait l'air d'un vieil homme conscient et responsable, et non de quelqu'un qui avait simplement envie de bavarder.

— Miss Guthrie est une parente du défunt et le domaine l'intéresse de près.

Une fois encore, Ewan Bell inclina gravement la tête.

— Je voudrais, Mr. Wedderburn, évoquer le cas des deux jeunes gens qui ont disparu — Miss Mathers et le jeune Lindsay. Je pense que si on envisage la possibilité d'autre chose que d'un accident à Erchany c'est en raison du caractère étrange de leur départ.

— Leur disparition constitue certainement une circonstance digne d'être relevée.

Mon visiteur soupesa avec soin cette réponse pour le moins réservée. Puis il déclara :

— Ce que je suis venu vous dire, c'est qu'ils sont partis à la demande du châtelain.

— Vous m'intéressez, Mr. Bell. Puis-je vous inviter à prendre un petit remède contre le mauvais temps ?

Avec une sévérité qui donna à son accord l'allure d'un refus solennel, Mr. Bell accepta de boire un verre. Mrs. Roberts vint nous servir — je crains que cela n'ait confirmé la piètre opinion des hommes de loi qu'elle avait commencé à se forger en constatant l'intérêt du shérif pour le bordeaux. Mr. Bell ne s'interrompit que pour porter un toast avant d'exhiber la lettre de Christine Mathers, qui a été reproduite plus tôt dans ce récit. Je la lus et la relus une deuxième fois avec la plus grande attention.

— Mr. Bell, ceci est un document d'une extrême importance. Vous l'avez déjà montré à la police ? dis-je enfin.

— J'ai pensé, Mr. Wedderburn, qu'il valait mieux que je demande d'abord l'avis d'une personne aussi qualifiée que vous.

— C'était raisonnable. Mais vous devez remettre cette lettre à la police avant l'enquête. Maintenant pourriez-vous me raconter les circonstances dans lesquelles elle vous est parvenue ?

Bell évoqua rapidement sa rencontre avec Christine Mathers, rencontre qu'il a décrite en détail dans son compte rendu écrit. Tant les faits que l'interprétation personnelle que semblait leur donner le cordonnier de Kinkeig m'impressionnèrent. Si l'ultime rencontre de Guthrie et de Lindsay dans le donjon avait été organisée non pour acheter le jeune homme mais pour lui donner la permission de partir avec Miss Mathers, l'allure de la conversation des deux hommes telle que la décrivait Miss Guthrie était parfaitement naturelle. Et il paraissait concevable que Guthrie, personnage fort instable, n'ait pu accepter l'idée de laisser sa nièce à un ennemi et se fût suicidé, comme le prétendait Miss Guthrie.

Mais cela n'empêchait pas des soupçons de peser sur le jeune Lindsay. Son inimitié bien connue pour Guthrie, son apparition spectaculaire dans l'escalier de la tour une minute après la chute du châtelain, la fouille du secrétaire, sa fuite enfin avec Miss Mathers : tous ces éléments appelaient une inculpation. Le témoignage de Miss Guthrie était le principal élément qui militait pour le contraire : elle affirmait catégoriquement que, lorsqu'il avait quitté Guthrie, celui-ci allait très bien. Le témoignage de Bell et la lettre qu'il venait de me montrer renforçaient cette déclaration, et tout cela indiquait que le conflit entre Guthrie et le jeune homme avait été en cours de règlement — un règlement dont Miss Guthrie avait vu la dernière étape vers minuit depuis sa cachette à l'extérieur du bureau du châtelain. Bien entendu, quiconque voudrait incriminer Lindsay pourrait insinuer que la lettre faisait partie d'un complot contre Guthrie mis au point avec minutie mais je ne voyais pas, pour le moment, la nécessité d'étudier plus avant l'existence possible d'une telle ruse, au demeurant fort improbable.

— Mr. Bell, nous nous trouvons devant une situation extraordinaire. La lettre de Miss Mathers donne à penser qu'elle devait partir tranquillement à Noël — avec toutes les apparences du déshonneur. En réalité son futur mari et elle comptaient simplement émigrer et sortir de la vie de Mr. Guthrie. Ce qui semble étrange et plutôt contradictoire, mais pourrait prouver que le défunt avait un tempérament pour le moins excentrique. Mais que penser de ce départ prévu au cœur de la nuit — dans les conditions atmosphériques épouvantables que nous savons ? Il est difficile de croire que ces jeunes gens pouvaient sortir vivants de cette tempête de neige.

Bell hocha la tête et demeura un instant silencieux. Puis il répondit à ma dernière remarque :

— Ils ont dû penser que leur résolution les aiderait à surmonter l'ouragan. Et puis, comme vous le savez, Mr. Wedderburn, le vent est tombé quelques minutes après leur départ tandis que se montrait la lune. Lindsay, qui est un garçon robuste et malin, a fort bien pu conduire la jeune fille chez lui, à Mervie, pour la mettre en sécurité. Et ils auront gagné le lendemain Dunwinnie pour en partir aussitôt.

— A-t-on signalé leur passage à Dunwinnie ?

— Je ne saurais le dire. Mais avec le mauvais temps, cela semble plutôt improbable. Quant au fait que le châtelain leur ait demandé de partir secrètement à minuit, il s'accorde tout à fait à l'humour noir du personnage.

— Vous croyez qu'il a vraiment agi de cette façon ?

— Oui.

— Et que, pris de désespoir, il s'est suicidé ensuite ?

— Je pense qu'il faudra bien en arriver à cette conclusion, Mr. Wedderburn.

Je regardai Ewan Bell avec curiosité.

— Mais alors, que faites-vous de l'or qui a disparu ?

Cela le stupéfia.

— L'or, monsieur ? Je ne suis pas au courant.

— D'après ce que j'ai compris, on a forcé un tiroir dans un coin du bureau et l'or semble s'être envolé.

— Ce n'est pas aussi difficile à expliquer que vous pouvez le penser, Mr. Wedderburn. Vous avez vu que

Christine dit dans sa lettre que Guthrie va lui donner de l'argent — le sien, en fait — et, en ce qui concerne la manière brutale dont le tiroir a été ouvert, n'oublions pas que le châtelain était lui-même très violent.

Que Guthrie ait pris l'argent dans le tiroir et l'ait remis à Miss Mathers concordait, remarquai-je, avec ce que disait Miss Guthrie, à savoir que ni le châtelain ni Lindsay ne s'étaient dirigés vers le secrétaire pendant que le jeune homme se trouvait au sommet de la tour. Une fois de plus je me trouvais confronté à une succession hypothétique de faits qui semblaient cohérents : le départ de Lindsay et le plongeon de Guthrie vers la mort quasiment à l'heure exacte où la paix descendait sur la terre pour les hommes de bonne volonté. Je réfléchis un moment en silence à tout cela... et me rendis compte que je n'étais pas satisfait.

Je me levai.

— Mr. Bell, je dois partir pour Erchany. Actuellement j'en sais trop peu pour me faire une opinion. Mais je vous sais gré d'être venu. Vous êtes un témoin essentiel et nous nous reverrons sans aucun doute cet après-midi.

— Croyez-vous, Mr. Wedderburn, que l'enquête conclura au suicide ?

— Je crois que la police, ou d'autres personnes, doivent trouver Lindsay et Miss Mathers. Quant au reste... la vérité est au fond du puits. Au fait, pourriez-vous me parler d'un certain Gamley ? C'est lui qui a découvert le premier le cadavre de Mr. Guthrie dans la douve.

— Il a été le métayer du domaine, mais il est parti après avoir eu des mots avec le châtelain.

— Une explication violente ?

Bell sourit.

— Il serait difficile de trouver par ici quelqu'un qui ne se souvienne pas d'avoir échangé des propos un peu vifs avec Guthrie d'Erchany. M'est avis toutefois que Gamley n'a pas grand-chose à voir avec cette histoire. Il a pu tout simplement accompagner Lindsay pour lui donner un coup de main. Les deux hommes ont fait connaissance voici quelque temps et sont rapidement devenus une paire d'amis.

Ce fut ainsi que s'acheva mon entretien avec Ewan Bell. Je retrouvai Gylby qui était rentré en triomphe de la papeterie avec une boîte de John Cotton. Nous sortîmes dans la froidure de ce matin d'hiver. Les skis étaient fixés sur le toit de la voiture, divers paquets réclamés par Mrs. Hardcastle empilés près du chauffeur, et nous partîmes pour Erchany sous l'œil curieux de toute la population de Kinkeig. Comme Mrs. Roberts me l'avait confié un instant plus tôt, on n'avait rien vu de tel depuis le passage des médecins — cette remarque visait indiscutablement l'infortuné médecin londonien et ses confrères qui avaient rendu visite, deux ans plus tôt, au défunt.

— Mr. Gylby, dis-je tandis que nous roulions avec précaution sur la route dégagée par les chasse-neige, je suppose qu'on n'a rien — j'hésitai — remarqué sur le cadavre de Guthrie ?

— Je ne comprends pas.

— Voilà : le bruit court à Kinkeig que Lindsay, désespéré, lui a coupé plusieurs doigts.

Le jeune Gylby cessa brusquement de bourrer sa pipe.

— Je crois vraiment les Écossais...

— Foutrement limite ?

Mon jeune et nouvel ami m'avait, je crois, classé dans la catégorie des personnes pondérées et sérieuses ; j'éprouvai donc un plaisir considérable à le voir sursauter quand j'exprimai aussi brutalement sa pensée.

— J'allais dire, reprit-il, que ces gens ont un penchant certain pour le macabre. Les doigts de Guthrie sont intacts. C'est son or qui a disparu.

— Bon... Si je comprends bien, je dois représenter Miss Guthrie ?

— Si vous acceptez.

— Parfait. Permettez-moi donc de vous faire remarquer qu'il y a une contradiction entre votre témoignage et celui de ma cliente.

Et je tapotai le journal de Gylby que je tenais encore à la main.

— Selon Miss Guthrie, il n'y avait aucune animosité entre Guthrie et Lindsay ; ils se sont serré la main avant de se séparer tranquillement ; Lindsay lui-même parlait ou se comportait « aimablement ». Vous déclarez, vous, lorsque vous l'avez vu à peine une minute plus tard, avoir éprouvé « l'impression d'une passion extrêmement vive ». Cette divergence peut s'avérer importante. Êtes-vous certain de cette impression ?

— Oui.

La réponse de Gylby était à la fois réticente et convaincue.

— Miss Guthrie a observé ces deux hommes plus ou moins à loisir. Vous, en revanche, parlez d'une action qui dura « l'espace d'un éclair », « une seconde et une seconde seulement ». N'est-il pas probable que, dans ces conditions, vous vous soyez trompé plus qu'elle ?

J'avais jugé opportun d'adopter un ton suggérant à ce jeune homme insouciant la façon dont il fallait conduire une enquête de ce genre. Mais il se montra parfaitement sérieux et tout aussi net.

— C'est bien possible, Mr. Wedderburn. Pourtant, je ne pense pas avoir fait erreur.

Je crois que ce fut à ce moment que j'imaginai — tout au moins à titre provisoire — ce qui s'était réellement passé à Erchany. Et ma conclusion allait sans doute compliquer ma position. Je passai à un autre sujet.

— Mr. Gylby, à propos de ce Hardcastle, ne vous comportez-vous pas en témoin partial ? On pourrait supposer, sur la foi de votre journal, que votre attitude à son égard a été hostile dès l'accueil désagréable qu'il vous a réservé à votre arrivée au château Erchany?

Gylby se contenta de dire :

— Attendez de l'avoir vu.

— Et vous êtes enclin à lui imputer quelque intérêt secret dans cette affaire?

— Il mijotait quelque chose. Guthrie ne lui a jamais donné de message à mon intention.

— C'est assurément l'impression de Miss Guthrie.

Avec une chaleur inattendue, Gylby déclara :

— Sybil a dit la vérité.

— Je n'ai jamais suggéré autre chose. Avez-vous la moindre idée de la raison qui aurait poussé Hardcastle à vous transmettre cette fausse invitation?

— J'ai le sentiment qu'il pourrait s'agir d'une méchanceté stupide dirigée contre son maître. Il s'est cogné une fois ou deux contre la paroi de l'escalier tandis que nous montions et j'ai eu l'impression qu'il était soûl. Je pense que, non content d'être une crapule, c'est aussi un ivrogne.

— Et non un homme en train d'exécuter un plan compliqué?

Gylby secoua la tête.

— Il est rusé, d'accord. Mais pas au point de combiner un truc de ce genre.

— Autre chose : vous vous êtes dit que Guthrie était fou? Et vous avez eu cette impression avant d'entendre Mrs. Hardcastle parler des médecins qui sont apparemment venus, voici quelques années, enquêter sur sa santé mentale?

— Je l'ai tenu pour fou dès les toutes premières minutes. Mais vous devez comprendre, monsieur, que j'emploie ce qualificatif au sens le plus large. J'ignore si sa démence relevait de la psychiatrie; je suppose même le contraire. Il avait surtout l'air de quelqu'un qui vivait dans l'ombre de quelque chose que personne ne pourrait supporter en restant sain d'esprit. Il était brisé, éparpillé. Il avait la folie des héros traqués par les Furies.

Je regardai mon compagnon avec un intérêt nouveau.

— C'est là une remarque fort intéressante, Mr. Gylby. J'ai toujours prétendu contre les réformateurs de notre système scolaire que les études classiques demeuraient particulièrement utiles et formatrices.

III

La route de Dunwinnie à Kinkeig et celle qui relie, par la vallée d'Erchany, Kinkeig au château Erchany forment approximativement un triangle équilatéral avec la rive du loch Cailie. Au centre de ce triangle se dresse le mont Cailie, étayé au sud par la masse plus modeste du mont Mervie et bordé, toujours au sud, d'abord par la vallée de Mervie puis le vertigineux col de Mervie. Tout ce panorama qui se trouvait sur notre droite — pics enneigés après pics enneigés montant à l'assaut du ciel hivernal éclairé par un soleil pâle — offrait un spectacle bien fait pour apaiser et élever l'âme. La dernière partie du trajet se fit en silence, un silence que je rompis par une exclamation involontaire quand, après un tournant, le château apparut de l'autre côté du dernier bras du loch. En tant que monument historique, il ne présente à mon avis pas grande importance et les ajouts datant de la fin du XVIIe siècle ont quelque peu modifié — sans le détruire — son caractère médiéval. Mais ma première impression fut qu'il s'agissait d'un édifice si puissamment sombre et si inviolablement isolé — comme un monstre solitaire à demi allongé au milieu des mélèzes et de la neige — que je n'aurais pas été plus frappé par l'apparition soudaine du vrai château de Tintagel[1] lui-même. La tour, massive mais élancée, était particulièrement impressionnante et construite, on pouvait le supposer, autant pour l'observation que pour la défense. En la regardant à distance, je pus comprendre pourquoi Gylby avait su instantanément que l'homme qui était tombé de cette hauteur n'avait pu que se tuer.

Nous franchîmes un pont-levis et nous arrêtâmes dans la cour centrale. Le jeune Gylby s'exclama gaiement :

— Me voilà de retour !

Et il m'aida à descendre.

Tout comme les hôtes inattendus d'Erchany, quelques nuits plus tôt, je pris d'abord conscience de l'existence des chiens ; prisonniers d'un chenil à l'extrémité la plus éloignée de la cour, ils manifestèrent bruyamment leur désapprobation en nous voyant arriver. Je remarquai ensuite une vieille femme infirme qui portait un châle et des snow-boots. Elle s'approcha, selon toute vraisemblance, avec autant de hâte que d'anxiété.

— Vous avez pensé au poison ? Vous ne l'avez pas oublié, Mr. Gylby ?

— Voici, Mrs. Hardcastle.

Et Gylby lui remit les paquets posés près du chauffeur. Elle s'en empara aussi vite qu'elle était venue puis se rendit compte de la présence d'un étranger. Elle me fit une révérence, mais non — du moins je l'imagine — sans soumettre ses jointures à rude épreuve. Gylby fit les présentations :

— Mr. Wedderburn. Mrs. Hardcastle.

— Monsieur, dit-elle, mieux vaut que vous appreniez tout de suite ce que Mr. Gylby sait déjà. À Erchany, les rats pullulent littéralement.

Elle tapota ses paquets et regarda craintivement autour d'elle.

1. Forteresse du roi Arthur en Cornouailles. (*N.d.T.*)

— Mais je ne le tolérerai pas plus longtemps ! Je suis une pauvre vieille et maintenant je vais pouvoir dormir la nuit.

Sa voix s'enroua et, de la tête, elle désigna la silhouette d'un homme qui venait d'apparaître à côté du chenil.

— N'en parlez pas à mon mari. Il est méchant. Il les lâche sur moi.

— Les chiens, Mrs. Hardcastle ?

— Les rats.

Et Mrs. Hardcastle, dissimulant ses paquets sous son châle, s'en alla. Je me tournai vers Gylby :

— C'est Hardcastle, près du chenil ? J'aimerais bien lui parler avant que nous entrions.

Je traversai la cour. L'intendant de feu Guthrie donnait aux chiens un repas plus que frugal et les insultait en même temps.

— Couché, César, l'entendis-je grogner tandis que je m'approchais. Couché, espèce de sale clebs !

Il n'avait pas entendu mon avance silencieuse dans la neige. Je lui dis à l'oreille, en manière de plaisanterie :

— De gentilles bêtes, Mr. Hardcastle.

Il se retourna et me regarda d'un air soupçonneux — et pas seulement, j'imagine, en raison du caractère visiblement ironique de ma remarque. Son côté déplaisant, tel que l'avait décrit Gylby, apparaissait au premier coup d'œil. Mais il ne s'agissait pas d'une méchanceté sûre d'elle-même. Hardcastle paraissait en effet manquer de confiance en lui. Il répondit d'un ton hargneux mais incertain :

— Peut-être bien.

— Et celui-ci, c'est César ? Je serais enclin à croire qu'il a besoin d'une pâtée suivie d'un peu de viande rouge. S'il vous plaît, Mr. Hardcastle, lequel s'appelle Docteur ?

L'air peu convaincu, Hardcastle désigna un animal couché sur le sol.

— C'est lui ? Jetons-lui un coup d'œil. Docteur ! Hé, Docteur ! Vous savez, Mr. Hardcastle, j'ai l'impression qu'il est sourd.

Hardcastle s'illumina littéralement.

— Il *est* sourd.

— Vraiment ? C'est plutôt rare chez un chien si jeune. Je me demande si vous ne vous trompez pas. Il devrait être facile de vérifier.

— Allez au diable ! cria Hardcastle. Et laissez cette bête tranquille !

— Qu'il en soit fait selon votre désir. Je crois d'ailleurs que j'ai cessé de m'intéresser à lui. C'est un témoin muet — et sourd —, non ? Je suis l'avocat de Miss Guthrie, la nouvelle propriétaire. Je vous saurai gré de me conduire près d'elle.

Je pensai que le jugement porté par Gylby sur l'intendant était d'une précision remarquable. Une canaille rusée, mais dont la ruse n'allait pas loin. Je me sentais satisfait de constater que l'homme s'intégrait parfaitement à l'idée que je m'étais faite des événements survenus la veille de Noël. Le tableau paraissait cependant assez loin d'être complet. Seules les pièces essentielles — j'emploie une image que me suggérait ce que j'avais appris des puzzles de Ranald Guthrie — se trouvaient en place. Mais elles m'offraient — sauf si je me trompais du tout au tout — les premiers éléments d'une situation très curieuse. Inévitablement, beaucoup de points demeuraient encore obscurs et incitaient à l'enquête la plus méticuleuse et la plus prudente. J'insiste sur le mot « enquête ». J'étais venu à Erchany pour y exercer ma profession d'homme de loi. Et ce ne sera pas sans amusement que le lecteur constatera que, sur le seuil même du château, je m'apprêtais à assumer le rôle peu reluisant de détective privé !

Lorsque j'entrai dans le grand hall, un policier en uniforme s'avança, se présenta comme étant l'inspecteur

Speight et m'invita à le suivre dans une petite pièce vide où il s'était apparemment installé. J'aurais pu exiger d'être conduit à ma cliente avant de m'entretenir avec la police. Cela ne semblait toutefois pas nécessaire et j'acceptai l'offre de l'inspecteur. Je constatai que Speight était un policier intelligent et courtois, et jugeai utile de lui révéler que je me faisais déjà une idée de l'affaire. Je déclarai donc, après quelques remarques préliminaires :

— Je suppose que vous avez trouvé Gamley ?

— Oui. Cela n'a pas été difficile. Nous le verrons cet après-midi.

— Et vous avez sans doute retrouvé la trace des jeunes gens que feu Mr. Guthrie a laissés partir ?

— Laissés partir ? Je ne suis pas au courant.

— Ce point s'éclaircira, inspecteur. Et je crois même qu'on en verra l'importance. Mais où sont-ils allés ?

L'inspecteur secoua la tête.

— Bizarrement, Mr. Wedderburn, nous n'avons encore aucune information à ce sujet. Mais ils ont une bonne raison pour ne pas se montrer.

— Je me le demande, inspecteur, je me le demande. Il est possible que, Mr. Guthrie mort, la nécessité de leur départ ait disparu. Je me risquerai même à penser que c'est fort possible.

— Si je puis me permettre, Mr. Wedderburn, cela semble une curieuse façon de voir les choses.

— Tout dépend uniquement du point de vue duquel on se place, n'est-ce pas ? Mais peut-être disposez-vous d'indices qui vous permettent de croire que Mr. Lindsay est coupable d'un crime ?

Je ne m'étais pas trompé en comptant sur l'irritation latente de l'inspecteur Speight. Mes manières affables firent le reste. Il déclara brusquement :

— Ce garçon est responsable de la mort de Guthrie. Je n'ai pas le moindre doute à ce sujet.

— Peut-être, inspecteur. Je dirai pour ma part qu'il est un peu tôt pour se faire une conviction. Et je crois qu'il existe une réfutation directe.

— Celle de Miss Guthrie.

Autrement dit, la jeune fille avait déjà raconté son histoire à la police. Je me levai.

— Je pense, inspecteur, qu'il est temps pour moi d'aller retrouver ma cliente.

L'inspecteur Speight protesta du geste.

— Ne le prenez pas comme ça, monsieur. J'ai le sentiment qu'on ne peut pas accorder le moindre crédit à tout ce que cette jeune personne nous a raconté. Mais elle était terrorisée et perturbée par la tempête et, depuis son perchoir, elle ne voulait voir que le moins de mal possible.

Il s'interrompit.

— Mais peut-être, en y repensant, mettra-t-elle de l'ordre dans ses souvenirs.

Je pris une nouvelle fois conscience de l'intelligence de Speight. Et, pendant un instant, je me demandai s'il ne finassait pas. Miss Guthrie, qui s'était mystérieusement trouvée sur le rempart d'où était tombé le châtelain, était, constatait-on, l'héritière du mort. Et Speight n'avait pas fait la moindre allusion au caractère pour le moins délicat de cette situation.

— Autrement dit, inspecteur, vous pensez que c'est ou Lindsay ou rien ?

Speight eut un hochement de tête emphatique.

— Une vendetta ancienne, une nouvelle querelle, un témoin selon qui Lindsay était en proie à la passion la plus violente, le vol de l'or, la fuite du jeune homme et de la fille. On peut difficilement demander plus.

— Sauf, peut-être, l'ablation des doigts du cadavre.

L'inspecteur écarquilla les yeux.

— Vous avez appris ça ? Simple bavardage grotesque et inconvenant de campagnards. N'écoutez pas leurs divagations, Mr. Wedderburn. Vous et moi, nous devons nous en tenir aux faits.

— Sage conseil, inspecteur. Il tombe souvent de la bouche de mon ami, Lord Clanclacket, au tribunal. Mais vous ne croyez pas que les faits pourraient suggérer une autre piste ?

Speight eut un sourire presque satisfait.

— Mr. Wedderburn, je vais vous confier quelque chose. L'Américaine est innocente. Rien de tel que l'expérience en matière de crime. Et trente ans d'expérience me conseillent de ne pas perdre mon temps à chercher de ce côté. C'est une fille bien.

— Je suis ravi de vous l'entendre dire. Mais, bien entendu, Neil Lindsay n'est peut-être pas coupable, lui non plus.

Speight se permit un petit rire.

— L'avenir le dira, quand nous aurons mis la main sur lui. Je répète que c'est Lindsay ou rien. Et je pense que vous êtes d'accord avec moi.

— Non, inspecteur, je ne suis pas d'accord. Je ne possède pas votre expérience du crime. Mais j'ai une autre opinion.

— Mr. Wedderburn, je serais vraiment ravi de la connaître.

— Si, comme je l'espère, mes soupçons se transforment en certitude, vous l'entendrez cet après-midi en présence du shérif. Mais, comme je l'ai déjà dit, il est encore trop tôt pour se former une conviction.

IV

Miss Guthrie me reçut dans la pièce désignée par ces divers comptes rendus sous le nom de salle d'études.

Son allure me frappa d'entrée de jeu : elle possédait ce mélange d'élégance et d'*élan* qui donne à beaucoup de ses compatriotes cultivées un charme un tantinet déconcertant. J'avais tendance à croire que l'inspecteur Speight, en la qualifiant de « fille bien », avait fait preuve une fois encore d'un goût sûr et, ce qui était plus inattendu, quelque peu sophistiqué. Miss Guthrie semblait de toute évidence déterminée à se montrer pratique. Je me rendis compte que les propriétés élémentaires des questions juridiques lui étaient familières. Je n'en crus pas moins nécessaire de lui expliquer en quelques mots la nature des relations censées en général exister entre un avoué et ses clients dans les îles Britanniques. Elle écouta avec attention — le lecteur ne doit pas me croire inconscient du fait que j'ai légèrement tendance à me montrer, comme diraient les mauvaises langues, pompeux dans ce genre de situation. Nous étions confortablement assis côte à côte dans un canapé. Miss Guthrie fut assez aimable pour me permettre de fumer une pipe.

— Jusqu'à présent, dis-je, j'ai interrogé un certain Mr. Bell, notre ami Mr. Gylby — dont je tiens un récit très complet, tant oral qu'écrit — et les Hardcastle. La description du personnage de Hardcastle par Gylby me semble très juste.

— Noel, dit vivement Miss Guthrie, est un garçon fort doué.

— Certainement. Il a aussi esquissé votre portrait — dans un texte, comprenez-le bien, destiné à une correspondante et, de ce fait, confidentiel.

Peut-être légèrement déconcertée, Miss Guthrie fit :

— Oh !

— D'après lui, vous n'avez pas un tempérament porté au romanesque.

— Je dirai que Noel se trompe. Toutes les filles sont romanesques.

Je souris.
— Mais peut-être certaines le cachent-elles.
Sybil Guthrie alluma une cigarette.
— Mr. Wedderburn, dit-elle, est-ce la bonne manière d'aborder notre affaire ?
— J'en ai l'impression, répliquai-je gravement.
— Très bien. Je suis romanesque et Noel a tort. Voulez-vous m'expliquer pourquoi ?
— Voyons les circonstances de votre arrivée à Erchany, Miss Guthrie. Mr. Gylby, que vous aviez intégré dans les moindres détails de votre plan, a été impressionné par son ingéniosité et son efficacité. Mais, pour quelqu'un comme moi qui peux prendre un certain recul, son aspect le plus évident est celui d'une aventure romanesque. Vous disposiez, je suppose, d'un certificat médical incontestable selon lequel Mr. Guthrie ne pouvait être déclaré fou et, donc, votre visite incognito ne pouvait être d'aucune utilité pratique. Mais vous aimiez l'excitation, une excitation romanesque, qu'allait vous procurer le siège du château et le fait d'y entrer, non pas brutalement mais par la ruse. Vous avez même adressé un télégramme légèrement triomphaliste à votre avocat américain, qui se trouvait alors à Londres. De quoi vous mêliez-vous, au fond ? D'une affaire de famille ? Pas du tout. Vous cherchiez simplement l'aventure — une aventure d'où se dégageait un appréciable parfum de danger, parce que Mr. Guthrie était un homme fort excentrique. Noel Gylby a été si frappé par ce que j'appellerai vos qualités pratiques dans l'exécution qu'il n'a pas remarqué le côté romanesque de vos motivations sous-jacentes.
Miss Guthrie dressa entre nous un délicat barrage de fumée de cigarette.
— Et après, Mr. Wedderburn ?
— Je me demande si ce même goût pour le romanesque ne vous a pas fait arranger un peu ce dont vous avez été témoin dans le donjon.

— Vous voulez dire que Mr. Guthrie ne s'est pas suicidé ?

— Je suis persuadé au contraire qu'il l'a bel et bien fait. Croyez toutefois que si j'en viens à penser que le récit que vous avez fait à Mr. Gylby est fondamentalement inexact je ne pourrai pas vous représenter. À présent, Miss Guthrie, nous ferions mieux de poursuivre cet entretien sur le lieu même des faits.

— Vous voulez parler de la tour ? C'est obligatoire ? Je déteste cet endroit, maintenant.

— Pourtant je crois que si vous acceptez, et si la police y consent, ce sera un déplacement fort utile.

Mon ami l'inspecteur Speight se montra assez bon pour me confier les clés de l'escalier et du bureau du défunt ; je rejoignis Miss Guthrie et nous attaquâmes de concert la laborieuse ascension du donjon. Une fois arrivé à destination, je regardai autour de moi avec une intense curiosité. La porte qui devait donner dans la chambre était voisine de celle par laquelle nous étions entrés. Au milieu du mur de gauche s'ouvrait la porte-fenêtre permettant d'accéder au rempart. Une table qui servait de bureau se dressait au centre de la pièce. Il y avait des livres partout.

Le caractère hors du temps des lieux me frappa : il n'y avait rien qui ne pût se trouver là depuis des générations. Feu Mr. Guthrie, fallait-il en conclure, avait été rien moins que fort conservateur — sans parler du fait qu'il n'avait pas dépensé un sou. Je parcourus l'endroit des yeux à la recherche d'indices évoquant le XIXe ou le XXe siècle et en découvris soudain un sous la forme d'un téléphone manuel posé sur le bureau. Je jetai un regard perplexe à Miss Guthrie.

— Mais, dis-je, Erchany n'a certainement pas le téléphone.

— Bien sûr que non, Mr. Wedderburn ; nous ne sommes pas assez bêtes pour ça. Cet appareil doit être simplement relié à l'office. Je n'en ai pas vu un seul autre dans le château.

— Intéressante innovation de la part d'un châtelain avare. La police, je suppose, a examiné ces pièces avec le plus grand soin. Je suggère néanmoins qu'avant de continuer notre conversation nous procédions nous-mêmes à une petite inspection. Commençons par le secrétaire fracturé.

Le meuble que me désigna ma cliente aurait ravi un amateur, mais il me parut plutôt fragile pour servir de coffre-fort. On avait forcé son unique tiroir — un effort violent avait dû suffire. On voyait encore au fond les quelques pièces remarquées par Gylby. Je les examinai, je crois, vaguement perplexe. Miss Guthrie sembla deviner ma pensée.

— Je pense, dit-elle, que la tour constitue par elle-même une chambre forte suffisante.

— Peut-être. Quoi qu'il en soit, c'était en quelque sorte une provocation délibérée. Croyez-vous que Hardcastle, par exemple, ait été assez fidèle pour résister à la tentation ?

Miss Guthrie fronça les sourcils.

— C'est plutôt troublant.

— Pas du tout.

— Mr. Wedderburn !

La sincérité de l'étonnement de ma cliente me fit plaisir.

J'émis un petit rire qui me rappela que j'étais l'oncle d'Aeneas.

— Je ne voulais pas vous troubler, ma chère, et, qui mieux est, vous n'aviez aucune raison de l'être. Encore que je doive admettre que vous avez fait de votre mieux.

— Mr. Wedderburn, vous vous moquez de moi, ce qui n'est pas très professionnel de votre part.

— Redevenons donc sérieux et poursuivons notre inspection. Entre autres choses, j'aimerais bien mettre la main sur les poèmes de William Dunbar.

Je m'approchai des rayonnages et commençai très minutieusement à chercher les publications de la Scottish Text Society. Les livres de Guthrie étant fort méthodiquement classés, je les repérai sans difficulté. En prenant les trois volumes de Dunbar, je me couvris de poussière.

— Notre ami l'aristocrate poète, dis-je, connaissait bien ses auteurs favoris. Il n'avait pas besoin de se rafraîchir la mémoire pour se souvenir du poème qu'il semble avoir tant apprécié.

Et je trouvai le *Lament for the Makaris*.

Elle emporte le chevalier sur le champ de bataille,
Désarmé sous son casque et derrière son bouclier ;
Elle triomphe de tous dans la mêlée ;
Timor Mortis conturbat me.

Elle prend le héros au combat,
Le capitaine enfermé dans la tour,
La dame dans ses plus beaux atours ;
Timor Mortis conturbat me.

— Eh oui, la Mort a certainement emporté le capitaine dans sa tour.

Je posai le volume.

— Et il semble n'y avoir qu'une seule interprétation, non ? Mais, si Guthrie n'a pas relu récemment Dunbar, voyons un peu ce qu'il lisait.

J'avisai une pile de livres posés sur le bureau et encore recouverts de leur jaquette. Bell avait omis de me parler, lors de notre conversation quelques heures plus tôt, de l'intérêt soudain manifesté par Guthrie pour les études médicales, comme l'avait signalé Miss Mathers. Je fus donc surpris et intrigué par la pile d'ouvrages spécialisés que j'avais devant moi. *Mémento de médecine* de Letheby Tidy. *Principes et Pratique de la médecine* d'Osler. *Manuel de pathologie* de Muir. Vaguement perplexe, je les feuilletai l'un après l'autre.

— Je me demande, dis-je, ce que la médecine vient faire dans cette histoire.

Miss Guthrie ramassa le Dunbar.

— Eh bien, il y a dans le poème un passage à ce sujet.

Et elle lut :

En médecine, les praticiens,
Les empiriques, les chirurgiens et les savants
À la mort ne peuvent fournir de remèdes ;
Timor Mortis conturbat me.

— C'est fort intéressant. Et, si vous me permettez cette remarque, Miss Guthrie, vous maîtrisez très bien le moyen écossais. Vous l'avez étudié à l'université ?

— Oui.

— Puis-je vous demander si vous avez passé votre doctorat ?

— Oui, Mr. Wedderburn.

— Êtes-vous bien sûre de ne pas avoir été le « docteur » que guettait Hardcastle ?

Miss Guthrie rougit.

— Comme c'est malin ! Bien sûr que non. Il ne savait rien de moi. Et personne ne se ferait appeler « Docteur Guthrie » sous prétexte qu'il a conquis cette preuve de pédanterie dans sa jeunesse.

— Je suppose que non. Continuons donc à examiner les lieux. Cela dit, j'aimerais que ma propre « jeunesse » soit aussi récente que la vôtre.

Je ne trouvai pas grand-chose d'autre susceptible de m'intéresser dans le bureau. Livres mis à part, il ne conservait guère de traces de la carrière et des centres d'intérêt de Ranald Guthrie : un boomerang et un plat indigène datant de sa période australienne, quelques dessins de Beardsley qui témoignaient de ses contacts avec une génération d'écrivains de jadis, quelques antiquités pictes et romaines prouvant son intérêt pour l'archéologie. Je passai dans la chambre. Là non plus, il n'y avait pas grand-chose d'intéressant. Guthrie dormait dans une pièce située immédiatement au-dessous. Mis à part un lit de sangles qui servait peut-être à l'occasion pour la sieste, l'endroit n'était guère plus qu'un débarras : un siège cassé, un tas de vieux tapis, de la corde et des cannes dans un coin, un miroir fêlé accroché au mur, des rideaux en loques aux fenêtres étroites. Une grande partie d'Erchany, pensai-je, affichait le même état de délabrement ; j'allais sortir quand un livre posé sur le sol attira mon attention. Je le ramassai.

— Encore la médecine, Miss Guthrie. *Radiologie expérimentale* par Richard Flinders.

Je reposai le volume.

— Nous devons notre présence ici à la complaisance de la police et nous ferions mieux de laisser les choses telles que nous les avons trouvées. Il est peut-être temps de revenir à notre discussion.

Quand nous nous retrouvâmes dans le bureau, Miss Guthrie adopta ce que je savais être sa pose favorite en se perchant sur la table. Il faisait abominablement froid et, pour lutter contre la mauvaise circulation liée à mon âge, je me mis à marcher de long en large tout en parlant.

— Miss Guthrie, je suppose que vous avez lu des histoires dans lesquelles ce qu'on nomme la reconstitution d'un crime révèle toutes sortes de choses ?

La réponse de Miss Guthrie fut à la fois détournée et positive :

— Il n'y a pas eu de crime. Vous l'avez admis vous-même.

— Je crois que vous m'avez mal compris. Mais, pour le moment, nous appellerons ça « les événements de la nuit de Noël ». Et je vous invite, ici, dans cette pièce, à réfléchir aux conclusions probables de leur reconstitution par la police.

— Je ne comprends pas ce que vous voulez dire.

— Je veux dire tout simplement qu'une reconstitution ébranlera votre témoignage tel qu'il se présente à l'heure actuelle. Et cela pour une excellente raison. Le récit que vous avez fait à Mr. Gylby étincelait de la couleur de vos désirs plus que de la claire lumière des faits objectifs.

Miss Guthrie se leva.

— Si vous le croyez, Mr. Wedderburn, je ne pense pas vraiment que...

— Mais ce que je peux voir, à la différence de la police, c'est que vous vous mettez vous-même dans une situation risquée et fâcheuse sans le moindre motif. En tant qu'homme je ne me risquerai pas à juger votre attitude mais, comme juriste, je la tiens pour déplorable. Le point essentiel est le suivant : un témoignage romancé ne peut que nous mettre dans l'embarras. Nous n'avons besoin que des faits.

Miss Guthrie examina le bout de ses doigts. Puis elle dit :

— Expliquez-moi, je vous prie, ce que vous entendez par reconstitution.

— Imaginez cette pièce éclairée par deux ou trois bougies. La porte-fenêtre est entrouverte, la tempête fait rage dehors et l'éclairage est non seulement faible mais incertain et tremblotant. Vous êtes derrière la croisée, vous regardez à l'intérieur. Que pouviez-vous voir exactement ?

— Beaucoup de choses, compte tenu des circonstances. Et aucune reconstitution ne pourra prouver le contraire, dans un sens ou dans l'autre.

— Parfait. Mais il est beaucoup plus facile de démontrer que ni vous ni personne ne peut voir au-delà de son champ visuel. Et je vous assure que, sauf à glisser la tête dans la pièce, il est impossible, depuis cette porte-fenêtre, de voir ces deux portes contiguës — celle de l'escalier et celle de la chambre — *nettement* et *en totalité*. Si l'une et l'autre étaient ouvertes *en grand* vous avez certainement pu voir tout ce qui se passait. Mais si l'une ou l'autre — ou les deux — n'étaient qu'*entrebâillées*, ce qui permettait à un homme de passer en se glissant, vous n'avez rien vu. En d'autres termes, Miss Guthrie, votre témoignage transforme une simple impression en certitude, ce qui n'est pas légitime. La porte de l'escalier s'est largement ouverte et vous avez cessé de voir Lindsay. Celle de la chambre à coucher s'est ouverte de la même façon et Guthrie a disparu à vos yeux. Mais, dans l'instant suivant, Lindsay a fort bien pu se glisser par les deux portes — de la cage d'escalier à la chambre et retour — sans que vous vous en aperceviez.

Toujours perchée sur le bureau, ma cliente regarda longuement et pensivement les portes.

— Je suppose, dit-elle, que c'est ça.

— Je crois que vous aimiez bien Miss Mathers.

— C'est exact.

— Et ce jeune Mr. Lindsay, d'après ce que vous en avez vu ?

Le menton de Miss Guthrie s'avança de deux bons centimètres.

— Je l'ai trouvé beau, Mr. Wedderburn.

— Et vous pensiez par ailleurs que votre parent ne l'était guère ?

— Absolument.

— Nous commençons donc à voir où nous en sommes. Parce que ces jeunes gens vous plaisaient — ils étaient romanesques, touchants et beaux — vous n'alliez pas leur faire risquer les pires ennuis. Tout ce qui séparait Lindsay des soupçons les plus graves était le fait que vous *saviez* qu'il avait pris congé alors que Guthrie vivait encore. Ce pourquoi vous avez délibérément transformé votre impression en certitude... Miss

Guthrie, la police a-t-elle enregistré officiellement votre déclaration ?

— Non. L'inspecteur a dit qu'il s'en chargerait plus tard.

— Speight est un détective des plus circonspects. Permettez-moi de vous dire très sérieusement que vous devriez en revenir à votre pure et simple impression au sujet des portes. Vous perdrez toute crédibilité si vous ne le faites pas. Il faut absolument, et c'est le seul point essentiel, que votre témoignage puisse être tenu pour indiscutable.

— Mr. Wedderburn, je ne comprends pas. Essentiel pour quoi ?

— Pour la sécurité de Neil Lindsay, ce beau jeune homme.

Ma cliente sauta sur ses pieds et s'approcha de moi, en proie à une grande agitation.

— Vous devez m'en dire davantage sur ce que vous avez en tête, Mr. Wedderburn. Vous le *devez.*

— Tout simplement ceci. Que vous n'ayez pas pu voir vraiment et réellement les portes avec certitude est mille fois regrettable — mais pas d'une importance fondamentale. Ce qui l'est, en revanche, c'est ce qui s'est passé entre Guthrie et Lindsay. Et c'est sur ce point que vous avez menti.

Miss Guthrie était très pâle et j'eus l'impression qu'un flot de passion la submergeait, ce qui risquait à chaque instant de mettre un terme à nos relations. Je poursuivis donc avec toutes les précautions de langage que je savais nécessaires pour éviter cette regrettable extrémité.

— Vous dites que Lindsay est parti calmement. Gylby assure qu'il semblait hors de lui. Et Gylby dit la vérité. S'il s'agit de défendre Lindsay, nous devons savoir exactement ce qui s'est passé. Ce qui exige la vérité — la vérité de Gylby. Vous me comprenez ?

Miss Guthrie se passa une main sur le front et se laissa tomber sur une chaise.

— Je ne vous comprends absolument pas.

— Laissez-moi vous garantir ceci — et je parle avec près d'un demi-siècle de pratique de la loi. Neil Lindsay ne risque rien. J'ai à présent une idée de l'affaire telle qu'aucune poursuite n'aurait lieu d'être entreprise. Guthrie s'est suicidé. Mais c'est loin d'impliquer qu'il n'y a pas eu crime. Il y a quelques heures, je pensais que votre témoignage sur les portes était indispensable à Lindsay. Je sais à présent qu'il n'a pas besoin d'autre chose que du récit exact de ce qui s'est passé dans cette pièce. Veuillez donc me raconter les faits, s'il vous plaît.

Miss Guthrie se leva, marcha jusqu'à la fenêtre et regarda la neige comme si celle-ci pouvait lui porter conseil.

— Je trouve, dit-elle enfin, très difficile de vous croire.

Elle marqua une pause.

— Mais il est évident que je dois faire ce que vous dites.

Elle fit demi-tour et revint s'asseoir sur le bureau.

— Vous ne vous trompez pas, bien entendu, au sujet des portes. Je ne m'en étais pas rendu compte, mais je vois bien à présent qu'il s'agit là d'un point qu'un simple plan coté permettrait de prouver. Je ne pouvais être certaine que Lindsay ne s'était pas faufilé jusqu'au chemin de ronde en passant par la chambre pendant la demi-minute nécessaire — mais je *savais* qu'il n'en avait rien fait.

Miss Guthrie me regarda droit dans les yeux.

— Je *savais* que Lindsay n'avait pas assassiné Guthrie. Et tout le reste a découlé de cette certitude.

— Rien ne justifie une preuve qui n'en est pas une, ma chère.

Miss Guthrie accepta cette réprimande paternelle d'un petit signe de tête. Puis elle reprit :

— Tout ce que j'ai dit de la conversation entre Guthrie et Lindsay est exact — sauf la fin. Ils se sont assis et ont parlé courtoisement. Guthrie ne s'est jamais levé pour aller crier à Hardcastle d'inviter Noel à monter. Aucun des deux hommes ne s'est approché du secrétaire...

— Exactement. C'est essentiel et la police ne pourra pas mettre vos propos en doute.

— Mais, à la fin, ils se sont levés et sont allés à mi-chemin de la porte. Je les voyais encore parfaitement et pensais qu'ils allaient se séparer poliment — comme je l'ai raconté à Noel — quand j'ai soudain constaté que quelque chose allait de travers. Guthrie parlait et, même si je n'entendais pas un mot, je *voyais* ce qu'il faisait. Il accablait le jeune Lindsay de propos cinglants. On aurait dit qu'il avait prise sur lui, et qu'il le savait, ce qui lui permettait de manifester la plus hideuse cruauté en quelques mots. Je sus, à cet instant, que je haïssais mon parent et j'eus follement envie — pour aussi horrible que cela puisse paraître maintenant — que le jeune homme le tue sur place et sans attendre. C'est la raison pour laquelle j'ai ensuite...

— Je vois. Si Lindsay avait vraiment tué Guthrie, vous auriez été moralement sa complice.

— En quelque sorte. Guthrie a fait preuve d'une méchanceté répugnante. Mais cela n'a duré que quelques secondes. Je venais juste de reprendre mon souffle quand j'ai constaté le départ de Lindsay.

— Et c'est toute l'histoire ? Vous n'avez plus qu'à descendre et à la raconter dans les formes légales à l'inspecteur Speight.

Miss Guthrie poussa un soupir de soulagement. Puis elle hésita.

— Mr. Wedderburn... vous êtes sûr ? Cela paraît bien difficile à croire.

Je souris à cette répétition.

— Vous n'avez pas à en douter.

— Vous savez, Noel dit qu'il y a eu autre chose. Il a trouvé très étrange que j'aie pu *deviner*, en entendant ce cri, que Guthrie était...

— Ma chère enfant, l'interprétation de Mr. Gylby est sans nul doute intéressante. Pourtant je me permets de vous certifier que vous n'avez rien à craindre.

Je consultai ma montre.

— Il est temps maintenant d'envoyer chercher de toute urgence un électricien à Dunwinnie.

— Un électricien !

— Précisément. Et, si possible, un électricien doté d'un physique aussi impressionnant que vénérable. Beaucoup de choses dépendent de petits détails de ce genre. Maintenant, Miss Guthrie, allons voir l'inspecteur Speight.

Nous sortîmes et je fermai à clé la porte du bureau derrière nous. J'éprouvais, en gros, la même impression que lorsque je boucle le dossier d'une famille en sachant ses affaires en ordre pour une génération. Nous descendîmes en silence l'interminable escalier et rejoignîmes l'inspecteur dans la pièce qu'il s'était réservée. Speight mangeait des sandwiches dans une solitude méditative.

— Pouvons-nous vous interrompre, inspecteur ? Ma cliente, Miss Guthrie, aimerait faire une déposition dans les formes. Et je ne pense pas que nous aurons beaucoup d'autres problèmes à propos du mystère d'Erchany.

— Vous ne le pensez pas, Mr. Wedderburn ? Je suis heureux de l'entendre. Approchez, Miss Guthrie, nous allons coucher sur le papier votre déclaration à l'intention du shérif.

— Avant de commencer, il y a encore quelque chose. Je me propose d'envoyer ma voiture à Dunwinnie pour y trouver un électricien qualifié. Je crois qu'il pourra nous être utile.

L'inspecteur Speight posa son sandwich.

— Vous avez dit un électricien, Mr. Wedderburn ?

— Exactement. Et si le poste de police dispose d'un chronomètre, j'ai le sentiment qu'il pourrait également nous servir.

V

Une fois recueillie la déposition de ma cliente, je m'excusai et partis à la recherche de Noel Gylby. Je me rendais compte que j'avais désormais besoin d'un assistant, et, comme j'avais compris que le témoignage de Miss Guthrie à propos des portes avait conforté les soupçons de Speight à l'encontre de Lindsay, je jugeais plus prudent de ne pas mettre l'inspecteur dans la confidence. Gylby, me disais-je, se montrerait aussi sûr qu'intelligent et serait certainement ravi d'apporter sa contribution à la solution de l'énigme. Nous trouvâmes ensemble Mrs. Hardcastle qui circulait furtivement à travers le château, toute à sa guerre contre les rats, et la persuadâmes de nous confectionner quelques sandwiches en guise de déjeuner. Je proposai de nous mettre en quête d'un endroit tranquille pour parler et Gylby, après un instant de réflexion, me conduisit jusqu'à la grande pièce qu'on nommait la galerie. Je m'arrêtai pour regarder avec étonnement la porte démolie — je n'avais pas encore entendu l'histoire d'Isa Murdoch — puis nous entrâmes. Après avoir jeté un coup d'œil aux portraits de famille et aux sculptures d'inspiration religieuse, nous nous installâmes aussi confortablement que possible dans un renfoncement.

— Mr. Gylby, avez-vous une idée de ce que la police pense de cette affaire ?

— À pendre l'insaisissable Lindsay.

— D'accord. Et vous êtes-vous fait une opinion personnelle ?

— Rien d'aussi définitif qu'une opinion. Mais j'ai une ou deux impressions — la principale étant que le jeu compte trop de pièces. Tout se passe comme si quelqu'un avait mélangé deux des célèbres puzzles du châtelain et qu'au fur et à mesure que l'image se précise on se retrouve avec un *embarras de richesses*[1].

— Je suis bien d'accord avec vous, Gylby. Continuez, je vous en prie.

— Ensuite, il y a également trop de scélératesse. Active chez Hardcastle, quelque peu secrète et calculatrice chez Guthrie lui-même. Je pense que Guthrie mijotait un sale coup, que Lindsay était trop fort pour lui et qu'en conséquence il a eu plus ou moins ce qu'il méritait. Je crois que Sybil soupçonne ou sait que les choses se sont passées de cette façon — ce qui l'a poussée à protéger Lindsay.

— C'est là une théorie fort intéressante. Pouvez-vous la développer ?

— Bon — ça paraît fantastique, sordide et horrible —, mais allons-y. Prenons le secrétaire apparemment forcé. Guthrie prévoyait d'imputer un faux cambriolage à Lindsay au moment précis où ce dernier s'en allait avec sa nièce. Lindsay s'en est rendu compte dans la tour, s'est faufilé sans que Sybil le voie et a balancé Guthrie par-dessus le parapet. Puis il est tout simplement parti avec la fille.

— C'est excellent jusqu'à un certain point. Mais je crois qu'il y a un défaut d'ordre psychologique. Une telle machination contre Lindsay suppose un esprit tordu. Nous pouvons tenir cela pour acquis : Guthrie était un personnage très spécial. Mais Lindsay ? Guthrie

1. En français dans le texte. (*N.d.T.*)

était, dans un sens, son ennemi et il est bien possible que la colère l'ait poussé au meurtre en découvrant le pot aux roses. Mais serait-il ensuite — comme vous le dites — « tout simplement parti avec la fille » ? Je crois que cette hypothèse implique l'existence d'un deuxième esprit tordu. Un homme normal, qui tue son ennemi sous le coup de la colère après la découverte d'un sale tour préparé contre lui, assume les conséquences de son acte. Et il ne va certainement pas s'enfuir avec celle qu'il aime. Est-ce une simple opinion, Gylby ? Moi, j'appellerais plutôt ça de la psychologie.

— Je suis d'accord avec vous.

— En outre, nous nous retrouverions avec encore beaucoup trop de pièces. Donc, revenons en arrière et voyons ce qui semble être pour l'instant l'affaire de Speight. Lindsay tue Guthrie, vole son or et s'enfuit avec sa nièce. Qu'est-ce que vous en pensez ?

— D'abord que Christine Mathers n'est pas du genre à agir ainsi. Et ensuite que c'est à la fois sinistre et fou.

— Quid, à présent, de l'hypothèse selon laquelle Lindsay interrompt sa fuite et coupe quelques doigts au cadavre pour venger une offense plus ou moins légendaire ?

Gylby me regarda.

— Une histoire de fou.

— C'est cela. Une histoire de fou. Et, dès votre première rencontre avec Ranald Guthrie, vous avez eu l'impression qu'il était cinglé.

— Bon Dieu !

— Votre exclamation se justifie presque. Tout cela constitue un tableau particulièrement affreux. Ranald Guthrie s'est suicidé tout en commettant en même temps un crime abominable. Notez bien que nous sommes arrivés au cœur même du mystère. Reste à l'examiner en détail.

« Guthrie ne voulait pas que Lindsay lui prenne sa

nièce : nous devons, à mon sens, commencer par cette donnée pathologique d'une intensité extrême. Et, pour une raison ou pour une autre, il haïssait tant le jeune homme qu'il a imaginé, faute peut-être d'avoir pu se débarrasser de lui par d'autres moyens, d'empêcher cette union en organisant la mort de Lindsay et la sienne propre. N'oubliez pas que c'était une personne fort mélancolique, avec cet instinct de mort qui inspire tant de suicides en apparence sans motif. En fait, il avait déjà tenté de se suicider — j'ai eu la chance d'en avoir la preuve hier — et nous devons l'imaginer maintenant en train de manigancer un projet qui permettait à ses pulsions dominantes de se confondre. Il voulait séparer Lindsay de sa nièce par une méthode qui aboutirait à la mort ignominieuse du jeune homme entre les mains du bourreau ; et, en même temps, il satisferait son obscur et profond désir d'autodestruction. On comprend pourquoi il psalmodiait le poème de Dunbar et pourquoi la peur de la mort s'inscrivait sur son visage : il savait qu'il allait mourir. Pourquoi il donnait des signes de conflit intérieur ; pourquoi, ainsi que l'a dit Miss Mathers, il semblait « partagé ». Personne ne peut nourrir pareil projet sans passer par des phases de terreur et de dégoût.

« Il devait donc y avoir un crime — et un témoin. Et le meilleur genre de témoin possible : un médecin.

— Le docteur de Hardcastle !

— C'est ce que je pense. Le premier accroc dans le plan de Guthrie fut le fait que ce médecin — quel qu'il soit — ne soit pas venu. Et que Miss Guthrie et vous-même soyez arrivés à sa place. Guthrie a donc décidé de vous utiliser. D'où son expression calculatrice tandis qu'il vous regardait. D'où sa remarque significative sur le grand plaisir que lui causait votre présence.

« Je crois qu'il existe une autre trace du projet primitif dans la maladie faussement invoquée par Guthrie le lendemain. Ce détail devait être exploité pour amener le médecin au moment voulu à l'endroit voulu — toute la machination reposait là-dessus. Guthrie s'en est tenu à cette partie du plan même lorsqu'il s'est vu contraint de remplacer le docteur — que la neige avait empêché de venir, nous pouvons le supposer — par vous-même.

« Venons-en à la machination elle-même. Elle était vraiment très simple. La veille de Noël, Lindsay devait venir chercher Miss Mathers et sa dot, puis partir avec elle tranquillement et secrètement. L'excentricité de Guthrie, ses propos sur l'incongruité du mariage et ainsi de suite suffisaient à faire paraître cela naturel. Lindsay et Miss Mathers constateraient que Guthrie avait combiné les choses de cette façon pour les humilier, mais n'iraient pas chercher plus loin. Et nous-mêmes n'aurions aucun moyen de savoir ce qui était convenu si Miss Mathers n'avait pas envoyé une lettre à un vieil ami qu'elle avait à Kinkeig. Sans ce détail, que Guthrie ne pouvait connaître, il n'y aurait eu que les fugitifs pour affirmer que Guthrie avait donné son accord à leur départ et qu'il avait remis une certaine somme en or à Christine.

« Il fallait faire monter Lindsay au sommet du donjon pour un ultime entretien avec Guthrie — au moment exact où il devait être piégé. Et piégé d'une façon bien particulière. Je suppose que Guthrie connaissait le caractère du jeune homme et savait comment le blesser — selon l'expression de Miss Guthrie — et le mettre du même coup en colère avant de le congédier.

— Mr. Wedderburn, cet homme était un démon !

— Vous exagérez à peine. Et vous savez ce qui s'est réellement passé. Convoqué par Hardcastle, vous montez l'escalier de la tour juste à temps pour y croiser un Lindsay absolument furieux. Il est passé sans faire attention à vous — vous vous souvenez que Hardcastle a tenté ostensiblement de l'arrêter mais sans y parvenir — et sans rien soupçonner. Il a ensuite rejoint Miss

Mathers et ils ont quitté Erchany ensemble. Entre-temps — c'est-à-dire quand Lindsay franchissait la porte du bureau — Guthrie avait traversé la petite chambre et gagné le rempart d'où il s'était élancé vers la mort.

Gylby s'était levé et marchait de long en large dans la galerie. Il s'arrêta, son visage donnant tous les signes de la plus grande excitation.

— Ça colle — oui, Mr. Wedderburn, tout colle ! Simplement je vois mal comment le minutage...

— C'est là un point important. Nous allons maintenant montrer à l'aide d'un chronomètre, je l'espère, que Lindsay n'a pas pu tuer Guthrie ; qu'entre le moment où vous avez entendu le cri et vu Guthrie tomber et l'apparition du jeune homme dans l'escalier, ce dernier n'avait pas eu le temps d'arriver du chemin de ronde. Mais Guthrie ne croyait pas qu'une demi-minute pouvait compter en la circonstance. Il ne pensait pas que le témoin présent dans l'escalier le *verrait* tomber. Et, parce qu'il surestimait sa propre force de caractère, il ne s'était pas attendu à crier. La découverte de son cadavre au pied de la tour, un instant après que Lindsay était descendu, fort en colère, devait suffire.

« Nous reviendrons néanmoins dans un moment à cette question de minutage. Mais, en attendant, notez ceci. Les nerfs de Guthrie ont lâché, d'où ce cri ultime. Et ils l'ont également trahi pour un détail beaucoup plus important. Il n'a pas pu se couper un doigt ou deux avant de tomber.

— Mr. Wedderburn, je ne peux pas y croire. Je n'ai jamais rien entendu d'aussi horrible.

— C'est pourtant comme ça. Guthrie avait affûté une hache pour, avait-il dit à Mrs. Hardcastle, s'occuper d'un rat géant : il pensait sans aucun doute à Lindsay et comptait utiliser la hache pour incriminer le jeune homme. Ce n'est pas tout : Hardcastle a manifesté un curieux empressement pour aller voir le cadavre ; il a déclaré que Lindsay l'avait « mutilé » ; dès que le garçon amené ici par l'agent de police a regagné Kinkeig, la rumeur a commencé à se répandre : le cadavre avait été mutilé. Hardcastle est le seul à pouvoir se trouver à l'origine d'une pareille rumeur. Il a cru que la chose s'était bel et bien passée puisqu'il savait qu'elle faisait partie du plan ; et si, ces derniers temps, il a paru désorienté et incertain, c'est parce qu'il n'avait reçu aucune confirmation de la réalité de cette amputation des doigts. Si cela s'était vraiment produit, les preuves accusant Lindsay auraient été écrasantes aux yeux de l'opinion publique. Et on ne peut pas ne pas tenir compte de l'opinion publique dans une affaire criminelle. Aussi macabre que fût le plan avorté de Guthrie, il n'en était pas moins fort intelligent.

Gylby tira un mouchoir et s'épongea le front.

— Mr. Wedderburn, j'admire votre calme imperturbable. Guthrie devait être horriblement, odieusement fou.

Je hochai gravement la tête :

— Non ! Il ne se trouve dans tout cela rien qui ne soit parfaitement logique et soigneusement pensé par un esprit lucide, rien qui puisse amener un tribunal à croire ne fût-ce qu'un instant que Guthrie n'avait pas toute sa raison. Il savait ce qu'il voulait et comment l'obtenir. Et votre propre récit démontre que cet homme distinguait le bien du mal. Il n'était fou qu'au sens le plus large du terme. Strictement parlant, il était sain d'esprit, pervers et fantasque. Même ce dernier côté de son caractère était parfaitement efficace — tout était fort bien calculé pour atteindre un objectif rationnel, aussi détestable qu'il fût. Il n'a sombré dans l'extravagance qu'une seule fois — avec une initiative qui allait à l'encontre de son projet.

Gylby frappa de la main la surface de l'Afrique sur le globe terrestre placé près de lui.

— Les rats savants !

— Les rats savants. Son plan pour amener le témoin à monter l'escalier de la tour avait été perturbé par l'absence du médecin et, avant d'avoir mis au point la machination tout à fait rationnelle à laquelle il a eu finalement recours, il s'est laissé séduire par l'idée extravagante de vous faire accourir au sommet du donjon en vous envoyant des messages attachés à ces rats. Je crois qu'un tribunal pourrait tenir cela pour une preuve partielle de démence manifeste. Mais il ne s'agissait que d'une aberration passagère. Et pendant ce temps la machinerie prosaïque et efficace destinée à vous attirer attendait d'être mise en branle.

— Vous disiez que vous alliez revenir au minutage. C'était certainement cela le plus difficile : me savoir près du haut du donjon au moment voulu.

— Indiscutablement. Et ce fut là que l'aristocrate passéiste recourut aux ressources de la technologie moderne. Voilà pourquoi j'ai envoyé quérir un électricien. Remarquez qu'il importait peu que vous vous trouviez ici ou là à une heure précise. Ce qui comptait en revanche, c'est que Guthrie sût votre position exacte à un moment donné. Du coup, il pouvait déterminer quand mettre un terme à sa conversation avec Lindsay et le congédier. Vous vous souvenez d'avoir dit que vous vous étiez demandé si Hardcastle était ivre — parce qu'il s'était cogné une ou deux fois contre la paroi de la cage d'escalier tandis que vous montiez ? Et vous avez remarqué la présence d'un téléphone intérieur sur le bureau de Guthrie ? Cet appareil ne sonne certainement pas mais se contente de vibrer en sourdine, comme cela se fait de nos jours. Et il est sûr que Hardcastle pouvait signaler les étapes de votre montée par une action aussi simple que celle qui consiste à mettre deux fils en contact. Il vous a conduit en haut « résolument », vous vous en souvenez. Le tableau semble complet. Votre visite au châtelain était minutée avec toute la précision d'un cortège royal.

— Cela signifie donc que Hardcastle était au courant de la machination ?

— Je ne pense pas que vous vous trompiez, mon cher Mr. Gylby, quand vous estimiez que ce personnage était une grande canaille. Et j'aimerais vraiment qu'il ait le cou, comme on dit chez nous en Écosse, assez solide pour le poids de ses fesses. Mais, malheureusement, il ne s'est pas rendu complice d'un vrai meurtre.

— Mais sera-t-il poursuivi ? Raconterez-vous tout cela au shérif ou à qui de droit, pour que cet homme soit jugé ?

— Certainement. Je me demande maintenant si l'affaire ne présente pas encore d'autres aspects obscurs. Les efforts de Guthrie pour se départir momentanément de son avarice — efforts qui ont eu pour résultat bizarre de vous valoir un souper au caviar — visaient, sans aucun doute, à rendre plausible le cadeau empoisonné, je veux parler de l'or, qu'il destinait à sa nièce avant le départ de celle-ci. Si elle avait une raison de croire qu'il abandonnait ses habitudes de ladrerie, elle aurait probablement moins de motifs pour soupçonner un piège. En ce qui concerne l'intérêt soudain du défunt pour les études médicales, j'ai bien envie de le mettre sur le compte d'une curiosité morbide devant ce qui l'attendait. Bien entendu, cela constitue peut-être un autre indice de la démence de l'homme : Guthrie s'intéresse à la médecine pour lire des histoires de doigts coupés et de cous rompus. Je crains qu'il n'ait guère tenu compte du dernier vers du poème de Dunbar.

Gylby se leva.

— Quel réconfort donne la religion ! Il est bien agréable de penser que l'âme de Ranald Guthrie rôtit en enfer.

— J'ai bien peur que vous n'affichiez là l'opinion que vous avez fort justement réprouvée chez Gamley. Et maintenant...

L'apparition de l'inspecteur Speight sur le seuil de la porte démolie m'interrompit.

— Mon électricien n'est certainement pas encore arrivé, inspecteur ?

— Non : il sera là d'ici une bonne heure. Mais je viens de recevoir un message de Kinkeig et j'ai pensé qu'il vous intéresserait. On a retrouvé Lindsay et la jeune fille à Liverpool. Ils sont tous les deux sur la route du retour, en compagnie d'un homme de Scotland Yard qui veille à ce qu'ils ne s'égarent pas. Partis hier après-midi, ils arriveront à Kinkeig en temps voulu pour l'enquête du shérif.

— Splendide, inspecteur. Et ils tombent à pic. Je pense que nous pourrons en finir rapidement avec la mort de Mr. Guthrie et les laisser à leur bonheur. Ils le méritent.

Speight cilla, secoua dubitativement la tête et s'en alla. Je me retournai et découvris Gylby contemplant d'un air absent la longue suite des portraits de famille craquelés et jaunis par le temps. Son visage arborait une curieuse expression de perplexité. Nos regards se croisèrent.

— Mr. Wedderburn, la mort de Guthrie est réglée — mais je n'ai pas l'impression que le bonheur soit possible pour Christine Mathers. Il y a quelque chose en elle, quelque sentiment obscur dont elle n'a pas vraiment conscience... Je ne sais pas.

— Mon cher Gylby — encore un mystère ?

— Je l'ignore. Peut-être une tragédie.

Il se passa la main dans les cheveux.

— Erchany doit déteindre sur moi. Je ne suis pas gai.

Noel Gylby m'apparaissait sous un jour inconnu. J'allais l'interroger sur ce qu'il éprouvait quand nous fûmes à nouveau interrompus. L'agent de police de Kinkeig, considérablement essoufflé, venait d'apparaître sur le seuil.

— Excusez-moi, monsieur, mais l'inspecteur n'est pas par ici ?

— Vous l'avez manqué de justesse. Quel est le problème ?

— Sauf votre respect, monsieur, c'est ce grossier personnage, Hardcastle...

Je bondis.

— Il a filé ?

— Non, monsieur. Mais il boit comme un trou.

— C'est tout ? Reprenez votre souffle, mon ami, et laissez-le boire. Ce n'est pas votre affaire.

Je me tournai vers Gylby.

— Il fera moins bonne figure cet après-midi.

— Mais, Mr. Wedderburn, vous ne comprenez pas. Et je ne sais vraiment pas quoi faire. Cet imbécile boit de l'eau.

Un instant je crus que le policier risquait une plaisanterie hors de propos. Puis je constatai que non content d'être choqué il était vraiment secoué.

— Expliquez-vous, lui dis-je.

— Monsieur, c'est un spectacle particulièrement bizarre. Ce crétin est couché près de l'auge à bestiaux dans la cour de derrière. Il hurle et se démène comme Judas Iscariote le jour du Jugement tout en se roulant dans la bouse de vache.

— Dieu me bénisse ! Venez, Gylby.

Nous quittâmes la galerie tous les trois et descendîmes.

Seul le mot « extraordinaire » convient pour décrire le spectacle qui nous attendait dans la cour. Hardcastle, le corps affreusement gonflé et boursouflé, gisait à côté d'une auge basse, poussait des cris épouvantables et disputait l'eau à une multitude de rats affreusement gonflés et boursouflés eux aussi. Au bout de quelques secondes, ses hurlements cessèrent. Quand nous arrivâmes près de lui, il roula sur le dos dans une ultime convulsion, ses membres se contractant faiblement dans une abominable imitation des derniers et faibles réflexes des rats déjà morts qui l'entouraient. Mais il n'était pas seul dans son agonie. Sa femme se trouvait à côté de lui. Elle criait :

— Il a confondu le poison et son porridge, c'est sa nature de rat qui l'y a poussé, maudit soit ce jour !

De l'autre côté de l'auge, Tammas l'idiot prenait des poses, battait des mains et affichait un sourire horrible face au visage même de la mort.

VI

Nous fîmes ce que nous pûmes mais, de toute évidence, Hardcastle avait son compte. Je suppose qu'il avait bu : on voit mal autrement comment il aurait pu prendre un plat empoisonné pour son repas. Mrs. Hardcastle s'était montrée négligente, sans plus ; je me rendis compte ensuite assez clairement qu'on n'aurait jamais dû mettre entre les mains d'une vieille à l'intelligence aussi limitée une telle quantité de poison. Speight envoya un message au Dr Noble — qui ne put rien faire d'autre que de certifier la cause du décès — puis Erchany, avec ses deux cadavres, se figea dans l'attente. Ce fut long. Tandis que je respirais l'air froid dans la neige face au sombre château, je sentis peser sur moi toute la fatalité de l'endroit. Je pensais avec une sorte de pitié à ce qu'avaient dû être l'enfance et la jeunesse de Christine Mathers et, un instant, je songeai, comme Noel Gylby, que personne ne pouvait accéder au bonheur à partir de pareil environnement. Ce fut avec un réel soulagement que je vis arriver le corbillard automobile qui devait emmener le corps de Guthrie à Kinkeig. Ma voiture de location arriva quelques minutes plus tard avec un vieil électricien respectable venu de Dunwinnie. Dès lors, Gylby et moi eûmes de quoi nous occuper jusqu'au moment de regagner le village.

Je dois préciser ici que l'enquête d'un shérif, qui remplace celle du coroner en Angleterre, est à la fois moins formelle et plus limitée. Le tribunal du coroner anglais en est peu à peu venu à usurper quantité des prérogatives de la police, ce qui en fait fréquemment la scène d'enquêtes et de discussions complexes et longues. Le shérif écossais, qui a des fonctions plus variées que le coroner, se limite à l'examen des accidents ; s'il apparaît que l'affaire est de nature criminelle, elle est aussitôt confiée au procureur, qui peut alors ouvrir des poursuites devant les tribunaux. Je n'ai pas besoin de vanter la supériorité de la procédure écossaise : il suffit de préciser qu'en Angleterre un homme peut se retrouver en jugement devant le coroner et cela souvent sans la protection d'une bonne loi pénale. Je me permets cette remarque parce que je n'ai pas l'intention de raconter l'audience qui se déroula à Kinkeig dans l'après-midi. Le lecteur connaît désormais les faits, l'opinion de l'excellent inspecteur Speight et mes propres découvertes. Qu'il me suffise de dire modestement que j'utilisai le tout. L'affaire était limpide : en outre, comme Guthrie et son complice étaient morts tous les deux, elle semblait pratiquement terminée. Les documents qui décrivaient la conduite criminelle de Guthrie furent immédiatement transmis au procureur mais, sauf s'il était possible de poursuivre comme deuxième complice la débile Mrs. Hardcastle, des poursuites paraissaient improbables. Ce qui se passa ensuite, y compris les éclaircissements apportés par le jeune couple à présent de retour à Dunwinnie, j'en laisse le récit à ce que je nommerai en toute confiance la plume experte du prochain narrateur.

IV

JOHN APPLEBY

I

Ils n'étaient pas encore mariés. Peut-être devaient-ils le faire avant d'appareiller dans l'après-midi : je ne me renseignai pas sur ce point parce que cela ne me regardait pas. Ce n'était pas mon affaire — et, d'une certaine façon, cela ne le fut jamais : j'avais simplement mis la main sur eux et j'avais l'ordre de les ramener à Kinkeig, avec un maximum de tact et, si possible, sans exhiber le mandat d'amener au nom de Neil Lindsay qui m'avait été remis. Si je m'intéressai à eux pendant le voyage et si je m'intéressai par la suite de plus en plus aux événements auxquels ils se trouvaient mêlés, ce fut le fait de ma propre curiosité et non d'instructions officielles. Tant qu'ils ne furent pas sous la surveillance de mes collègues écossais, j'étais un chien de garde; ensuite, je jouai les mouches du coche. Cela en guise de préambule à ce que j'ai à dire : je crains que mon récit ne soit moins impressionnant que celui de Mr. Wedderburn.

— Puis-je vous parler quelques minutes en privé ? Je suis inspecteur à Scotland Yard.

Ils me regardèrent avec étonnement mais, je crois, sans appréhension. Ils étaient inquiets, certes — une fuite, quelles qu'en soient les circonstances, est toujours génératrice d'anxiété —, mais mon propos n'accrut pas leur angoisse davantage que l'annonce de quelque retard officiel plus ou moins vexant dans leurs affaires. Ce fut Miss Mathers qui répondit la première ; si elle connaissait moins le monde que Lindsay, elle n'en était pas moins la plus apte des deux à prendre la situation en main. Je sentais que, même dans son cadre habituel, il aurait été déboussolé, ressassant obstinément quelque projet abstrait et mal compris.

— Entrez, je vous prie, dit Miss Mathers.

— Je crois savoir que vous venez tous les deux du château Erchany en Écosse ? Et que vous êtes, madame, la nièce de Mr. Ranald Guthrie ? Je suis navré de devoir vous informer de son décès.

Lindsay poussa une exclamation. Miss Mathers ne dit rien et se contenta de se réfugier un instant dans un coin sombre de la petite chambre crasseuse. Puis elle fit demi-tour, encore très pâle mais le visage inexpressif.

— Il est... mort, dites-vous ?

— J'ai été avisé de son décès subit dans des circonstances obscures. Cela s'est passé pendant la nuit de Noël. Et il est souhaitable que vous reveniez tous les deux à Kinkeig.

— Neil, partons tout de suite. Aussi vite que possible.

Elle me regarda :

— Qu'est-ce qui est le plus rapide ? Nous avons de l'argent.

Ils avaient de l'argent : il ne leur semblait pas bizarre que ce fût, pour l'essentiel, de l'or.

— Un train part pour Carlisle dans vingt minutes, dis-je. Un taxi m'attend à la porte et nous pouvons donc attraper le train en question.

Miss Mathers se tourna vers Lindsay, lequel, debout et immobile, me regardait de ses grands yeux sombres et dilatés, et le secoua doucement par l'épaule.

— Neil, dépêche-toi.

Puis elle rassembla rapidement ses affaires. Ce n'est que lorsque nous fûmes dans le train qu'elle me demanda, sa voix donnant un sens plus large à la question :

— Vous nous accompagnez ?

— Il va y avoir une enquête judiciaire. On m'a demandé, Miss Mathers, de monter dans le Nord avec vous. Simple routine.

Elle me dévisagea avec, dans le regard, quelque chose qui ressemblait à de la peur.

— Mon oncle a-t-il été...

— Vous devez savoir que je ne suis guère au courant. J'arrive de Londres, pas d'Écosse.

Lindsay parla, d'un ton brusque.

— Londres ?

— Il importait de vous retrouver. On m'a chargé de le faire.

De Liverpool à Carlisle et de Carlisle à Édimbourg, en traversant les landes et les villes frontière, je passai le plus clair de mon temps dans le couloir, en maudissant mon métier. Je crois que j'étais tombé sous le charme de la fille. Je ne savais rien de son passé et je n'augurais rien de bon de son avenir. Mais, tandis que nous traversions cette région sauvage et isolée, qui semblait encore évoquer l'amer souvenir des raids, des haines et du Covenant, un souvenir enfoui comme en pénitence sous son manteau de neige, je sentais confusément que Miss Mathers appartenait à cet univers et que je la ramenais chez elle, au sens le plus profond du terme. Une fois, peu avant Moffat, elle me rejoignit dans le couloir. Debout près de moi, elle avait le regard si lointain que je la crus perdue dans ses souvenirs ou ses peurs. Mais elle se contenta de déclarer doucement au bout d'une minute :

— Les vanneaux.

En plissant les yeux, je parvins à les distinguer qui

tournaient dans le crépuscule. Les oiseaux sont rares au Canada, m'a-t-on dit ; je suppose qu'elle avait pensé ne jamais revoir de vanneaux.

Ils avaient envoyé un télégramme depuis Carlisle ; un jeune avocat nommé Stewart les attendait à Édimbourg. Il avait fait diligence pour venir de Dunwinnie. Je pris les meilleures dispositions possibles pour la nuit et nous reprîmes notre voyage le lendemain. La situation était, inévitablement, pénible et contraignante. Je craignais que Stewart n'adopte une position tranchée et me demande de me retirer. Mais il se montra discret : il avait peut-être compris que j'avais un atout maître dans ma poche. Lindsay, plongé dans un traité de géologie, n'ouvrit pas la bouche. La géologie, je le constatai, le passionnait. Sorti d'une famille qui, génération après génération, avait sans relâche labouré la terre, il avait fait de la roche immuable et stérile le symbole de sa révolte. Au fond de lui-même se cachait cette sorte de génie qui soustrait un homme aux différences de classe. Sans avoir échangé une douzaine de mots avec lui, je me rendis compte que Miss Mathers ne se mésalliait pas avec ce jeune et beau campagnard. Beau — selon le mot de Sybil Guthrie —, il l'était et, à le regarder, on ne voyait aucune raison de soupçonner chez lui une violence irréfléchie. Mais je m'intéressais moins à la question de savoir quel crime il pouvait avoir commis que je ne me passionnais pour l'intensité de sa relation avec Christine Mathers. Cette voiture de chemin de fer transportait la plus ancienne forme d'amour — divisée dans notre monde moderne entre sensualité et affection — : un amour trop pur et trop solide pour paraître embarrassant ou même attendrissant, un amour aussi visible — même s'ils ne se parlaient et ne se regardaient qu'à peine — qu'une pression atmosphérique élevée sur le cadran d'un baromètre. Mais je sentais parfois l'aiguille trembler comme si elle était déviée par une autre force que cette simple pression. Je me demandais si le soupçon ou le soupçon d'un soupçon s'étaient glissés entre eux.

Miss Mathers avait une règle de conduite, quelque peu impressionnante en elle-même, qui la poussa à ne pas tenir compte du caractère contraignant et pénible de notre voyage. Elle me parlait de temps en temps de ce que nous voyions au passage, mais en règle générale elle se contentait de regarder pensivement par la fenêtre, l'œil fixé sur les eaux bouillonnantes de la Forth gonflée par la neige ou surveillant le vol d'un faucon au-dessus de la plaine de Stirling. À Perth je fis preuve d'un certain professionnalisme sommaire en repérant et en évitant une paire de journalistes qui avaient entendu parler de nous. Un vieil homme superbe et inquiet — nommé Ewan Bell — nous attendait à Dunwinnie avec une grosse voiture. Il parla un moment aux autres tandis que je me mettais en quête de thé. Puis nous partîmes pour Kinkeig.

Une fois arrivé, je voulus tout savoir. J'écoutai attentivement et avec toute l'admiration requise les faits et les hypothèses tels que me les présenta l'inspecteur Speight. J'examinai les corps — et, avec un intérêt tout particulier, celui de Hardcastle, mort empoisonné de façon si spectaculaire ; et je m'aventurai sur ce que je croyais être un terrain neuf en interrogeant la jeune Isa Murdoch. L'heure de l'enquête officielle arriva.

Cette enquête fut, à sa façon macabre, un vrai régal. Je n'avais pas la moindre idée de l'identité de Mr. Wedderburn et j'eus pendant un moment l'impression que Stewart devait avoir surclassé le meilleur avocat d'Édimbourg. Wedderburn ne tenta même pas d'étouffer le début d'une procédure contre Lindsay. Il ne parla qu'après le témoignage de Miss Guthrie, et cela pour attirer l'attention sur le fait essentiel que Lindsay, pendant qu'il se trouvait dans le donjon, n'avait jamais eu accès au secrétaire. Puis il attendit l'entrée du témoin Gamley et, une fois encore, il réussit à mettre en lumière un autre détail significatif. Lindsay et Gamley étaient devenus une paire d'amis et le premier avait confié au second qu'il allait emmener Miss Mathers pendant la nuit de Noël, avec le consentement de son oncle. Il lui avait ensuite demandé d'assister à son ultime rencontre avec le châtelain, estimant que le soutien d'un ami pouvait être précieux. Gamley avait donc accompagné Neil jusqu'au château, mais Hardcastle ne l'avait pas laissé entrer. Il avait attendu dehors, vu la chute de Guthrie et s'était précipité à la rescousse. Lindsay et Miss Mathers, ne le retrouvant pas, en avaient conclu qu'il était rentré chez lui et étaient partis sans s'attarder. Sauf si Lindsay et Gamley étaient complices, il en résultait à l'évidence que Lindsay n'avait prémédité aucune violence.

Mais ce fut après l'appel du dernier témoin connu que Wedderburn joua sa carte maîtresse. Il demanda, pour l'édification du shérif, l'autorisation de faire venir à la barre un certain Murdo Mackay qui se révéla être un vieil électricien d'allure imposante. Ce personnage jura qu'il avait relevé la présence d'un dispositif électrique, installé tout récemment et ne servant qu'à envoyer des signaux dans le bureau de Guthrie depuis divers points de la cage d'escalier de la tour. Le dispositif en question était fort simple : il se composait de deux fils qu'il suffisait de mettre en contact pour déclencher le vibreur d'un petit téléphone de bureau, vibreur si assourdi que seule la personne assise devant la table pouvait l'entendre. L'ensemble de cet appareillage ne pouvait pas servir à autre chose ; il était en outre monté de telle façon qu'il pouvait être retiré sans laisser de trace par quiconque disposait de cinq minutes dans le bureau et la cage d'escalier. La police ne put que confirmer l'existence de ce signal avertisseur puisque Wedderburn avait attiré son attention dessus.

Dès lors la voie de Wedderburn était toute tracée. Il fit une démonstration inattaquable. Guthrie, tout en feignant de donner sa nièce à Lindsay dans des conditions à la fois excentriques et humiliantes, avait en fait imaginé l'une des actions humaines les plus rares : un crime vraiment diabolique.

Je suivis tout cela avec un certain intérêt — je possédais une expérience considérable des rouages de la perversité des hommes —, mais ce qui m'intéressait surtout c'était le jeune couple avec lequel j'avais voyagé. Au fur et à mesure que l'histoire se déroulait, les yeux de Lindsay s'assombrissaient; mais il ne manifesta pas d'autres signes d'émotion. Il se sentait soulagé, je suppose — encore que je ne croie guère qu'il ait jamais pensé risquer sa tête. Il était du genre secret, avec cette quasi-timidité de jeune fille qui trahit souvent chez un homme le mélange d'origines simples et de sensibilité, et la lumière brutalement projetée sur Christine Mathers et lui-même lui faisait souffrir mille morts. En ce sens, pensai-je, Ranald Guthrie avait triomphé. Même s'il ne manquait pas d'éducation, ce fut sur les instances de Christine que Lindsay alla exprimer ses remerciements à Wedderburn; ensuite il n'eut plus de toute évidence qu'une seule idée en tête : partir.

Mais c'était à Christine Mathers que je m'intéressais le plus. Elle n'avait pas le masque ou la coquille protectrice de Lindsay et l'étonnement, l'horreur, le soulagement se succédaient tour à tour sur son visage : voir son amant innocenté par la démonstration de l'infamie de son oncle et tuteur devait être à la fois pénible et troublant. Mais ses réactions étaient loin d'être purement émotionnelles; elle suivit avec la plus grande attention le déroulement de l'enquête, syllabe par syllabe, comme si elle s'apprêtait à réfuter chaque mot si besoin était. Et je remarquai — ce que personne d'autre, je crois, ne fit — qu'au fur et à mesure que Wedderburn avançait dans sa présentation des faits, une expression d'étonnement ne cessait de croître sur le visage de Christine. Cette expression, quoique marquée aussi par l'angoisse, l'horreur, le soulagement, trahissait, c'était certain, un doute intellectuel de plus en plus grand. Speight aurait pu trouver là du grain à moudre s'il l'avait observée, mais l'inspecteur était trop occupé à se replier en bon ordre.

Sybil Guthrie — qualifiée de « fille bien » par le même Speight — avait également retenu mon attention. Si Miss Mathers se montrait à la fois étonnée et soulagée, Miss Guthrie arborait un air de triomphe mais aussi — de manière indéfinissable — quelque chose d'autre. Quand Wedderburn avait commencé à parler, elle l'avait regardé comme j'ai vu beaucoup de femmes observer un favori improbable pendant une course de chevaux ; lorsqu'il eut fini et que tout fut terminé, je crus discerner sur le visage de Sybil une légère expression de moquerie ou d'ironie. Elle sentait dans cette affaire, me sembla-t-il, quelque saveur délicate dont les autres n'avaient pas conscience — mais une saveur non dénuée de piquant, voire d'amertume. Lorsque le shérif eut énoncé ses conclusions et se fut retiré, elle fut la première à se précipiter vers Miss Mathers. Debout au fond de la bibliothèque du pasteur dans laquelle s'était déroulée l'enquête, je la vis embrasser Christine, secouer chaudement les mains de Neil Lindsay puis tourner les talons et sortir vivement de la pièce. Une fille intéressante : je regrettais de ne plus, fort probablement, la revoir sinon l'espace d'un instant.

La transition entre l'enquête et les funérailles fut un moment difficile et j'admirai sans réserve la manière dont le prêtre, le Dr Jervie, s'en acquitta. Il aurait pu aussi bien circuler au milieu des parents et amis du plus aimé et du plus pieux de ses paroissiens ; sa façon de contrôler la situation fut d'autant plus remarquable qu'il n'était pas, à mon sens, homme à lier aisément des contacts pastoraux — il paraissait plutôt timide, érudit, voire visionnaire. Du fait peut-être que sa personnalité m'attirait, je fus tenté d'assister aux obsèques. Mais cela ne me parut pas convenable pour un étranger curieux et, après avoir échangé quelques mots avec Speight, je partis louer une chambre à l'auberge.

Le presbytère se trouve à quelque distance du village; il me fallait donc parcourir quatre cents mètres environ dans la neige épaisse qui commençait à fondre. Cette journée avait été marquée par un changement rapide du temps : un vent soutenu et tiède avait chassé quasiment tous les nuages du ciel et laissait prévoir un redoux rapide. J'étais accompagné dans ma progression par le gargouillement d'une sorte de torrent qui allait se jeter, au bout du village, dans les eaux glacées du Drochet, petite rivière en crue, on le voyait au niveau de ses flots sur les piliers d'un vieux pont de pierre que je dus traverser. Devant moi, à une distance difficile à apprécier car le jour tombait, la blancheur ombrée du mont Mervie, et le sommet du Cailie qui se découpait encore nettement dans la lumière du soleil. Le vent chassait la fumée bleue des feux de tourbe au-dessus du village; déjà, dans quelques petites boutiques, brillait l'éclat jaunâtre d'une lampe. Tout était froid, paisible, solitaire, irrésistible; pendant un moment, je marchai, purement et simplement submergé par l'esprit des lieux. Mais la neige qui collait à mes semelles finit par me rappeler que quelque chose me tracassait. J'allais me mettre à y réfléchir quand quelqu'un, derrière moi, me héla. C'était Noel Gylby.

Je dois préciser que Gylby et moi étions de vieilles connaissances, car nous nous étions rencontrés dans des circonstances particulièrement excitantes un an plus tôt. Il a une idée assez romanesque des enquêtes criminelles et je crois qu'il regrettait que je ne fusse pas arrivé à temps pour accomplir quelques hauts faits dans l'affaire d'Erchany. Il me lança :

— Appleby, j'ai récupéré mon journal.

Je m'arrêtai :

— Vous quoi?

— Vous ne le savez pas ? J'ai rédigé un compte rendu complet de tout ce qui est arrivé au château à l'intention de Diana. Le vieux Wedders (il voulait parler de l'éminent membre de la Société des avoués d'Édimbourg) l'avait et il vient de me le rendre. Voulez-vous le lire ?

— Très volontiers.

Gylby me glissa dans la main une liasse de feuillets.

— Vous trouverez sans doute ça un peu littéraire, dit-il avec complaisance, mais tous les faits y sont. Vous allez au pub ? À mon avis, vous devriez commander un repas. Le shérif a dit à Wedders qu'ils ont un bordeaux qui se marie admirablement à un curry bien chaud et une tarte à la confiture de fraises. J'arriverai en temps voulu.

— Je ne manquerai pas de commander le repas de funérailles. Et merci pour vos notes.

Je gagnai l'auberge. J'y pris une chambre et m'assis pour lire le journal de Gylby. Il faut peut-être mettre au crédit de son style littéraire le fait que j'oubliai ma promesse de commander un repas. Quand Gylby revint en compagnie de Wedderburn et de Sybil Guthrie un peu plus d'une heure après, nous nous acquittâmes de la formalité des présentations, puis nous installâmes devant un rôti de mouton froid. Il manquait singulièrement de goût et je ne doute pas qu'il mettait en valeur l'exécrable bordeaux. Je bus de la bière.

Le vieux Wedderburn semblait disposé à s'épancher ; il me traita même avec tant de cordialité que je me risquai à le féliciter pour la façon dont il avait mené l'affaire.

— Mon cher Mr. — voyons — Appleby, j'ai eu la chance d'écouter patiemment le bavardage de la patronne de cette auberge. Tout le reste a suivi.

— C'est-à-dire ?

— Cette rumeur fantastique sur la mutilation du cadavre ! Une histoire aussi extraordinaire était-elle née spontanément ou résultait-elle de quelque malentendu? Pendant un petit moment, je fus assez bête pour le penser. Puis je compris que cette fable devait trouver sa source dans une méchanceté quelconque — fruit soit de la stupidité soit d'un calcul. J'essayai l'hypothèse du calcul — et qu'est-ce que j'ai découvert? Que la rumeur, si elle devait entraîner des conséquences vraiment fâcheuses, ne pouvait qu'être vraie. Et c'est à cela que je reliai la remarquable curiosité de Hardcastle à propos du cadavre et sa déclaration — alors qu'il n'avait pas eu la possibilité de constater quoi que ce soit — selon laquelle Lindsay avait « mutilé » Guthrie. Ce qui me conduisit directement au centre même de la machination.

— Une machination étrange, Mr. Wedderburn. Je ne crois pas qu'il y ait de cas vraiment semblable dans les archives. Des hommes se sont déjà suicidés pour en faire accuser d'autres de leur meurtre, mais ils n'avaient pas le genre de personnalité qui semble avoir été celle de Guthrie. Ils souffraient peut-être du même type de mélancolie proche de la folie, mais il leur manquait ses capacités intellectuelles.

— Je ne possède pas votre connaissance, Mr. Appleby, des archives de la mentalité criminelle. Mais nous devons adapter notre psychologie aux faits et non l'inverse.

Je me souvins que, plus tôt dans l'après-midi, Wedderburn avait pulvérisé ses adversaires et que je n'avais rien à gagner à vouloir faire le malin devant sa méthode à la fois éloquente et efficace.

— C'est bien vrai, dis-je. Et la réalité de cette abominable machination contre Lindsay ne se discute même pas.

— Vous savez...

Gylby venait de parler mais, avant de poursuivre, il jeta un regard circonspect à Wedderburn.

— Vous savez, Christine a dit une chose bizarre. Je rôdais dans le presbytère. Soudain elle a surgi et m'a lancé : « Je ne peux pas y croire ; mon oncle était plus malin que ça. » Puis elle m'a regardé comme si j'avais une autre explication sous mon chapeau.

Wedderburn examina sévèrement le dépôt qui s'était formé au fond de son verre.

— Je ne vois rien de bizarre dans cette idée. Un tel sentiment chez la nièce et pupille du scélérat est tout à son honneur. Mais les questions de piété familiale ne nous regardent pas.

— Je crains fort, monsieur, qu'elle n'ait voulu dire autre chose. Elle ne contestait pas le fait que Guthrie était capable du pire. Elle indiquait seulement qu'il possédait un esprit plus subtil — plus ingénieux — que l'histoire semble le montrer.

— *Plus* ingénieux ? Que Dieu me bénisse !

— Et elle a ajouté : « Il était fort intelligent ; il se refusait aux solutions de facilité. »

Sybil Guthrie émietta un morceau de pain, fit la moue après avoir absorbé une gorgée de bordeaux et intervint :

— Va-t-elle y réfléchir ? Je suppose que oui. Mr. Appleby, comment les gens réagissent-ils lorsqu'ils se trouvent confrontés à pareille horreur ?

J'évitai toute généralisation.

— Je crois, Miss Guthrie, qu'elle ne cessera pas d'y penser tant qu'elle aura le sentiment d'ignorer la vérité.

— Mais elle connaît la vérité. Nous la connaissons tous.

— Nous en connaissons chacun une partie. Mais, que je sache, nous n'avons pas rapproché ces éléments les uns des autres.

Wedderburn posa son verre et plia sa serviette d'un air délibéré.

— Mr. Appleby, Gylby m'affirme que votre opinion sur des affaires de ce genre vaut son pesant d'or. Voudriez-vous être assez bon pour expliquer en détail ce que vous venez de dire ?

— Miss Mathers elle-même dispose d'une information qui n'a pas, à ma connaissance, été jointe aux autres. Qui se trouvait avec elle dans la salle d'études, qui est sorti de cette pièce et a disparu dans l'obscurité juste avant que Gylby et Hardcastle s'engagent dans l'escalier de la tour ?

— C'est un point intéressant. Elle en a sans doute parlé à Stewart. Je crains de n'avoir guère laissé s'exprimer ce jeune homme cet après-midi. L'eût-il fait que nous connaîtrions certainement la réponse.

— Il s'agit d'autre chose que d'un détail intéressant. Un homme se trouve pendant cette fameuse nuit à Erchany, alors coupé du monde — et nous ignorons tout de lui. Sauf s'il s'agissait de Tammas.

Gylby secoua la tête.

— Pas Tammas. Il n'est arrivé sur les lieux que beaucoup plus tard. Et, évidemment, ce n'était pas Gamley.

— Très bien. Et la chose devient plus significative encore du fait que, selon toute probabilité — et malgré l'impression contraire de Miss Guthrie —, le donjon a eu un autre visiteur. Quelqu'un doit savoir qui a ouvert la trappe sur le rempart, s'y est glissé et l'a verrouillée par en dessous. D'après le récit de Gylby, les traces dans la neige ne laissaient aucun doute : la trappe venait d'être ouverte fort peu de temps auparavant. Par qui ? Et pourquoi ?

Tout le monde resta silencieux un moment puis Wedderburn dit, avec un humour inattendu :

— Mr. Appleby, c'est le massacre des innocents. Y compris moi-même et votre collègue Speight, j'en ai bien peur.

Il s'interrompit.

— Pour aussi claires que soient les grandes lignes de l'affaire, celle-ci comporte indiscutablement des détails que nous avons laissés de côté. Et je reconnais volontiers qu'ils exigent une enquête.

— J'en suis convaincu, comme je suis convaincu que la vérité reste à venir. Vous êtes d'accord, Miss Guthrie ?

Elle me regarda pensivement avant de me répondre.

— Si vous arrivez à prouver la présence d'une autre personne dans la tour, je ne puis qu'être d'accord avec vous. Mr. Appleby, venez à Erchany.

Wedderburn se leva.

— Miss Guthrie et moi-même y allons maintenant. Le mort ne semble pas avoir eu de représentant légal et, vu les circonstances, nous croyons convenable, comme d'ailleurs le jeune Stewart, de chercher d'éventuels papiers. Vous nous accompagnez ? Mais peut-être devrions-nous d'abord passer au presbytère : Miss Mathers s'y trouve et nous pourrions la questionner sur son visiteur nocturne.

— Je vous accompagne — mais vous devez bien comprendre que je n'ai ici aucun statut officiel. Nous devrons communiquer à Speight tout ce que nous découvrirons. En ce qui concerne Miss Mathers, je crois préférable d'attendre. J'ai d'ailleurs une autre question à lui poser.

Wedderburn se tourna pour aider Miss Guthrie à enfiler son manteau.

— Quelle question ?

— Si son oncle pratiquait les sports d'hiver.

— C'est tout à fait énigmatique.

Noel Gylby bourrait ses poches de biscuits au beurre. Il leva la tête.

— Vous constaterez à l'usage qu'Appleby a des questions de ce genre pour chacun d'entre nous. Au fait, quelle est la mienne ?

— Simplement celle-ci. Nous connaissons le message du rat savant. Mais quel était donc celui du hibou inconnu ?

II

Stewart avait été appelé d'urgence à Dunwinnie et était parti en promettant de nous suivre à Erchany. Tandis que nous roulions dans l'obscurité, je tirai d'autres renseignements à Wedderburn et je crois que j'avais les idées à peu près en place quand nous arrivâmes au château. À partir de preuves fragmentaires de ce qui s'était passé ici le soir de Noël, Wedderburn avait, dans l'après-midi, brossé un tableau des faits à la fois cohérent et convaincant. Mais il n'avait pu — en reprenant l'image des puzzles de Ranald Guthrie lui-même — utiliser toutes les pièces et son tableau demeurait donc nécessairement incomplet. Même si les apparences semblaient prouver le contraire, il demeurait possible que les pièces pas encore à leur place dans le puzzle démentent ou inversent des conclusions apparemment bien établies — à la façon dont la silhouette d'un assassin, soudain découverte dans quelque recoin sombre d'une peinture, donne une signification sinistre à ce qui paraissait jusque-là une composition purement sentimentale ou décorative. L'affaire d'Erchany pouvait difficilement être plus sinistre, mais j'étais à peu près certain que si on y ajoutait des éléments supplémentaires elle s'avérerait plus complexe. Dans ces conditions, il m'est difficile de dire que la métaphore du puzzle s'appliquait parfaitement. Nous nous trouvions plutôt en présence d'un mélange chimique, compliqué et instable, prêt à prendre une forme ultime et inattendue quand on y ajouterait le dernier ingrédient. C'est peut-être parce que j'avais l'idée du jeu de patience en tête que, si j'évoque à présent le mystère d'Erchany, je dois me souvenir des propos d'Ewan Bell : la suffisance est toujours punie.

Mrs. Hardcastle et Tammas avaient été recueillis à

Kinkeig par des gens charitables ou curieux et le château était déserté quand notre voiture y arriva. La lune n'était pas levée mais les étoiles brillaient dans le ciel dégagé. En roulant sur le pont-levis et dans la cour centrale, je distinguai d'abord la forme vague et menaçante du bâtiment principal qui nous entourait complètement puis, se détachant sur le ciel plus clair au zénith, les lignes puissantes du donjon. Dès l'enfance, songeai-je, Ranald Guthrie s'était familiarisé avec la distance qui séparait le parapet du fond de la douve ; bien des fois, en se penchant plus ou moins dangereusement — tout dépendait du caractère qu'il avait alors — par-dessus le rempart, il avait dû mettre ses nerfs à l'épreuve. Et pendant combien d'années l'image d'un corps basculant, tournoyant, tombant et s'écrasant finalement sur la pierre à la vitesse d'un projectile l'avait-elle fasciné ?

— J'aimerais commencer par explorer la douve, dis-je à Wedderburn.

Gylby prit une lanterne et nous suivîmes ensemble le chemin emprunté par Gamley. La neige, molle et humide en raison du redoux, rendit notre marche fort peu agréable. Nous trouvâmes l'empreinte laissée par le corps — elle se distinguait encore fort bien, compte tenu de la force de l'impact. Nous la regardâmes un moment en silence. Puis je fis :

— Toutes les pièces du puzzle — il en manque une que nous devons trouver par ici. Pouvez-vous vous procurer une pelle ?

Gylby s'absenta un moment pour revenir avec deux pelles.

— Voici, dit-il gaiement. Et maintenant cherchons le crâne de Yorick[1].

Nous fouillâmes un peu partout — nous nous en

1. Allusion à la scène la plus célèbre du *Hamlet* de Shakespeare. (*N.d.T.*)

serions mieux tirés en plein jour — et, par un pur et heureux hasard, le fer de ma pelle heurta bruyamment un objet enfoui dans la neige. Je creusai une minute de plus et exhumai une petite hache fort bien affûtée. Gylby l'examina soigneusement.

— Ça fera un beau cadeau pour Speight, dit-il.

— Ce n'est pas de sa faute si on ne l'a pas découverte. Il n'y avait aucune raison de soupçonner son existence jusqu'à cet après-midi. Et, en tombant de là-haut, elle s'est enfoncée profondément dans la neige. Mais cela va ravir Wedderburn : un outil parfait pour couper des doigts apporte de l'eau à son moulin.

Je tâtai du pouce le fil de la hache.

— « Pour régler le compte d'un gros rat. » Je ne peux vraiment pas dire que j'apprécie beaucoup la personnalité de Guthrie. Allons-y.

Nous trouvâmes Wedderburn et Miss Guthrie dans le cercle de lumière dessiné par une bougie au milieu des ténèbres de la grande salle du château. Je suppose que, quelques jours plus tôt, l'endroit devait avoir donné l'impression d'être une demeure. Maintenant, même s'il n'était déserté que depuis quelques heures, il baignait dans une atmosphère qui évoquait celle d'un monument antique. La présence de Ranald Guthrie avait constitué le lien qui le reliait à notre époque. Une fois ce lien rompu, il avait glissé aussi inévitablement dans le passé qu'un abricot tombe quand il est mûr. Nous aurions pu n'être que des touristes effectuant une visite nocturne, n'eût été la conscience que nous éprouvions tous de la mort si proche encore. La pendule qui avait tant impressionné Gylby fonctionnait toujours, mais avec le tic-tac sinistre d'une montre dans la poche d'un cadavre.

Je respirai profondément l'air humide et froid. C'était certes ce lieu bien plus que Kinkeig que Guthrie devait venir hanter, en compagnie de l'ombre de Hardcastle et d'une troupe grouillante de rats fantômes. Et bien que je n'aie pas cru à la présence de ces spectres, je faillis presque me laisser aller à une soudaine et forte bouffée de superstition. L'après-midi, Wedderburn avait en quelque sorte enterré le mystère d'Erchany; mieux valait ne pas l'exhumer, sauf à risquer le pire. Ce sentiment était si violent que je dus en appeler au premier principe de ma profession — la justice — pour parvenir à m'en libérer et à demander à mes compagnons :

— Ne pourrions-nous pas monter maintenant dans la tour ?

Nous suivîmes en silence un long couloir et franchîmes la première des portes dont la fermeture à clé en temps voulu par Gylby avait empêché Hardcastle de démonter le matériel téléphonique. Puis nous montâmes. La tour, nous disent les psychologues, est un symbole d'ambition — d'altitude périlleuse, comme le point le plus haut de la roue de la Fortune. Alors que la terre ferme — l'humble *en bas* — représente la sécurité. Et l'homme qui ressent le besoin brutal de passer de l'une à l'autre ne cherche qu'à échanger le danger contre la sécurité, trahi qu'il est par la logique traîtresse de l'inconscient. C'était sans doute son ambition qui avait obscurément poussé Guthrie à installer ses quartiers dans cette retraite si difficile à atteindre. La théorie psychologique des symboles pouvait-elle expliquer ce qui s'était passé pendant la nuit de Noël ? À quelles profondeurs de l'esprit s'était décidé ce saut mortel qui avait paru à Guthrie synonyme de sécurité retrouvée ou acquise ? S'agissait-il là d'une pièce subconsciente du plus grand de tous les puzzles dont il avait annoncé la solution prochaine à Christine Mathers ? Je remis à plus tard ces considérations quelque peu académiques : nous arrivions à la porte du bureau.

Cette pièce a déjà été décrite et je me contenterai donc d'ajouter quelques petits détails. Quantité de donjons de ce genre ont été construits niveau après niveau

— bâtir en hauteur est le meilleur moyen de gagner de la place. Mais l'étage supérieur de la tour d'Erchany faisait indiscutablement partie de l'édifice original. Les murs, en retrait d'un mètre vingt environ pour faire de la place au parapet qui les entourait, devaient être moitié moins épais que ceux qui les supportaient : quoi qu'il en soit, l'impression de puissance et d'isolement qui se dégageait de cet endroit me frappa. Ces deux pièces — le bureau et la petite chambre adjacente — appartenaient à une époque où les châteaux étaient d'authentiques places fortes et non le simple étalage d'une position sociale. Et elles conservaient toutes deux leur caractère de refuge médiéval inviolable.

Le bureau s'ornait désormais d'un grand nombre de rats morts : sinon rien n'avait changé depuis la première fois où Gylby avait refermé la porte à clé derrière lui. J'avais dans l'idée que Speight, une fois digérées les formalités judiciaires de l'après-midi, monterait ici et fouillerait partout le lendemain. J'étais donc fort heureux d'avoir l'occasion de passer avant lui. J'examinai le secrétaire fracturé, le faux téléphone — c'était du travail d'amateur mais bien fait — et les livres sur le bureau, avant de passer dans la chambre. Je fouinai parmi les objets divers entassés dans le coin et regagnai le bureau avec le livre déjà repéré par Wedderburn : la *Radiologie expérimentale* de Flinders.

— Un ouvrage bien intéressant, dis-je. Ou plutôt une page de garde pleine d'intérêt. Vous avez remarqué ?

Mais personne n'y avait fait attention. Je posai le livre ouvert sur la table. On lisait cette inscription, soigneusement écrite à l'encre :

Richard Flinders
Membre du Collège royal de chirurgie
Né en Australie-Méridionale en février 1893
Décédé à

Wedderburn regarda cette biographie pour le moins sommaire avec une considérable perplexité.

— Bonté divine ! Je n'aurais pas dû laisser passer ça. Quelle inscription mystérieuse ! Peut-on la relier à la période coloniale de Guthrie ?

Je désignai la deuxième ligne.

— Né en 1893. Est-ce qu'on peut tirer quelque chose de ça ?

Il y eut un silence étonné, puis Sybil Guthrie parla.

— Christine m'a dit que son oncle était revenu ici quand il a hérité en 1894. Soit un an après la naissance de ce Flinders.

Je secouai la tête.

— Bien. C'est là un fait significatif, mais qui ne colle pas ! Ce genre de fait est souvent le plus utile, d'ailleurs. Gylby, pouvez-vous vérifier si, parmi les achats récents de Guthrie, figure un annuaire médical ? J'imagine que c'est le cas.

Une fouille rapide prouva que j'avais raison. Je feuilletai rapidement les pages.

— Nous y voilà. Et avec une de ces longues notices qui caractérisent les gros calibres. M.B., B.S.[1], Adélaïde ; a exercé dans cette ville puis à Sydney ; ensuite long séjour aux États-Unis. C'est sans doute à ce titre qu'il vient d'être nommé membre honoraire et pensionné d'une société savante américaine. Puis il retourne à Sydney, avec divers courts séjours à Londres. C'est un chirurgien de premier ordre, semble-t-il, qui s'est tourné vers la recherche — d'où, je suppose, la nécessité d'une bourse. Il est l'auteur de deux manuels, y compris celui que nous avons devant nous, de nombreux articles dans des revues et d'une douzaine de monographies. Écoutez. *Radiologie de la région cardiaque. Radiologie et diagnostic différentiel des maladies intestinales. Rappel his-*

1. Docteur en médecine ; docteur en chirurgie. (*N.d.T.*)

torique de l'utilisation du radium en médecine. Analyse d'un cas d'amnésie de longue durée. Syringomyélie : approche radiologique. La Technique de l'examen rapide : contribution à la radiologie contemporaine. Radon...

Wedderburn m'interrompit :

— Mon cher Mr. Appleby, croyez-vous tout cela vraiment intéressant ?

— Intéressant ? Bon, voici un autre point susceptible de vous intéresser davantage. Le distingué Flinders est non seulement une grosse tête, c'est aussi un prodige.

— Un prodige ?

— Absolument.

Je montrai l'inscription figurant sur la page de garde.

— « Né en Australie-Méridionale en février 1893. » Si nous acceptons ça, nous devons croire qu'il est devenu docteur en médecine à l'âge de sept ans.

Wedderburn s'exclama avec impatience.

— Cela n'a pas de sens !

— Bien au contraire, c'est le premier pas vers la vérité. Mais nous devons à présent chercher cette vérité tout entière. Miss Guthrie, je suppose que ces considérations vous dépassent quelque peu ?

— Naturellement.

— Écoutez. Je vous fais la même promesse que Mr. Wedderburn à propos de Lindsay. Nous connaissons la vérité sur son rôle dans cette histoire. Il est innocent. Mais permettez-moi de vous reposer la question que vous a déjà posée Gylby. *Comment saviez-vous que Guthrie s'était suicidé ?*

— Je n'en savais rien. En fait, je l'ai vu passer par-dessus le parapet.

Wedderburn soupira et commença à polir ses lunettes.

— Je crois, dit-il, qu'il serait utile que nous gagnions la galerie.

III

Le globe terrestre délavé bougea, tourna : je traçai du doigt la longue route qui mène d'Australie à Southampton, via Suez.

— C'est dans le sang, et, par Dieu, il le fera !...

Nous arpentions la galerie, la lumière de nos lanternes et de nos torches jouant devant nous, en suivant le long alignement des Guthrie morts. Je m'arrêtai, décrochai un portrait du XVIe siècle, œuvre d'un maître flamand, puis l'approchai d'un Guthrie de la fin du XVIIIe, peint par Raeburn. Le même visage nous regardait, en deux exemplaires.

— Pourquoi ça ne marcherait pas ? Pourquoi ? fis-je doucement.

Nous restâmes immobiles et silencieux un instant.

— Gylby, pouvez-vous répéter la fin du poème de Dunbar ?

Et Noel Gylby récita :

Le bon Maître Walter Kennedy
Au seuil de la mort gît en vérité,
Qu'il en soit ainsi est grande pitié ;
Timor Mortis conturbat me.

Puisqu'elle a saisi mon frère,
Elle ne me laissera pas vivre seul,
De force, je serai sa prochaine proie ;
Timor Mortis conturbat me.

Puisqu'à la mort il n'est point de remède
Mieux vaut pour la mort mettre nos affaires en [ordre,
Pour, après notre mort, pouvoir revivre ;
Timor Mortis conturbat me.

Il y eut un nouveau silence, plus long.

— Ranald Guthrie, dis-je enfin, a l'art de faire de l'ironie avec la piété médiévale. *La mort menace ; mieux vaut faire en sorte de continuer à vivre.* C'est la lecture qu'il fait de Dunbar. Et Ranald vit toujours quelque part. C'est son frère Ian — le chirurgien australien Richard Flinders — qui est mort. Nous allons reconstituer l'histoire de Ranald. Mais nous ne connaîtrons jamais toute celle de Ian.

Wedderburn parut chercher ses mots mais, avant qu'il les trouvât, Sybil Guthrie poussa un cri d'étonnement. Il y eut un grattement dans l'obscurité. J'abaissai ma lanterne et constatai que le poison trop violent de Mrs. Hardcastle venait d'avoir raison d'un autre rat — une grande créature grise qui s'était grotesquement traînée à nos pieds pour mourir. Je crus un instant qu'il s'agissait d'un des rats savants de Gylby, avec son petit message fixé à la patte. Puis je constatai que c'était un rat bien plus érudit encore. Il portait dans sa gueule, comme s'il s'en était emparé pour essayer d'arrêter ses ultimes souffrances, un petit calepin noir.

V

LE TESTAMENT DU DOCTEUR

I

Lorsque je revins à moi, je constatai que le paysage m'était inconnu. Et cette prise de conscience concernait un lieu analogue au jardin d'Éden vu par les yeux d'Adam : j'identifiais les différences sans m'aider de ces souvenirs contrastés qui semblent parfois nécessaires à l'expression d'une idée. Chose plus étrange, je ne ressentais aucun étonnement. Je suppose que mon esprit n'avait alors de vigueur que pour se préoccuper de ma survie.

Une gigantesque étendue de végétation vert sombre se dressait devant moi, ses contours se fondant dans une masse pourpre sous un ciel d'un bleu étincelant. Derrière moi, pensais-je, il y avait un bruit de lames déferlantes et une chaleur telle qu'on eût cru qu'il s'agissait de vagues de lave lancées par une mer de feu souterraine. Je roulai sur moi-même. Cette mer n'était qu'une illusion; la réalité n'était autre qu'un rideau de flammes véritables qui avançait, une sorte de faux incandescente qui moissonnait la végétation aussi sèche que de l'amadou à une vitesse perceptible à l'œil nu. Pendant un instant, ce ne fut pour moi qu'un spectacle; puis je compris qu'il s'agissait d'un danger imminent. Je me redressai sur les mains et les genoux et vis, bondissant pour fuir l'incendie, une foule de créatures préhistoriques miniatures — avec une forme grotesque reproduite à toutes les échelles, de l'humain au rongeur. Kangourous et wallabys : au prix d'un immense effort ma cervelle inondée de sang retrouva ces noms. Une grande partie de ce que je savais sur cet endroit me revint alors à l'esprit; je constatai que je me trouvais sur le trajet d'un feu de brousse et que je devais trouver le moyen de me mettre à l'abri ou périr.

J'étais accroupi à l'endroit où j'étais tombé, à proximité d'un affleurement de roche calcaire d'où partait une ravine desséchée qui allait se perdre dans les buissons. Ici et là, ces buissons cédaient la place à des bosquets épars de tis [1], d'épineux et de salsolacées, lesquels se faisaient de plus en plus rares au milieu d'étendues de sable de plus en plus vastes. Mais il n'y avait nulle part une zone dénudée assez importante pour assurer ma sécurité; mon unique espoir résidait dans une formation rocheuse qui ne se trouvait guère qu'à trois kilomètres environ, isolée au milieu de la verdure qui ondulait à perte de vue. Elle oscillait et tremblait tandis que je la regardais — en partie à cause de la réfraction liée à la chaleur et peut-être en partie en raison du dérèglement de mes sens. Et je ne pouvais être sûr de ses dimensions non plus que je ne pouvais savoir s'il était facile de l'escalader. Ses lignes pures étaient ici et là accentuées par une cheminée ou une crevasse. L'une ou l'autre m'aiderait à me hisser vers la sécurité.

Je me mis sur mes pieds et constatai — avec une espèce de surprise détachée — que je disposais d'une force physique considérable. Un vent tournant contrôlait en partie l'incendie; aurait-il soufflé directement vers moi que je n'aurais pas eu l'ombre d'une chance. Quoi qu'il

1. Arbuste du Pacifique dont les racines sont comestibles. (*N.d.T.*)

en soit, c'était une course terrifiante et je ne perdis pas de temps. Mais avant de m'élancer dans la ravine je cherchai à découvrir si je possédais quelque chose. Il y avait les traces d'un petit campement : un feu éteint, une gamelle renversée, du crottin de cheval. Cela ne me disait rien. Mais je trouvai un havresac que je savais m'appartenir. Je le ramassai. Je savais également qu'il devait y avoir une bouteille d'eau. Malgré une recherche rapide et désespérée, je ne la trouvai pas. Je partis. Les buissons n'étaient ni hauts ni vraiment denses, comme je le constatai quand j'y fus. J'avançais sans difficulté en gardant les yeux fixés sur mon repère. Au bout d'un kilomètre je trouvai une bouteille d'eau — la mienne ou celle de quelqu'un d'autre. Elle était aux trois quarts vide. Cette chance étrange me donna une sorte de confiance irrationnelle ou superstitieuse sans laquelle je ne serais pas là aujourd'hui.

Au moment où j'atteignis la base du rocher, il y avait déjà des petits foyers autour de moi. La chaleur de l'incendie attirait une légère brise qui me soufflait dans la figure, mais le vent dominant emportait avec lui des étincelles qui allaient allumer d'autres foyers à des centaines de mètres devant. Je fus presque pris au piège par des flammes qui jaillirent soudainement d'une touffe de yaccas voisine — dont les pousses rabougries et résineuses prenaient feu avec la force et la rapidité d'une explosion.

Pendant quelques minutes épouvantables, j'explorai vainement la surface rocheuse à la recherche d'une faille ou d'un endroit où poser le pied : il me semblait avoir, dans le sens le plus horrible de l'expression, le dos au mur. Je trouvai enfin une cheminée possible et commençai l'escalade. Il est intéressant de constater que dans ce moment pénible je déployai tout le savoir-faire acquis dans une jeunesse de montagnard, mais sans en avoir aucun souvenir. Et c'est peut-être parce que ma mémoire ressemblait à une éponge qu'on vient de presser que je me rappelle encore aujourd'hui avec un luxe de détails quasiment hallucinatoire la moindre étape et le moindre effort de cette ascension désespérée. J'émergeai enfin à quelque trois cents mètres au-dessus d'un enfer de feu. J'étais suffisamment secoué pour craindre d'avoir fait tout cela pour me retrouver sur une sorte de gril monstrueux où je mourrais comme un martyr dans le cauchemar d'un peintre fou. Mais j'étais tout à fait en sécurité.

Pendant plus d'une heure, je regardai l'incendie balayer la plaine. Même s'il demeurait impuissant contre la barrière rocheuse, il ajoutait encore à la brûlante chaleur du soleil et du vent torride qui soufflait du nord. L'ascension, la température élevée et la terreur m'avaient momentanément épuisé ; je bus un peu d'eau et rassemblai toutes les ressources de ma volonté pour affronter la prochaine et décisive bataille qui m'attendait — la bataille contre le désespoir. Quantité d'hommes qui ont voyagé dans des contrées sauvages firent l'expérience d'instants aussi périlleux, mais bien peu, sauf dans quelque ultime traquenard, ont connu mon genre particulier de détresse. Mes sens étaient intacts et j'étais presque au mieux de ma forme physique, mais je n'avais aucun souvenir de mon identité ou de mes origines. Loin sous mes pieds, j'en étais tout à fait conscient, s'étendait un paysage qui m'était étranger, le paysage de l'Australie dans une de ses manifestations les plus frappantes. Je savais beaucoup de choses — lire le latin, reconnaître le Parthénon ou choisir une mouche pour la pêche à la truite — mais, de ma personnalité, je ne connaissais que ceci : j'étais un étranger perdu en Australie. Il m'était impossible d'aller plus loin. La conscience que j'avais de ma personnalité n'avait pas de limites que j'aurais pu repousser au prix d'un effort quelconque. L'ignorance de mon identité m'emprisonnait dans des murs aussi inébranlables que le rocher que je venais de gravir.

L'incendie s'était éloigné — vers le sud-ouest, estimai-je grossièrement en regardant le soleil descendre. Il laissait derrière lui une immensité fumante qu'il serait dangereux de traverser sans laisser passer d'abord la nuit. Pour l'instant, je devais me repérer, trouver de l'ombre et me reposer.

J'estimai mon horizon à quatre-vingts kilomètres environ. Et ce vaste cercle, exception faite de la hauteur sur laquelle je me trouvais, était occupé par le bush, vide et sans signes particuliers, mais portant la trace d'une longue traînée de feu — une étendue ondulée de broussailles et de sable, dont la monotonie n'était rompue ici et là que par quelques arbres ou une dénivellation légèrement plus importante. Il n'y avait aucun signe de défrichement, de colonisation ou de peuplement, ni par les Blancs ni par les aborigènes ; le décor était vide, lugubre et il s'en dégageait une impression d'attente qui mettait à bout de nerfs. À la lisière de l'horizon, au sud, se voyait une ligne qu'on eût dite tracée au crayon. Je l'examinai, longuement, anxieusement dans la chaleur traîtresse. Finalement, je décidai de l'appeler la mer et d'en faire mon objectif.

Je fis le compte de mes besoins et de mes ressources. Un chapeau, la plus indispensable des nécessités, était attaché au havresac. À l'intérieur de ce dernier se trouvaient une chemise, de la farine d'avoine, des biscuits, des allumettes et quelques objets personnels que j'examinai avec perplexité. Je n'avais pas de boussole, mais je découvris une montre dans la poche de mon pantalon. Et je possédais une gamelle de deux litres dépourvue de couvercle.

Je croyais que la montre et le soleil ne me serviraient à rien dans le paysage sauvage qui s'étendait à mes pieds. Il fallait que je règle ma montre approximativement à midi, que le ciel soit clair et étoilé, que le terrain soit suffisamment dégagé et exempt d'embûches pour le traverser dans la fraîcheur de la nuit. J'aurais besoin d'eau dans les vingt-quatre heures et de vivres dans les trois ou quatre jours. Ces divers détails assimilés, je trouvai une zone d'ombre, m'allongeai et m'endormis presque instantanément.

Je m'éveillai à l'heure du bref crépuscule australien. En bas flamboyaient des centaines de petits foyers. Mais l'incendie principal avait disparu, peut-être éteint dans quelque entonnoir de sable. Je résolus de descendre et d'essayer de savoir si je pouvais entamer mon voyage le soir même. Descendre dans la cheminée était doublement hasardeux, en raison de l'obscurité croissante, mais je me sentais d'humeur à prendre des risques. Cette décision faillit me coûter la vie. Mais, d'un autre côté, elle me sauva.

Avant que je fusse arrivé à mi-parcours, la lumière avait considérablement baissé. La cheminée bifurquait avant d'arriver en bas. Je ratai un appui alors que j'essayais de redescendre par où j'étais monté et je tombai de quatre mètres cinquante environ dans l'autre branche de la faille. Je demeurai étourdi un moment en me livrant à un étrange et douloureux calcul : un membre fracturé ou une mauvaise foulure et c'en était fini de moi. Je ne ressentais aucune douleur — mais la souffrance n'apparaît souvent que plus tard. Je remuai bras et jambes ; ils m'obéissaient ; une vague de soulagement me submergea. Puis ce fut la peur qui déferla sur moi. Mes jambes étaient trempées. Je crus qu'il s'agissait de sang. C'était de l'eau. Cette découverte modifia mon plan. Je devais emporter tout ce que je pourrais du précieux liquide, dont la moitié dans une gamelle sans couvercle. Tant que celle-ci ne serait pas vide, je ne pourrais pas me permettre de trébucher. Il n'était possible d'exécuter cette étrange variante de la course de l'œuf et de la cuiller[1] qu'en plein jour. J'estimai que ce supplément d'eau me permettrait de faire durer mes vivres douze heures de plus, tout en me deman-

1. Course dans laquelle les coureurs doivent porter sans le faire tomber un œuf dans une cuiller. (*N.d.T.*)

dant si je serais capable de me diriger à peu près droit au sud sous le soleil. Tout cela posé, je me rallongeai pour dormir ou tout au moins me reposer. La nuit était fraîche mais sans froid excessif ni gel. Cela me conforta dans l'idée que j'avais vu la mer : il me paraissait improbable de me trouver à une altitude considérable ou isolé au beau milieu des terres.

J'étais debout à l'aube et, m'abandonnant à une douteuse analogie avec le chameau, je bus nettement plus d'eau que je n'en pouvais absorber pour me sentir à l'aise. Sortir du trou dans lequel j'étais tombé pour regagner le sol m'obligea à une escalade pénible. Je constatai que mon esprit, pour raisonnablement clair qu'il fût, présentait, à côté de l'amnésie, d'autres lacunes alarmantes. J'essayai de monter avec une gamelle pleine avant de me rendre compte que je pouvais l'emplir avec la bouteille en terrain découvert puis redescendre dans le trou remplir ladite bouteille. En me rendant compte de ma stupidité, je connus quelques moments de terreur pure — je craignais d'avoir découvert en moi le premier symptôme de cette panique paralysante qui peut envahir les hommes perdus en brousse. Me concentrer pendant les premiers kilomètres sur ma course à l'œuf et à la cuiller me permit de surmonter cette impression. La végétation était clairsemée et les broussailles trop rares pour présenter un danger quelconque. Je m'accordai un demi-litre d'eau ce jour-là et réussis à transporter le reste sans incident jusqu'à l'endroit où je fis halte le soir. Pendant le trajet j'avais absorbé quelques biscuits; une fois installé pour la nuit j'allumai un feu et me préparai sur une pierre plate une sorte de pain de farine d'avoine sans levain. J'étais loin d'être désespéré. J'avais, au cours de la journée, souffert de maux de tête, pénibles mais intermittents; cela mis à part, je me sentais en bonne condition physique. Et, cette nuit-là, je dormis d'un sommeil sans rêves. Quand je m'éveillai au matin, j'éprouvais de telles courbatures que je supposai mes muscles plus habitués à l'équitation qu'à la marche à pied.

Les deuxième et troisième jours, je dus couvrir une trentaine de kilomètres par jour. Ensuite, ma gamelle étant vide, je voyageai de nuit. Je ne doutais guère de me diriger droit au sud et au terme de ma troisième marche nocturne je me rendis compte que je n'avais pas vu la mer : mon objectif avait été un mirage ou un lac qui se trouvait maintenant derrière moi. Partout autour de moi, c'était toujours le même vide, la même répétition sans fin de broussailles et de sable. Parfois j'apercevais un kangourou au crépuscule ; une fois, en plein jour, je me mis à courir à la rencontre de deux indigènes qui se révélèrent — tant l'éclairage était trompeur — deux pies perchées sur des souches. Puis, à l'aube du septième jour, alors que ma réserve d'eau et mes provisions étaient épuisées, je tombai sur les traces indiscutables d'un Blanc — les empreintes, trop souvent répétées pour n'être qu'un simple caprice de la nature, d'un pied chaussé tout juste visibles à la surface du sable. Je me rendis compte que la piste devait être fraîche — un souffle de vent eût suffi à l'effacer — et j'accélérai le pas, tout en redoutant que ma faiblesse ne me permette pas de rattraper un homme en meilleure forme que moi. Mon cœur bondit dans ma poitrine quand j'aperçus, à moins de quatre cents mètres devant moi, la petite fumée d'un feu de camp. Je me mis à courir, en sanglotant et en tentant d'appeler malgré ma gorge parcheminée.

L'homme était mort. Il gisait sur le sol, avec, près de lui, une bouteille d'eau vide, la seule de ses possessions qu'il n'avait pas abandonnée. Son cadavre, encore chaud, était allongé sur le ventre, un bras tendu vers le feu qui brûlait lentement, une poignée de feuilles séchées dans la main. La mort l'avait surpris alors qu'il alimentait son dernier signal.

Quelque chose se brisa en moi — une barrière que

j'avais dressée non contre l'idée de ma fin imminente ou ma faiblesse et ma soif mais contre le silence du bush. Cette barrière, donc, se rompit, et j'entendis le silence, ce lourd et chaud silence qui, depuis des heures, n'était même pas troublé par le chant d'une cigale ou le bruit de l'herbe sèche froissée par la brise. Je criai. Le son de ma voix était horrible. Je jetai mon havresac et m'éloignai en courant, poussant des hurlements affreux dans le désert qui m'entourait, fuyant cette tombe silencieuse que seule fermait la voûte céleste. Ma folie me redonna des forces et j'ai dû avancer des heures durant d'un pas mal assuré. J'avais la tête qui tournait et d'épouvantables céphalées. Un bourdonnement bruyant m'emplissait les oreilles, aussi ininterrompu que l'avait été le silence des jours précédents. Il s'enfla jusqu'à prendre les proportions du tonnerre. Et il vint un moment où je compris, dans un éclair d'aveuglante lucidité, que ce bruit ne prenait pas naissance en moi mais venait d'ailleurs. Et je me retrouvai au bord d'une haute falaise au pied de laquelle, loin au-dessous de moi, venaient se briser à grand fracas les vagues de la mer.

La falaise se prolongeait sans discontinuité vers l'est et vers l'ouest, à la façon de fortifications et de remparts rocheux qui étincelaient sous le soleil matinal. Le paysage était d'une beauté qui m'étourdit et me calma ; et, redevenu lucide, je remarquai, fait étonnant, la présence d'une piste indigène parfaitement nette qui filait à l'est en longeant l'à-pic. Je la suivis péniblement pendant trois kilomètres environ jusqu'au point où les falaises s'écartaient de la mer pour laisser la place à une sorte de vallée nue et sableuse que le sentier rejoignait par une gorge escarpée et étroite. Je descendis — avec les plus grandes difficultés en raison de ma faiblesse — et, après un peu plus d'une heure, je découvris dans les dunes deux puits aborigènes creusés récemment. Il y avait également un arbuste couvert de baies rouges dont se régalait une bande de perruches blanches — les premiers spécimens de vie animale que j'apercevais depuis des jours et des jours — qui s'envolèrent tandis que je les regardais. Je me mis à manger, mais j'eus la sagesse de ne pas me gaver. Un peu plus tard, je découvris un bassin rempli d'eau chaude et je me baignai. Mes forces revenaient. Par la suite, et dans un autre trou d'eau, je réussis à capturer deux poissons avec mon chapeau. Si j'avais perdu mon havresac, il me restait ma bouteille et ma gamelle ainsi que des allumettes dans ma poche. Mon dîner fut un véritable régal de gourmet. Et, cette nuit-là, je dormis, bercé par la mélodie du ressac.

Deux jours durant, je continuai de marcher vers l'est en suivant la plage. Il y avait des dunes et, au-delà, les falaises — une sorte de grande route parfois obstruée par de vastes bancs d'algues. J'avais de l'eau pour quelques jours et je me nourrissais de baies. Je reprenais confiance et j'espérais arriver bientôt dans une région habitée. Les oiseaux terrestres se faisaient de plus en plus nombreux, ce qui indiquait une modification des conditions géographiques.

Le troisième jour, les falaises se rapprochèrent de l'océan et je passai des heures à chercher un chemin me permettant de les gravir. Je me trouvais de nouveau en grand danger. Il n'y avait plus, en montant, de buissons porteurs de baies. Je ne pouvais pas en emporter beaucoup. De plus, ce n'était pas un régime bien satisfaisant à long terme. Et — ce qui paraissait plus grave encore — je n'avais pas trouvé de nouveaux points d'eau. À deux reprises, je m'éveillai à l'aube et recueillis la rosée matinale sur la végétation. Je constatai qu'en utilisant une éponge improvisée faite d'une touffe d'herbe je pouvais recueillir entre un décilitre et un quart de litre d'eau chaque matin. Cet effort abrégeait mon temps de marche et je savais que c'était un travail qui ne suffisait même pas à m'assurer une ration de survie suffisante. Mon seul espoir résidait dans le caractère rapidement changeant du paysage dans lequel je progressais à grand-peine.

Les broussailles devenaient plus denses et poussaient jusqu'au bord des falaises désormais impossibles à escalader, si bien que je craignis à plusieurs reprises de ne pas pouvoir poursuivre ma progression. Mais, par endroits, il y avait des arbres en quantité considérable, ce que j'interprétai comme la preuve que j'approchais de terres plus fertiles. Les gommiers se révélèrent de surcroît une source de nourriture inattendue sous la forme de larves blanches que je découvris en arrachant l'écorce. Je les absorbai prudemment et constatai qu'elles exerçaient des effets fâcheux sur mon système digestif; je crois cependant en avoir tiré un regain d'énergie. C'est en suivant la piste de cet aliment que je finis par perdre la mer. L'après-midi, chaud et lourd, me trouva errant au cœur d'un dédale d'eucalyptus. Pour la deuxième fois, je n'avais plus du tout d'eau. Le soir, brutalement, mes nerfs lâchèrent. Quelque poison subtil présent dans les larves pouvait constituer l'origine immédiate de cet incident, qui n'en devait pas moins être, au fond, la conséquence de toutes les épreuves que je venais de traverser. S'il me restait un peu de force physique pour continuer d'avancer en trébuchant, je n'eus pas le courage de me reposer, la nuit venue. J'errai entre les grands arbres, en proie à la panique que j'avais longtemps redoutée, jusqu'au moment où je m'abattis sur le sol.

Des heures durant, je restai allongé, à demi conscient, mais en me rendant compte que la nuit était plus étouffante et plus oppressante que d'ordinaire. Aux tourments de la soif se joignaient les affres de la faim et je me levai en m'accrochant à l'arbre sous lequel j'étais étendu dans l'espoir d'y découvrir des larves. Je sursautai soudain comme si j'avais reçu une décharge électrique. Le tronc était bagué. Enfin un indice de présence humaine.

J'étais incapable d'appeler et la nuit, sans étoiles, était noire. Je ne pouvais qu'attendre l'aube, en vérifiant de temps en temps, pour me rassurer, la réalité des traces de coups de hache dans le bois. L'aube se leva et, aujourd'hui encore, je ne peux me rappeler sans un mélange d'ironie et de terreur ce qu'elle me révéla. L'arbre avait été bagué et coupé, comme une cinquantaine d'autres. Mais le défrichage avait tourné court ; celui qui s'en était occupé avait abandonné depuis longtemps ; la seule trace du passage de l'homme était une cabane vide et délabrée. Je m'étais résigné à mourir au bord même des régions colonisées quand l'ouragan éclata au-dessus de ma tête.

Il ne me fallut pas cinq minutes pour me réfugier dans la hutte, trempé jusqu'aux os, ma gamelle débordant d'eau. Quelques instants plus tard, le coin le plus éloigné de la cabane s'effondra, écrasé par la chute d'un arbre. Et je constatai que ce nouveau danger m'apportait le salut. Des abeilles sauvages avaient élu domicile dans ce tronc, lui, précisément, peut-être parmi des milliers d'autres. Et je me trouvais à la tête de plusieurs kilos de miel.

J'étais arrivé d'un désert solitaire aux limites de la colonisation ; il me restait à retrouver la mer et à poursuivre mon chemin vers l'est et la sécurité. Cette nuit-là, après le passage de l'ouragan, j'entendis le murmure des vagues. Les falaises ne devaient pas se trouver à plus de quinze cents mètres. Là où poussaient les gommiers, le sol ne possédait plus assez de réserves pour nourrir de quelconques broussailles et le terrain était relativement dégagé. Mais, lorsque je laissai les arbres derrière moi, la brousse se fit de plus en plus dense ; elle dressa bientôt une barrière quasiment infranchissable qui s'étendait jusqu'au bord des falaises, toujours continues. En bas, entre les falaises et la mer, courait sous mes yeux une étroite vallée bordée de dunes. J'espérais y trouver de l'eau. Plus loin s'étendait, sauf à marée haute, une bande de sable ferme et lisse. Je décidai de descendre par la première voie d'accès praticable, en prenant le risque que les falaises rejoignent à nouveau l'océan, ce qui me contraindrait à un pénible voyage de retour.

Ma confiance égalait mon impatience ; mais, en même temps, mes nerfs flanchaient et mon jugement, je suppose, commençait à s'égarer. Je pris le premier chemin qui se présentait. Il se révéla extrêmement risqué. Pendant toute la descente, je dus à la fois me battre pour trouver des points d'appui et lutter contre l'impression grandissante que le vertige me guettait. Et, finalement — je devais être arrivé presque en bas —, je tombai.

Je n'ai conservé de ce qui suivit que des souvenirs fragmentaires. Je me rappelle avoir marché sur cette plage sans fin, en ayant perdu le sens de l'orientation et sans avoir un quelconque objectif en vue. Je me rappelle une volée de bécasseaux, décollant et atterrissant sous mes yeux : leur vol oblique est fort beau. C'est peut-être le spectacle de ces oiseaux qui m'a évité de tomber. Je crois avoir perdu ma gamelle et ma bouteille : je me rappelle avoir découvert de l'eau dans une cavité naturelle au creux d'une roche calcaire. Je me souviens aussi très nettement d'avoir longtemps débattu avec moi-même pour savoir si j'avais entendu, oui ou non, un chien aboyer. Je me rappelle enfin m'être trouvé allongé dans l'obscurité en sachant que je délirais — je m'en rendis compte en sentant l'air chaud de la nuit tout embaumé du parfum des œillets.

. . . .

Le garçon se penchait sur moi. Son visage, doré par le soleil, avait la qualité, la réalité plus vraie que nature et la densité d'un beau tableau. Il posa le bol au milieu des œillets, dans ce petit jardin gagné sur le roc, et s'exclama joyeusement, à l'adresse de quelqu'un qui se trouvait dans la cabane, un peu plus loin :

— Papa, il revient à lui !

Puis il porta de nouveau le bol à mes lèvres.

— Vous avez bien failli y rester, monsieur. Mais vous l'avez échappé belle.

J'ai dû grommeler que j'étais perdu depuis des semaines. Ses yeux s'arrondirent. Il sourit, et ce sourire ressemblait à un rayon de soleil soudainement apparu sur un sombre lac de montagne.

— Ouais ? Tout est plutôt calme à l'ouest de Desperation Bay.

Je pense qu'il avait dix ou onze ans ; et sa voix exprimait tout l'orgueil des pionniers.

Il bondit sur ses pieds et regarda la mer. Puis il cria, tout excité et m'ayant de toute évidence oublié :

— Papa, papa, le cotre d'Anson franchit la barre !

II

Je ne vais pas m'attarder longuement ici sur l'humanité et le caractère un rien excentrique de Richard Anson. Il m'emmena à Port Lincoln et écouta en route l'histoire étrangement courte que j'avais à raconter. J'étais un adulte — âgé de vingt ans, peut-être, ou vingt et un —, sans autre passé que le souvenir d'une errance de quinze jours sur les bords de la Grande Baie australienne. Je n'avais pas de nom. Et ce fut lorsque nous doublâmes le cap Catastrophe qu'Anson eut l'idée de me donner le patronyme du premier navigateur à avoir dressé la carte de ces eaux. Ainsi naquit Richard Flinders, en ce mois de février 1893.

Je constate à présent qu'Anson croyait que ce qu'on trouve on le conserve ; que ses projets, dans toute l'innocence de motivations subconscientes, visaient à me garder près de lui. On m'avait découvert dans ce qui constituait alors la limite sud-ouest de la colonisation en Australie-Méridionale : de Port Lincoln, nous fîmes voile jusqu'à Port Augusta et, de là, nous gagnâmes le plus grand des établissements d'Anson dans un coin reculé de l'État d'Australie-Méridionale. Les médecins qui s'occupèrent de moi étaient venus — sans doute à grands frais — de Sydney, sur la côte orientale du continent. La disparition de Ian Guthrie eût-elle encore constitué un mystère que, malgré mon amnésie persistante, on m'aurait découvert et identifié. Mais, comme je le sais aujourd'hui, on avait trouvé au bout de quelques semaines le cadavre solitaire allongé à côté des cendres de son feu de détresse, mon sac à dos et les quelques bricoles identifiables qu'il contenait à proximité. Le sort de Ian Guthrie ne faisait donc plus l'ombre d'un doute. Tout ce qui lui restait d'existence se cachait, à des profondeurs inaccessibles, dans le cerveau de Richard Flinders.

Je reconnus dans la maison d'Anson et dans son mode de vie une tradition qui ne m'était pas étrangère. La vie à la campagne, la maison pleine de coins et de recoins avec la surface sombre des vieux meubles, ses beaux tissus fatigués et fanés, ses rangées de portraits de membres de la famille Anson contemplant depuis les murs la génération présente : tout cela me titillait davantage l'esprit que n'importe quelle technique psychologique. Anson étant célibataire et sans enfant, je vis s'ouvrir devant moi un avenir que je dus refuser. Je ne souhaitais pas mener une vie pastorale, peut-être en raison de ce que je venais de vivre ; mais, plus vraisemblablement, à cause d'impressions d'enfance, pourtant cachées au plus profond de moi-même, trouvais-je ces immenses montagnes déprimantes et parfois terrifiantes. De surcroît je me préoccupais fort du mystère qui entourait mon esprit et cela me poussa, de plus en plus, à vouloir étudier la médecine. Bien des années plus tard, je publierais, avec certaines omissions et modifications nécessaires, mon *Analyse d'un cas d'amnésie de longue durée* — monographie qui occupe une place à part dans la liste de mes nombreux travaux consacrés à la radiologie.

La générosité de Mr. Anson ne se limita pas à assumer mes années d'études à Adélaïde. Il m'aida également pendant la longue période de vaches maigres, souvent fatale, qui attend le jeune spécialiste. Il fit, littéralement, Richard Flinders ; et ce fut, au moins en partie, un sentiment de reconnaissance, dont je n'ai absolument pas honte, qui me fit décider, le moment venu, que Richard Flinders ne mourrait pas.

Cela se passait pendant ma dernière année d'études. J'allais à pied de l'école de médecine à mon logement, qui se trouvait à quelque trois kilomètres au-delà des champs qui entourent le centre de la petite ville. Un tramway hippomobile passa devant moi et je pris conscience de la présence d'un petit groupe de gens debout devant un socle recouvert d'une bâche. On inaugurait la statue d'un explorateur écossais — peut-être bien McDougal Stewart. Tandis que je contemplais la chose, j'entendis des cornemuses.

Je fis quelques pas dans le noir le plus total puis je vis devant moi, comme évoquée par le tour de force d'un illusionniste, la silhouette de mon frère Ranald. Il était debout sur une petite hauteur, regardant le bush qui s'étendait à perte de vue. Et je l'entendis réciter, avec toute la sombre passion de sa nature de poète contrarié :

Des pâturages solitaires de l'île embrumée,
Nous séparent montagnes et océans sans nombre ;
Pourtant le sang parle encore...

La voix et l'image s'évanouirent et je repris ma marche sans en savoir davantage qu'auparavant. Mais, cette nuit-là, alors que je contemplais la ville étendue au clair de lune dans son merveilleux site, entre les collines et la mer, les voiles qui obscurcissaient mon esprit tombèrent l'un après l'autre. Je savais que j'étais Ian

Guthrie et je savais aussi que, quelles que fussent les circonstances qui entouraient son acte, mon frère Ranald m'avait abandonné face à cet incendie dans le bush.

Mon enquête personnelle me révéla que la disparition des enfants de notre frère aîné et ma mort supposée avaient fait de Ranald l'héritier d'Erchany. J'avais toujours été le membre le plus solide et le plus sain de la famille. L'indécision qui marque les personnalités névrotiques et qui caractérisait Ranald m'est inconnue. Je me souviens que deux heures me suffirent pour prendre ma décision. J'avais conscience de l'injustice et de la blessure morale dont j'étais victime, mais cela comptait peu pour moi. Je ne souhaitais pas mener l'existence d'un châtelain écossais. J'avais déjà quasiment planifié tous les détails de ma carrière médicale. Je n'avais pas la moindre confiance en Ranald, et je ne prévoyais que vexations et problèmes si je contestais l'héritage. L'Australie avait déjà donné au monde l'affaire Tichborne et je me dis, ironiquement, que ce genre de chose suffisait largement pour deux générations. En outre, j'éprouvais de l'affection pour Mr. Anson qui préparait avec moi ma carrière de chirurgien australien. Et je voyais bien que c'était tout ou rien ; si j'admettais survivre en tant que Ian, cela créerait quantité de difficultés et me contraindrait presque à revendiquer ma position de chef de la famille Guthrie.

Je continuai donc à vivre sous l'identité de Richard Flinders — la plupart du temps dans mon pays d'adoption, mais parfois en Angleterre et, pendant une longue période, aux États-Unis. Je ne suis jamais devenu l'homme riche que la pratique régulière de la chirurgie aurait pu faire de moi ; j'ai consacré la plupart de mes gains, ainsi qu'un legs généreux de Richard Anson, à de dispendieuses recherches sur le radium. Je ne pense pas qu'on puisse faire de dépenses plus utiles. Et je crois amplement justifié le fait d'avoir toujours fait passer ma carrière après ce que je pouvais apporter éventuellement de connaissances nouvelles. Voici quelques jours on m'a avisé d'un grand honneur : j'ai été nommé membre honoraire d'une fondation américaine pour laquelle j'ai travaillé voici des années. Je vais aller vivre en Californie. Le climat y favorise une verte vieillesse et je souhaite vivre dix ans encore pour explorer des domaines qui me sont demeurés presque totalement étrangers pendant toute une vie consacrée à la science. Mon travail est fini — en un certain sens, on peut même dire qu'il a été une réussite. Ma retraite, tant de la médecine que de la société, sera totale. Au cours de ma carrière, j'ai eu l'occasion d'apprendre plusieurs langues et la littérature européenne constitue la seule étude qui vaille pour un homme dont une pensée sur deux doit être consacrée à la tombe.

Mais, alors que l'œuvre de ma vie passe aux mains d'hommes plus jeunes, je me mets à penser à Erchany. Et, avec la montée du sentiment, la raison s'affaiblit. Je prends à nouveau conscience de l'injustice et du tort que j'ai subis. J'ai envie d'effrayer Ranald. Si jamais je cède à cette impulsion, je saurai que je retombe en enfance.

Il y a pourtant l'appel des lieux. La balle au mur dans les douves, le donjon, la peur éprouvée en me promenant la nuit sur le chemin de ronde, la galerie où nous jouions à évoquer les exploits de ces ancêtres qui nous regardaient dans l'ombre. La neige sur le mont Cailie, les brumes sur le loch, les saumons bondissant encore et toujours dans les torrents... Le sang parle encore. Peut-être reverrai-je Erchany autrement qu'en rêve avant de mourir.

Sydney, Nouvelle-Galles du Sud,
Jour de la Saint-André, 1936.

III

Timor Mortis conturbat me... Mon frère vient de psalmodier cela — bizarrement, puisque c'est moi qui dois mourir. Je n'ai, pour ma part, pas très peur.

Disposant d'une plume et ayant les membres libres, je reprends ce récit — apporté à Erchany pour l'information de Ranald — et vais lui ajouter ce que je pourrai. Si je le dissimule dans quelque anfractuosité de ces vieux murs, il échappera peut-être à la vigilance de Ranald et révélera l'histoire plus tard. J'aurai ainsi contribué à écrire une page noire dans la chronique longue et mouvementée de la famille Guthrie. Toute l'œuvre de ma vie a été consacrée au savoir : je crois aux comptes rendus exacts.

Je confesse donc que je suis le seul responsable de ma situation actuelle. Je me suis montré enfantin et vindicatif. Et — ce qui m'irrite le plus — je me suis révélé bien mauvais juge de l'âme humaine.

J'étais rancunier dans une certaine mesure mais j'avais aussi, par charité, recouvert le passé d'un voile déformant. J'en étais arrivé à penser que Ranald m'avait fait un sale tour, qu'il n'avait pas joué le jeu et je voulais lui rendre la monnaie de sa pièce avant de me retirer définitivement. C'était une impulsion enfantine — et bien loin de ce qu'il y avait vraiment entre nous. En s'enfuyant avec les chevaux, l'eau et le reste, Ranald s'était trahi lui-même, en tant que Guthrie, frère et homme. Et il avait vécu depuis avec la conscience aiguë de cette trahison, son existence tout entière dominée par ce honteux souvenir. Je l'avais repêché, adolescent hystérique et reconnaissant, dans le port de Fremantle en le soustrayant du même coup à tout un congrès de requins ; quelques mois plus tard, dans le bush australien, mon sang était retombé sur sa tête. Et le dernier acte qui va se jouer dans ce donjon écossais isolé s'accorde étrangement à la vérité centrale de *Macbeth*, la plus grande des tragédies écossaises. Il y a une culpabilité sanglante que rien ne peut effacer sinon le sang. Ranald ne se souvient pas d'une mauvaise plaisanterie mais d'une trahison et d'un crime. Au fil des ans, il a de plus en plus pris conscience du fait que, dans sa panique, il m'avait abandonné délibérément. Année après année, la dynamique de la culpabilité a envahi son esprit, a malmené puis brisé sa personnalité, si bien qu'à la première difficulté il se croit pris au piège et se montre impitoyable par voie de conséquence. Convaincu — sans le moindre doute à cause de ma mélodramatique sottise — que tel un farouche Guthrie de jadis je venais me venger de lui, il a élaboré des plans d'une violence absolue — même si cette violence se trouve tempérée par quelque complexité et quelque subtilité intellectuellement satisfaisantes que je n'ai pas réussi à percer. Ranald a passé toute sa vie à l'ombre de mon spectre. À présent que je suis revenu d'entre les morts, il s'est libéré en imposant une nouvelle perspective à mon existence, c'est-à-dire en la sacrifiant au terme d'un simple coup dans je ne sais quel jeu compliqué dont il est le maître. Ma mort dans le bush australien l'a écrasé et détruit ; il organisera et exploitera ma mort à Erchany. C'est là un programme qui ne manque pas d'intérêt pour le psychologue.

Je lui ai écrit d'Australie, en lui parlant un peu de moi mais sans rien dire de mes intentions — comptant ainsi m'offrir le stupide plaisir de sous-cntendre une vague menacc. Il a disposé de tout le temps nécessaire pour mettre ses plans au point ; isoler Erchany, congédier les domestiques, et s'assurer le concours du nommé Hardcastle. Ranald est mû par des années d'aberration et je ne crois pas souhaiter que la justice s'acharne sur lui. Mais Hardcastle se rend complice d'un meurtre pour de l'argent. J'espère qu'on le prendra.

J'ai écrit une seconde fois à Ranald afin de l'informer que le Dr Richard Flinders arriverait secrètement dans la nuit du 23 décembre. Cela paraîtra gratuit et plutôt mélodramatique mais c'est, quelle ironie ! Ranald qui a repris le mélodrame à son compte. Pourtant ma démarche avait un sens. Je n'entendais pas ressusciter Ian Guthrie et l'heure que j'avais choisie permettait aisément à mon frère d'organiser une rencontre parfaitement secrète. En outre, le choix de la date et du moment évoquait implicitement bons sentiments et réconciliation. Quand nous étions enfants, nous nous donnions rendez-vous régulièrement le 23 décembre à minuit, pour parler de ce que le minuit suivant, celui de la nuit de Noël, mettrait dans nos chaussettes. Mais, visiblement, Ranald n'était pas en état de comprendre l'allusion.

L'abondance de la neige, inattendue, me posa un problème. Mais je pratiquais le ski depuis longtemps — je me demande si le monde sait que l'Australie a d'excellentes pistes — et il m'était facile de trouver des skis à mon hôtel de Dunwinnie : cette ville est une station de sports d'hiver, bien encombrée en ce moment, car l'Écosse commence à découvrir ce genre d'activités. J'atteignis donc Erchany, en prenant quelques risques, par les pentes du mont Cailie.

Hardcastle m'accueillit avec les précautions que j'espérais et me conduisit directement dans ce donjon. C'est ici que Ranald et lui me maîtrisèrent. C'est tout. C'est simple, étonnant, et — ne fût-ce que parce que Ranald et moi sommes frères — curieusement horrible. Cette petite chambre a pu être conçue comme une prison ; elle a peut-être servi de prison voici des siècles. J'ai fait ce que j'ai pu. J'ai réussi à attraper quelques rats d'Erchany, créatures hardies et léthargiques à la fois, et je les ai utilisés comme messagers ; je crois qu'ils circulent librement dans toute cette bâtisse lézardée. J'ai également poussé la meilleure imitation que j'ai pu du *cooee* australien, qui est l'un des cris d'appel les plus perçants du monde. Mais la hauteur à laquelle se trouve cette pièce, l'épaisseur des murs, la tempête et la neige qui tombe dehors l'ont probablement rendu inaudible ou, s'il a été entendu, il a dû passer pour le hululement d'un hibou ou le gémissement du vent. D'ailleurs, je n'ai aucune preuve qu'Erchany ne soit pas vide, à l'exception de mon frère et de son complice.

Ils m'ont donné un livre : la *Radiologie expérimentale* de Richard Flinders — je dois m'estimer heureux que Ranald ait fait preuve de ce sens de l'humour plutôt que d'avoir cédé à je ne sais quel sadisme. Ce texte est clair et plutôt bien fait et il m'a plu autant qu'un autre. Et la médecine va me dicter une dernière constatation. Ranald n'est pas fou. Ses pensées et ses actes sont tournés fort logiquement vers certains objectifs qu'il peut espérer atteindre...

VI

JOHN APPLEBY

I

Mr. Wedderburn respira profondément tandis que je posai le récit inachevé.

— Fratricide, dit-il. Et Miss Mathers avait raison. Mon interprétation des faits était bien loin de rendre compte de l'ingéniosité de Guthrie. Le meurtre de Ian par Ranald devait passer pour celui de Ranald par Lindsay. Il a tué son frère en incriminant l'amant de sa nièce. C'est de la folie.

Je secouai la tête.

— Du point de vue moral, oui. Mais c'est frappé au coin de la plus parfaite logique. Il s'est montré fort habile à trouver les moyens de parvenir à ses fins.

Sybil Guthrie était restée immobile pendant la lecture du testament de Ian Guthrie. Elle bougea.

— *Pourquoi ?* demanda-t-elle. Qu'est-ce qui le poussait ? Quel motif avait-il de machiner un plan aussi diabolique ?

Je réfléchis.

— Tout un ensemble de raisons. On peut chercher dans plusieurs directions, creuser à diverses profondeurs, et continuer à en trouver. Il y a ce que Ian a constaté : Ranald avait passé son existence dans l'ombre de ce crime commis en Australie ; tous les sentiments de culpabilité massifs qui abondent dans la névrose s'étaient cristallisés là-dessus ; Ranald en avait retiré la terrifiante certitude que Ian revenait pour se venger complètement ; il devait donc se montrer plus malin que son frère et le détruire. On peut en même temps voir dans tout cela un symbolisme plus profond : la mort de Ian dans la brousse l'avait en quelque sorte placé au-dessus de Ranald ; avec la seconde et vraie mort de Ian, c'était *lui* qui occupait enfin la position dominante.

Noel Gylby battit des mains comme un enfant.

— Une position dominante à plusieurs dizaines de mètres du sol... au sommet du donjon !

— Exactement. Et un psychanalyste y trouverait peut-être un symbolisme plus profond encore. J'y pensais plus tôt dans la journée. Quand un homme se jette d'un point élevé, il s'éloigne symboliquement du danger — le redoutable *en haut* — pour trouver la sécurité — le rassurant *en bas*. En précipitant Ian du haut de la tour, Ranald réussissait ce qu'il avait raté en Australie. *Il sauvait son frère*. En fait son crime était un coup de génie — et la démonstration de l'humour noir de Ranald dont nous avons tant de preuves.

— Un coup de génie ! s'exclama Wedderburn.

— Au sens freudien. La réconciliation de désirs violemment opposés au niveau verbal ou symbolique. Le désir de détruire Ian : le désir de se réhabiliter, de prouver son humanité, en le sauvant.

Il y eut un silence qui nous permit d'entendre, venus de derrière les lambris de la galerie, les ultimes soubresauts d'un rat empoisonné. Wedderburn sortit son mouchoir et s'épongea le front.

— Je préfère, dit-il, ne connaître ce noir tréfonds de l'esprit humain que par les manuels. Et des manuels de médecine plutôt que de droit.

— Ils sont voués à figurer parfois dans les deux. Mais nous sommes loin d'avoir exploré la totalité des motivations de Ranald — nous ne disposons pas de toutes les données. Citons ce moteur essentiel qu'étaient la crainte, l'horreur et la haine qu'inspirait à cet homme Neil Lindsay, dont il avait planifié la fin avec une diabolique habileté dans le plus compliqué des puzzles. Nous devons examiner cet aspect des choses. Ce qui apparaît clairement pour l'instant, c'est le rapport à Ian. Tout concorde. La fermeture de cette galerie par exemple lorsque Ranald a hérité.

Je promenai le faisceau circulaire de ma torche sur les portraits accrochés au mur.

— Les Guthrie d'Erchany ! La tradition trahie par Ranald. Ces ancêtres avaient pu être de sombres brutes. Mais tuer un frère, ce dont Ranald s'était pratiquement rendu coupable dans la brousse, n'était pas dans les habitudes de la famille.

Wedderburn hocha la tête.

— Selon mon ami Clanclacket, Ian et Ranald étaient très proches.

— J'évoquerai maintenant l'impatiente passion qu'il a manifestée à l'ouverture de la galerie. Il avait son idée et devait examiner les portraits pour vérifier qu'elle était réalisable ; pour s'assurer que les Guthrie possédaient l'étrange caractéristique, parfois observée dans les vieilles familles, de se ressembler tous.

— C'est là où je ne vois pas... intervint Gylby.

— Écoutez.

Je sortis de ma poche le journal de Gylby et le feuilletai.

— Votre texte, comme vous l'avez fait remarquer, est plutôt littéraire ; mais il exprime l'essence même de la chose.

Et je lus à haute voix :

— « Guthrie, en retournant à la poussière, avait

recouvré son innocence ; ce visage sinistre, avec ces traits fortement accusés qui marquent l'appartenance à l'aristocratie, paraissait à présent plus ferme et plus pur, comme si quelque artiste avait pris une éponge pour en effacer les marques. On lit dans les livres que la mort provoque cet effet, mais le constater après une fin aussi brutale était singulièrement déconcertant. Je disposai le corps comme je pus... »

« *On lit dans les livres que la mort provoque cet effet.* Vous constatez l'habileté du calcul de Ranald ? En fait on regardait un autre homme. Mais on pensait voir un homme transfiguré par le trépas — ce qui est un fait patent et bien connu. La mort a en général la conséquence suivante : elle modifie légèrement l'aspect, efface les traces de tension et d'angoisse, ce qui se traduit par une expression de bien-être, de paix ou d'innocence. La mort, en fait, changerait Ranald en Ian. Inversement, le cadavre de Ian, pris pour celui de Ranald, ressemblerait à celui de Ranald — un Ranald *touché par la mort*. Et n'oubliez pas que ni vous ni Miss Guthrie n'avez jamais vu Ranald vivant en pleine lumière. Le soir de votre arrivée, l'éclairage se limitait à une pauvre chandelle. Et, le lendemain, Guthrie s'est bien gardé de se montrer. Vous comprenez comment, tombant du ciel, vous vous êtes insérés aussitôt dans le puzzle. Le cadavre devait être formellement identifié par Hardcastle, qui était dans le secret, par Mrs. Hardcastle, qui est à moitié aveugle, et par le Dr Noble, qui n'a pas vu Ranald Guthrie depuis deux ans. Les Gamley avaient été éloignés et la présence de Gamley constitua un coup de malchance imprévu. Mais Gamley ne vit le cadavre qu'à la lueur de sa lanterne et ne soupçonna rien. Miss Mathers, la seule personne qui aurait constaté que le mort n'était pas Ranald, était en route pour le Canada et ne pourrait vraisemblablement pas être retrouvée à temps pour une identification de routine, la seule à laquelle Ranald pensait. En même temps, l'absence de Miss Mathers s'intégrait à la machination contre Lindsay. Et, je l'ai dit, l'arrivée de Miss Guthrie et la vôtre, qui aurait pu bouleverser le projet, a été au contraire brillamment exploitée pour donner encore plus de poids au fait que le mort était bien Ranald. Lequel, du reste, avec une superbe économie de moyens, a tout exploité à son avantage, depuis la fable des doigts tranchés jusqu'à la présence inattendue d'une parente. Vous lui avez été fort utile, Miss Guthrie, et deux fois plutôt qu'une.

Sybil Guthrie jeta un coup d'œil absent dans la galerie obscure.

— J'ai tout mélangé, dit-elle.

— Non, je ne parle pas de votre récit de ce qui s'est passé dans la tour. Nous y viendrons. Je veux dire que Ranald a trouvé votre conversation utile.

Miss Guthrie ouvrit des yeux ronds.

— Nous allons voir maintenant quel était l'objectif final de Ranald. *O mon Amérique, ma nouvelle patrie!* Son expérience d'acteur dans sa jeunesse. Son étude rapide de la médecine générale. Sa façon de vous demander de lui raconter vos plus anciens souvenirs des États-Unis, ces États-Unis où Richard Flinders avait travaillé. Tout cela montre clairement ce que voulait faire Ranald — je devrais dire ce qu'il *veut* faire. Richard Flinders est mort dans la peau de Ranald Guthrie : Ranald Guthrie va vivre dans celle de Richard Flinders — un Richard Flinders qui abandonne à la fois la recherche médicale et la société qu'il a fréquentée pendant les vingt dernières années et qui s'apprête à vivre tranquillement de sa pension en Californie. Il s'agit là, comme Ian allait nous le dire quand il a dû cesser d'écrire, d'un projet parfaitement réalisable. Notez que là encore apparaît, du point de vue symbolique, une motivation puissante. À comparer la vie des deux frères, on ne peut que constater le *triomphe* de Ian. Ian, il nous le dit lui-même, a toujours été « le membre le plus solide et le plus sain de la famille ». Ranald, en revanche, possédait une « personnalité névrotique ». En conséquence...

Wedderburn m'interrompit brusquement :

— Ian avait été envoyé outre-mer parce qu'il avait trop de succès auprès des femmes ; Ranald, du fait qu'il avait embrassé une profession qui consiste à masquer sa propre personnalité sous des vêtements d'emprunt.

— Du point de vue du psychologue, c'est là un point essentiel. Car cela exacerbe le complexe d'infériorité de Ranald. Ian sauve la vie de Ranald : celui-ci le trahit. Par la suite, Ian, sous l'identité de Richard Flinders, devient un personnage éminent dans un domaine utile : l'existence de Ranald est futile et de plus en plus névrotique. *Mais maintenant Ranald devient Ian !* Celui des deux frères qui a raté sa vie finit par la réussir en s'identifiant à son heureux rival et en se substituant à lui.

Wedderburn fit un aller et retour dans la galerie.

— Mr. Appleby, tout cela est parfaitement cohérent. Mais il est curieux que ce genre de motivations soit pratiquement inconnu du droit pénal.

— Parce que ces pulsions profondes sont, sauf dans le cas des aliénés, rationalisées. Elles se cachent toujours sous un camouflage, pour ainsi dire, de motifs compréhensibles du point de vue romanesque ou économique et non pas de la passion déchaînée. Et ce sont ces motifs plaqués sur la réalité que nous voyons exposés devant les tribunaux. Dans l'affaire qui nous occupe, je vois une motivation supplémentaire, dans une direction que nous n'avons pas encore explorée.

À mon tour, je me mis à aller et venir dans la galerie.

— Mais j'ignore si c'est vraiment un détail superficiel. Peut-être est-ce au contraire le motif principal.

Noel Gylby explora ses poches à la recherche de cigarettes absentes ; il sortit à la place sa réserve de biscuits au beurre. Il en offrit à la ronde.

— Des motifs, dit-il d'un ton vague, des motifs... excusez-moi : continuez.

— Prenons un autre aspect significatif du comportement de Guthrie — un aspect qui nous le montre au bord de la vraie démence, sous un jour réellement pathologique. Il pouvait incarner Flinders. Il pouvait vivre dans l'Amérique que Flinders avait connue. Il pouvait apprendre suffisamment de médecine pour se protéger en cas d'intrusion imprévue de médecins dans sa vie privée. Mais il restait une difficulté de taille. Le Flinders de Californie ne pouvait pas afficher un trait de caractère absent chez le Flinders de Sydney. Et Ranald Guthrie possédait un tel trait de caractère — plus qu'un trait, en réalité. Il avait une obsession tenace, étrange et fort visible : son avarice pathologique. S'il devait incarner Flinders, il devait, tâche terrifiante, s'en débarrasser.

— C'était certainement une mission impossible ? fit Sybil.

— À peu près. Mais il se refusait à l'admettre. Nous connaissons ses efforts — et le côté grotesque de leurs premiers résultats donne une idée de l'importance de la tâche. C'est pour cela qu'il fit servir du vin et du caviar. Mais il oublia de cesser d'affamer ses chiens.

Wedderburn eut un petit rire :

— Y compris Docteur.

— L'avarice de Guthrie constitue donc le principal obstacle à la réussite de son projet. Mais n'est-ce pas aussi une motivation, peut-être la plus profonde ? L'avarice a été la passion dominante de toute son existence. Il subsistait, la petite Isa Murdoch l'a dit, sur les trois sous d'autrui qu'il trouvait dans la poche des épouvantails. Ce qui était exactement ce qu'il s'apprêtait à continuer de faire. Car, en fin de compte, il allait vivre non à ses frais mais à ceux d'un autre — grâce à la pension de Flinders.

Sybil Guthrie épousseta les miettes de biscuit tombées dans son giron et se lécha un doigt couvert de beurre.

— Mr. Appleby, je ne peux pas en rester là. Je veux de l'action. Où se trouve à présent Ranald Guthrie ? Il rôde probablement dans un coin avec un fusil ?

— Je ne crois pas. Il était à Kinkeig avant-hier soir — nous devrons découvrir pourquoi — et on l'y a vu...

Wedderburn leva les mains en signe de désespoir.

— Le fantôme !

— Le fantôme, sans l'ombre d'un doute. Et nous pouvons imaginer où Ranald se trouve à présent. Il devait renouer aussi vite que possible avec l'existence de Flinders. Et les circonstances le favorisaient au mieux — encore la superbe ordonnance du puzzle ! Flinders était arrivé tranquillement en Écosse et logeait dans un grand hôtel de Dunwinnie, bourré à craquer de joueurs de curling et autres amateurs de sports d'hiver. Si le Dr Flinders s'absentait une nuit et revenait avec des cheveux légèrement plus gris ou une ride différente, personne n'y verrait rien. Des éléments inconnus qui risquaient de transformer l'opération en pari un peu risqué pouvaient certes intervenir. Mais, une fois franchi l'obstacle de l'hôtel, Ranald se trouvait dans une position très forte. Il était le Dr Flinders, *en route* pour la Californie, avec les papiers du Dr Flinders en sa possession. La prise de contrôle des affaires financières du Dr Flinders n'ira pas sans poser un second problème délicat, mais le faux et l'usage de faux ne devraient pas gêner Guthrie. Il n'y a donc aucune raison de le supposer inquiet pour l'instant. Si nous conservons nos découvertes secrètes, on lui mettra la main dessus sans difficulté.

Il y eut un court silence, rompu cette fois par Wedderburn qui mordait dans un biscuit. Il avala sa bouchée et dit :

— Que faisons-nous maintenant ?

— Nous allons écouter Miss Guthrie. Je crois qu'elle a bien failli faire échouer tous les projets de Ranald.

II

Sybil Guthrie commença par se tourner vers Wedderburn.

— J'ai bien peur de m'être surtout inquiétée de ce que vous deviez penser de moi. Quand vous avez dit que Lindsay n'avait rien à craindre et qu'il me suffisait de dire la vérité, vous avez dû trouver étrange que je ne me rende pas compte de ce que vous aviez en tête — en fait, j'avais le plus grand mal à vous croire. Mais vous allez voir que votre thèse — à savoir que Guthrie s'était suicidé pour incriminer Lindsay — ne me convenait pas puisqu'elle contredisait ce que je savais. J'avais vu sur le rempart un homme envoyé à la mort. Lorsque vous avez plaidé cet après-midi devant le shérif, je sentis que mon mensonge — ma deuxième ligne de défense — vous permettait de prouver le contraire de la vérité. C'était là une impression plutôt désagréable. Le téléphone factice, le secrétaire dont je savais que Lindsay ne l'avait pas forcé constituaient des preuves concluantes. C'est-à-dire qu'ils prouvaient la machination montée par Guthrie contre Lindsay. Et je savais pourtant que Ranald ne s'était pas suicidé. J'avais vu l'homme que je prenais pour Ranald se faire *assassiner.* Et je croyais encore Lindsay coupable. Bien entendu je voyais plus clair dans ma conscience. Puisqu'il me fallait croire que Lindsay, perdant son sang-froid et tuant Guthrie, s'était contenté de faire ce dont Guthrie avait diaboliquement calculé qu'on l'accuserait. C'était la seule façon pour moi de concilier votre vision des choses et ce que je savais. Et, même si ma morale personnelle me disait qu'un Neil Lindsay ne devait pas être pendu pour avoir éliminé une vermine aussi dégénérée que Ranald Guthrie après l'odieuse provocation dont j'avais été témoin pendant les ultimes instants passés par les deux hommes dans la tour, cela me donnait malgré tout la chair de poule. Je me demandai si Lindsay n'avait pas percé à jour le complot fomenté contre lui et assassiné Guthrie dans la rage consécutive à cette découverte. Et s'il ne se serait pas agi, dans ce cas, d'une sorte de suicide presque justifiable. Et également si Lindsay n'aurait pas dû dire la vérité — ce que je croyais être la vérité — et assumer son acte.

Sybil Guthrie hésita, semblant chercher ses mots.

— Je veux dire qu'un tribunal vous terrifie du fait de l'importance abstraite de la vérité qu'il met en lumière. Je crois que je me suis montrée timide en allant serrer les mains de Lindsay à la fin. Je pensais que nous ne nous étions montrés honnêtes ni l'un ni l'autre.

Je ne sais plus si j'ai indiqué que Sybil Guthrie était d'une grande beauté. Noel Gylby fit chaleureusement :

— Tout est bien qui finit bien !

Le mieux que je pus faire pour me désolidariser de ce point de vue optimiste fut de demander :

— Miss Guthrie, avant de mieux analyser ce que vous aviez vu en présence du shérif, avez-vous éprouvé des doutes ou des remords ?

— Non, Mr. Appleby. Je ne suis pas, comme vous, liée par une certaine idée de la justice. Je n'ai eu qu'un seul remords.

Gylby bougea, comme si cela lui rappelait quelque chose.

— Le secrétaire.

— Oui. Pendant un moment ce tiroir fracturé m'a troublée. S'il se pouvait que Lindsay ait pris l'or et quelle que fût la provocation dont il avait été victime, il ne méritait pas que je le protège. Mais je me suis souvenue que j'étais sûre qu'il ne s'était pas approché de ce meuble. Je crois que j'ai dit ou laissé entendre à Noel que ce secrétaire ajoutait simplement une pièce au puzzle — au mystère entourant les faits.

Wedderburn se pencha en avant et tapota la main de sa cliente.

— Ma chère, j'ai bien peur qu'un de ces jours vous ne deviez résoudre le problème pratique qui consistera à expliquer votre problème moral à un juge de la Cour suprême. À l'occasion du procès de Ranald Guthrie.

Le menton de Sybil trembla.

— Si je peux voir mon cousin Ranald au banc des accusés, je me moque de faire piètre figure.

C'était plutôt illogique, me dis-je. Pourquoi protéger un jeune homme aussi nerveux et excitable que Lindsay uniquement pour faire poursuivre un vieillard nerveux et dégénéré comme Guthrie ? Ce dernier n'était-il pas le genre de malade que Lindsay, soumis à une certaine pression à un moment critique ou à un autre de sa vie, pouvait devenir ? J'abandonnai cette idée — casse-tête offert par la neurologie moderne aux rédacteurs de la loi pénale — pour examiner le problème plus concret que posait Miss Guthrie. Une fille bien, comme l'avait proclamé mon collègue Speight. Encore que ledit inspecteur pût être amené, à la lueur des nouvelles données, à modifier quelque peu son jugement. Et je déclarai, faisant écho aux intonations paternelles de Wedderburn :

— Maintenant nous ferions mieux d'examiner en détail ce que vous avez vu.

— Ce ne sera pas long. Je n'ai vu que ce que j'ai dit avoir vu : la conversation, la façon dont, à la fin, Guthrie s'est tourné vers Lindsay pour le provoquer, le départ de Lindsay par la porte de l'escalier et celui de Guthrie par la porte de la chambre — ces deux portes dont Mr. Wedderburn a découvert que je ne pouvais pas les apercevoir en totalité. C'est ensuite que j'ai menti. Par omission.

Gylby dit tout à trac :

— J'ai trouvé un bout de chocolat.

Et il le donna à Miss Guthrie.

Laquelle mordit dedans.

— C'est là que j'ai menti. Je suis restée à regarder le bureau vide pendant, je suppose, une vingtaine de secondes, en me demandant si je devais rentrer et m'enfuir. Et puis j'ai entendu quelque chose. Il soufflait toujours, vous le savez, un vent terrifiant : j'ai entendu un cri ou un appel — et ce cri devait être très fort pour me parvenir depuis un endroit situé après un angle du rempart. Car c'était de là qu'il arrivait — du côté sur lequel, je le sais maintenant, s'ouvre la porte de la petite chambre.

« J'étais en colère et prête à supposer n'importe quoi. En voyant la soudaine attaque verbale de Guthrie contre Lindsay, j'avais été un moment, vous le savez, d'humeur meurtrière et j'ai pensé que les deux hommes étaient encore ensemble, qu'ils avaient gagné le chemin de ronde d'une manière ou d'une autre et qu'ils se querellaient. L'endroit était redoutablement dangereux et je pris soudain conscience que je n'avais rien à faire là. La folie du château Erchany ? J'en avais mon compte. Je m'aventurai donc le long du parapet pour aller leur dire de laisser tomber.

Noel Gylby nous lança, à Wedderburn et à moi, un regard qui nous invitait clairement à l'admiration.

— Bravo, dit-il.

— Je savais bien entendu que j'avais tort. Pourtant, j'ai franchi l'angle. Il se passait assurément quelque chose.

« Je n'en eus qu'une vision confuse. Quelqu'un avait posé une lampe — une lampe-tempête — dans une niche ménagée au-dessus de la porte de la chambre. La lumière n'éclairait que jusqu'à une certaine hauteur. Au-dessous c'était l'obscurité. Je ne pouvais donc voir qu'au-dessus. Et j'aperçus d'abord le visage de Guthrie. Je n'avais eu que le temps de remarquer qu'il était déformé par une violente émotion quand son bras apparut dans la lumière. Il brandissait une hache. Je lui criai d'arrêter. Je crois qu'il m'entendit, encore que je ne m'y attendais pas trop, à cause du vent. Il pivota et fit un pas qui l'entraîna hors du faisceau lumineux. Je distinguai son ombre un instant. Puis je crois qu'il se baissa et je ne vis plus rien. J'avais conscience de mouvements confus — je crois avoir entendu un grognement et quelques mots marmonnés. Un moment plus tard, je le revis — ou plutôt je vis quelqu'un que je pris pour lui. Il était appuyé contre le parapet, sa tête et ses épaules en pleine lumière. Je ne l'aperçus qu'une seconde puis quelque chose s'interposa entre nous : la silhouette sombre d'un dos que je crus être celui de Lindsay. J'ai sans doute deviné ce qui allait arriver parce que j'ai crié une nouvelle fois et me suis précipitée en avant. Le dos du deuxième homme bougea et je vis à nouveau Guthrie. Mais rien qu'un instant. Un bras le frappa et j'entendis, malgré l'ouragan, le choc d'un poing nu sur son menton. Il chancela, poussa un grand cri — celui entendu par Noel dans l'escalier — puis il bascula par-dessus le parapet.

Sybil Guthrie frissonna et drapa son manteau autour d'elle.

Je posai le carnet dans lequel j'avais pris des notes.

— C'est tout, Miss Guthrie ? Vous n'avez pas vu Ranald sortir par la trappe et s'engager dans l'escalier en colimaçon ?

— Je n'ai rien vu de plus. J'étais certaine d'avoir vu Lindsay tuer cousin Ranald, peut-être pour se défendre contre la hache. Et je n'allais pas en parler si mon témoignage risquait d'enfoncer Lindsay. Je rebroussai chemin et repartis brusquement, contournai l'angle du mur et regagnai la porte-fenêtre devant laquelle je m'étais tenue. Cette chose affreuse pourrait passer pour un suicide : de toute façon, j'étais décidée à voir venir.

Noel Gylby remarqua lourdement :

— J'aurais fait comme vous.

— Et, dis-je, votre récit, au lieu d'incriminer Lindsay, accuse l'homme dont vous pensiez que Lindsay l'avait tué. Ce qui constitue un délicieux embrouillamini pour le policier. Un mystère des plus classiques avec le dénouement bien à sa place.

Gylby émit un grognement d'approbation et Wedderburn grommela son désaccord. J'avais parlé, je crois, dans l'espoir de dissiper la tension visible sur les traits de Sybil Guthrie. Elle avait été soumise à une rude épreuve et, à présent qu'elle avait dit la vérité, la réaction se faisait sentir. Je poursuivis :

— Votre témoignage a acquitté cousin Ranald au moins sur un point.

— Acquitté, lui ?

— De l'accusation de faiblesse. Vous vous souvenez que, selon la théorie de Mr. Wedderburn, Ranald avait échoué à deux reprises. Il n'était pas parvenu à garder le silence alors qu'il plongeait vers la mort. Et ses nerfs l'avaient trahi au moment le plus crucial de son plan, la mise en œuvre du détail qui devait à coup sûr incriminer Lindsay aux yeux de l'opinion : il n'avait pu, pendant les derniers moments de son existence, se résoudre à se trancher les doigts. Et, quand nous nous sommes rapprochés de la vérité, cet ultime élément restait déconcertant. Avait-il, au tout dernier moment, reculé devant la mutilation de Ian — drogué, on peut le supposer, et prêt à être précipité dans la mort ? Nous savons à présent qu'il n'a pas reculé ; il a simplement été interrompu par votre premier cri. Et sa réaction constitue notre dernière et meilleure preuve de sa vitesse d'exécution et de sa rapidité d'esprit.

« Voyons ce qui s'est passé. Ian gît dans la neige, impuissant, aux pieds de Ranald. Celui-ci lève sa hache pour accomplir une partie abominable de son crime quand il entend un cri. Il y a quelqu'un sur le rempart. Cette découverte paralyse-t-elle Guthrie ? Absolument pas. Sa situation est désespérée mais peut encore s'arranger. Toutefois il faut qu'on ne *voie* que lui. Il jette la hache par-dessus le parapet, sort de la zone éclairée, se baisse, redresse le corps de son frère en position verticale — *et cela en pleine lumière.* Puis, alors qu'il n'est lui-même qu'une silhouette imprécise, il frappe. L'intrus, quel qu'il soit, ne pense évidemment pas à un Ian Guthrie quelconque ; *Ranald Guthrie se fait assassiner sous ses yeux mais il ne voit pas le tueur.* Si Ranald réussit à s'esquiver par l'escalier en colimaçon, après avoir pris et éteint la lampe, son plan offre encore une chance de réussite non négligeable. Le vent effacera très vite toute trace sur la trappe ; l'intrus ne pourra pas jurer que le meurtrier ne s'est pas enfui par la chambre et l'escalier principal — dans lequel on verra Lindsay deux ou trois secondes plus tard, conformément à ce que Guthrie a prévu. Dans ces conditions, l'accusation portée contre Lindsay se révélera plus solide encore que Ranald ne l'espérait, car plus personne ne pourra douter de la réalité de l'assassinat. Ranald Guthrie, au fond, est un homme qui ne tente jamais le sort.

— À cela près qu'il a réservé un sort fatal à deux innocents, dit Wedderburn.

Il se leva, beau vieillard soudain envahi par la colère.

— Mais nous l'aurons ! Ranald Guthrie a joué son dernier coup.

Rompant le silence du château abandonné, le son dur et réverbéré d'une grosse cloche fêlée monta vers nous.

III

C'était le jeune avocat, Stewart, qui revenait de Dunwinnie. Nous l'avions presque oublié. Trouvant porte close, il avait fait sonner la cloche de la cour. Le Dr Jervie — le prêtre — l'accompagnait.

Groupés et nerveux, nous étions tous descendus à la porte. Je crois que les nouveaux venus ont vu sur nos visages, alors que nous les accueillions dans les ombres mouvantes de l'entrée, que le mystère avait considérablement évolué. Mais ils conservaient un étrange silence et ce ne fut que lorsque Gylby eut allumé du feu dans la salle d'études — ce que nous aurions dû faire bien plus tôt — que Stewart demanda :

— Vous avez du nouveau ?

— Oui, répliqua Wedderburn. Et c'est on ne peut plus bizarre. Guthrie vit toujours.

Stewart marqua le coup. Mais je m'intéressai davantage au Dr Jervie. Il s'était assis et regardait les premières flammes dans l'âtre ; je crois n'avoir jamais vu visage aussi triste. En entendant Wedderburn, il eut un moment l'air d'un homme qui cesse de méditer pour accepter avec indifférence un fait quelconque.

— Guthrie est vivant ? Je suppose donc que je n'ai pas vu de fantôme.

— *Vous* avez vu le fantôme ?

— Oui. Votre informateur n'a pas fait allusion à moi ? On tenait pour acquis, savez-vous, que le curé avait vu le fantôme. Il est payé pour ça, ce vieux fou bavard, pour raconter des sottises et parler de spectres, non ?

Le visage de Jervie restait calme mais ses propos, qui parodiaient ceux des villageois écossais, frappaient par leur amertume. Il ne s'agissait pas là, me dis-je, d'un état d'esprit chronique, mais plutôt de la conséquence momentanée d'un choc. Mais pas celui provoqué par la survie de Guthrie.

Jervie fit un geste qui était à la fois un aveu de faiblesse et une excuse.

— Pouvons-nous, pour commencer, entendre votre étrange histoire ? demanda-t-il.

IV

Une heure et demie s'était écoulée. J'étais sorti par la porte-fenêtre de la salle d'études et je me trouvais sur une petite terrasse que je n'avais pas remarquée jusque-là. Tout était calme, l'air était humide et étrangement chaud dans la tiédeur de cette nuit de redoux. La lune, presque pleine, brillait dans un ciel clair. Sur ma droite, entre de sombres mélèzes, je voyais les champs enneigés de la petite ferme du domaine, avec derrière un bois d'autres mélèzes qui ressemblaient à des arbres en carton-pâte collés sur le fond lumineux du firmament. Mais, sur ma gauche, vers le loch, je distinguais dans la nuit, par-delà un bras du long ruban gelé, la pure splendeur des sommets tranquilles du Mervie et du Cailie. Un pressentiment sinistre me serrait le cœur.

Jervie sortit à son tour et se posta près de moi. Il regardait en silence le loch et les montagnes. Puis il dit doucement :

— Comme c'est paisible !

Suivit un silence plus long, soudain rompu par un bruit qui évoquait celui d'un coup de pistolet : la glace craquait. Ce son, déchirant dans le calme, secoua le prêtre.

— Rentrons, Mr. Appleby.

Et il regagna la salle d'études.

Stewart était monté en haut de la tour ; Gylby venait de rentrer dans la pièce avec une brassée de bois. Jervie regagna son siège, feuilleta attentivement la lettre-journal de Gylby, posée sur une table à côté du testament de Ian Guthrie. Puis son œil se fixa sur quelque chose à l'autre bout de la salle. Il prit une bougie et alla examiner les peintures d'oiseaux à l'encre de Chine accrochées au mur. Il revint s'asseoir devant le feu et récita — en y mettant l'inflexion d'un propos familier, ce qui donnait une impression étrange :

Puisqu'à la mort il n'est point de remède
Mieux vaut pour la mort mettre nos affaires en
[ordre,
Pour, après notre mort, pouvoir revivre ;
Timor Mortis conturbat me.

Il se tourna vers Wedderburn.

— Ranald Guthrie, dit-il, s'était depuis longtemps vendu au Démon. Et le Démon lui avait offert en retour ce qu'il possède de plus précieux : l'orgueil.

Mal à l'aise, Wedderburn répondit :

— Sans doute.

— Mr. Appleby, vous vous demandez si, dans l'ensemble complexe de motivations que vous avez découvert, la principale n'est pas l'avarice — cette ladrerie qui est la passion dominante de Guthrie. Je crois que ce qui le pousse avant tout, c'est son autre passion dominante : l'orgueil. Un orgueil plus fort encore que cette avarice qui l'envoie faire les poches des épouvantails. Un orgueil qui lui a fait emprunter un chemin diabolique et tortueux pour atteindre un objectif qui s'imposait impérativement à lui. Il ne voulait pas du mariage de Neil Lindsay et de Christine Mathers. Cette union était impossible. Mais son orgueil lui interdisait d'expliquer pourquoi. Neil et Christine sont frère et sœur.

Sybil Guthrie poussa un petit cri qui mourut dans le silence.

— Ils ne sont, en fait, que demi-frère et demi-sœur. Christine passait — de façon douteuse et plutôt par déduction — pour l'enfant du frère de la mère de Guthrie, dont on savait qu'il avait trouvé la mort avec sa femme dans un accident de chemin de fer en France. En réalité, Christine est la fille de la sœur de Guthrie, Alison Guthrie.

« Alison était une femme excentrique et solitaire qui se passionnait pour les oiseaux...

J'interrompis le prêtre.

— Christine...

— Oui. Elle partage le même goût. Mais si Alison avait une passion pour tout ce qui vole, elle en avait une autre, moins innocente, pour ses propres employés. C'est un cas bien connu. Et un certain Wat Lindsay, le père de Neil, est entré au service d'Alison alors qu'il était déjà marié et, peu après la naissance de Neil, Christine fut...

Soudain, comme si un barrage s'était rompu, Sybil Guthrie éclata en sanglots. Jervie attendit une minute avant de poursuivre doucement :

— La mère de Christine mourut dans quelque retraite solitaire en mettant l'enfant au monde. Ranald Guthrie recueillit la petite fille, mais cacha ses liens de parenté avec toute l'ingéniosité dont vous le savez capable. On aurait pu percer le secret, bien entendu : Mr. Wedderburn dirait que la vérité aurait éclaté à la liquidation de la succession après la mort supposée de Ranald. Mais celui-ci était un personnage têtu et sa clairvoyance avait des limites. Il tenait passionnément à ce que ne soit jamais révélé ce que son esprit morbide jugeait honteux.

« Et ce fut donc l'orgueil et non l'avarice qui le poussa à la pire des méchancetés. Il était inutile de déballer publiquement l'histoire de la famille. Une simple explication donnée à Neil et à Christine, dès qu'il fut au courant de la nature de leurs rapports, aurait, certes, été fort triste, mais aurait évité toute véritable tragédie. Mais, semble-t-il, Ranald ne pouvait pas en passer par là. C'est ce que les psychologues qui intéressent Mr. Appleby appellent une inhibition — totale dans ce cas. Il lui était impossible de parler : et, à moins de parler, il ne se trouvait pas en mesure d'empêcher ce mariage. Voilà le motif du plan ourdi contre Lindsay, ce motif que cherchait Mr. Appleby. Nous pouvons imaginer, je crois, la peur, la haine, l'horreur qui envahissaient Guthrie. Ces jeunes gens, il s'en rend compte, vont commettre un péché — un péché inconscient, si pareil péché peut exister — qui a toujours semblé particulièrement terrible aux yeux d'un névrosé. Il se sent responsable et ne peut intervenir qu'en parlant — ou en agissant. Et il ne peut rien dire.

Sybil Guthrie se leva. Elle avait les yeux secs, à présent.

— Où est Christine ? Puis-je prendre une voiture ?...

Jervie hocha la tête.

— Il sera bien assez tôt demain matin. Pour l'instant, Christine dort au presbytère et Neil chez Ewan Bell.

« J'ai dit que Guthrie ne pouvait pas parler. Et qu'il s'était donc résolu à agir. Il voulait se débarrasser du sentiment de culpabilité qui l'écrasait, un sentiment qui ne cessait de croître plus il repensait à sa traîtrise ou à sa lâcheté en Australie, et il voulait s'en débarrasser sur Lindsay. Il le projetait sur Lindsay — dont le père avait, en un sens, trahi un membre de la famille Guthrie ; Lindsay qui s'apprêtait résolument à commettre un péché mortel. Rien ne pouvait l'éviter, rien ne pouvait résoudre le problème sinon la mort de Lindsay.

Noel Gylby interrompit l'ecclésiastique d'une voix quelque peu altérée :

— Ainsi que l'a dit Christine, il n'employait que des moyens extrêmes. Ou qu'il croyait extrêmes.

— Et nous arrivons ici, reprit Jervie, à un nouvel aspect du puzzle. Mr. Appleby a déduit des faits que Ranald utilisait Lindsay dans le plan dirigé contre son frère ; je le vois, moi, utilisant son frère contre Lindsay.

Il eut une fois encore un geste qui trahissait sa lassitude.

— Je suppose que, du point de vue criminologique, c'est un cas intéressant.

Il se leva.

— Je dois aller prendre des forces pour affronter la tâche qui m'incombe demain.

Wedderburn se leva à son tour.

— Jervie, vous êtes sûr de ce que vous venez de dire ? Il n'y a pas l'ombre d'une erreur possible ?

— Aucune, j'en ai bien peur. Mais vous devez savoir comment nous avons découvert la vérité. Nous ignorons encore si la naissance de l'enfant — la naissance de Christine — a fait l'objet d'un faux à l'état civil. Mais quelle qu'ait été la méthode utilisée par Guthrie — et nous pouvons être certains qu'il s'est montré habile —, il lui a fallu le concours d'une autre notabilité du comté. Il s'est adressé à Sir Hector Anderson de Dunwinnie, vieil homme excentrique tout imbu d'idées extravagantes sur le sang et la race. Sir Hector est mort voilà quinze ans, si bien que Guthrie n'avait plus rien à craindre de lui dans la réalisation de son projet. Mais il avait compté sans Lady Anderson — ce qui n'avait rien de déraisonnable puisqu'elle a maintenant plus de quatre-vingt-dix ans. Elle connaissait la vérité, même si elle ne l'a jamais révélée. Et elle s'intéresse toujours aux informations locales. Quand elle a appris qu'on ramenait Neil et Christine après leur prétendue fuite, elle s'est décidée à agir. Le message qui a rappelé d'urgence Stewart cet après-midi venait de Dunwinnie Lodge. Il connaît toute l'histoire.

— Mais les souvenirs d'une dame aussi âgée...

Jervie hocha la tête.

— Il restait deux lettres. Avec peu de détails. Mais suffisamment explicites.

Sybil Guthrie demanda :

— Docteur Jervie... personne d'autre n'est au courant ? On ne va pas les informer... brutalement ?

— Personne ne sait rien. Et je les informerai moi-même.

Gylby intervint avec une fougue proche de la violence :

— Pourquoi *doivent-ils* savoir ? Il ne s'agit pas d'un *vrai* lien de parenté — c'est une chose morte et enterrée ! Cela doit s'être produit des centaines de fois et ni vu ni connu.

Je posai la main sur son bras.

— Ça ne colle pas, Gylby — ça ne colle pas du tout. La vérité éclatera au procès de Ranald. Même si nous ne disions rien, Lady Anderson et nous-mêmes, Ranald révélerait presque certainement toute l'histoire à la fin. Ce serait pour lui la seule façon de triompher et il romprait le silence.

Sybil Guthrie sauta sur ses pieds et s'approcha de moi.

— Mais, Mr. Appleby, si nous nous taisions tous ! Pour l'instant, la démonstration de Mr. Wedderburn tient parfaitement. Ranald est en route, incognito, vers sa retraite et sa pension. Lindsay ne risque plus de finir pendu. Christine et lui font des projets pour le Canada...

Elle s'interrompit et se tourna, suppliante, vers le Dr Jervie.

— Docteur Jervie, vous n'êtes pas d'accord ?

Jervie s'approcha de la fenêtre et regarda dehors. Sans se retourner, il fit à voix basse :

— Non.

C'était un débat futile. J'essayai d'y mettre un terme.

— Discuter ce sujet est inutile. Mis à part le point de

vue éthique, fermer les yeux ne servirait à rien. Ranald risque de surveiller la suite. Quand il apprendra que son coup monté contre Lindsay a échoué et que ces jeunes gens sont partis au Canada, il est plus que probable qu'il s'arrangera pour qu'ils apprennent la vérité.

— Trouvez Ranald, fit Sybil. Proposez-lui un marché. Silence contre silence.

Je secouai la tête.

— C'est un homme âgé et il pourrait rompre sa part du marché à sa mort. Imaginez qu'ils soient informés après plusieurs années de mariage — personne ne peut prendre pareille responsabilité. Ne fût-ce que parce qu'il est impossible de savoir comment ils réagiraient en apprenant que nous avions gardé le silence. C'est sans issue.

Depuis la fenêtre Jarvie lança d'une voix différente :

— Quelqu'un arrive.

Je traversai la pièce et sortis une nouvelle fois sur la terrasse avec le prêtre. Une voiture s'approchait du château. Ses phares, qui brillaient à peine dans le clair de lune, balayaient le bras étroit du loch qui longe la douve. Leur faisceau lumineux nous éclaira un instant et tourna sur la droite pour accompagner la progression de l'auto le long de la rivière gelée. Puis ils s'éteignirent.

— Il y a une dénivellation inondée à la hauteur du dernier tournant du chemin, dit Jervie. C'était quasiment un bourbier quand nous sommes arrivés ; je suppose que la voiture ne peut pas passer.

Une minute plus tard, deux personnages apparurent sur la rive opposée, descendirent la berge et entreprirent de traverser rapidement la glace. À mi-chemin, le clair de lune les éclaira et nous reconnûmes Neil Lindsay et Christine Mathers.

Ils se tenaient par la main. Je crois qu'ils étaient optimistes : en quittant la route infranchissable pour emprunter ce raccourci par le loch gelé, ils prenaient un risque insensé. La glace craquait de partout ; ils devaient sentir qu'elle cédait sous leurs pas et je crois qu'ils riaient en courant. Ils étaient jeunes, ils avaient du ressort et ils venaient le jour même d'échapper à un grand danger. Nous entendîmes soudain la voix de Christine, claire et passionnée, qui criait quelque chose dans la nuit. Je sentis Jervie se raidir en l'entendant.

— Ce soir, dit-il. Il le faut. Je vais les accueillir.

La voix de Christine, bien compréhensible à présent, monta vers nous.

— Quelles chaussures impossibles ! Porte-moi, Neil.

V

Ils arrivèrent en courant dans le couloir puis dans la salle d'études. Jervie — qui voulait, j'imagine, les emmener dans une autre pièce — avait été distancé. Je les dévisageai l'un après l'autre. Ils paraissaient en pleine forme. Ils étaient heureux.

— Que personne n'essaie de traverser la glace ! Elle cédera sous le prochain à vouloir le faire.

Christine ôta son chapeau et regarda autour d'elle — d'abord cette pièce qui était la sienne, puis les gens qui s'y trouvaient. Elle s'approcha vivement de Sybil Guthrie.

— Miss Guthrie d'Erchany ! Apportez la paix et la santé au château — et la joie ainsi qu'une bonne plomberie.

Elle nous examina une seconde fois.

— Mais où se trouve Ewan Bell ?

Jervie demanda doucement :

— Vous espériez le trouver ici ?

— Bien sûr. Il m'a dit qu'il voulait nous rencontrer

ici, nous et les avocats, pour nous donner diverses explications — explications qui doivent rester privées. Je ne sais pas...

Dans son excitation elle n'avait pas pris conscience de l'atmosphère qui régnait dans la pièce ; elle s'en rendait compte à présent et se tut. Lindsay, qui nous regardait tranquillement depuis la porte, parla :

— Nous ne savons pas ce qu'il veut. Mais il est évident que des explications s'imposent. Toutes les personnes présentes portent un secret sur leur visage. De quoi s'agit-il ?

Je constatai le soudain embarras du Dr Jervie. Ce qu'il avait à dire exigeait discrétion et préparation : et voilà que le jeune Lindsay exigeait la vérité. Je m'interposai :

— D'abord cela : Ranald Guthrie n'est pas mort. Rien de changé toutefois en ce qui concerne sa machination contre vous ; mais il ne s'est pas suicidé ; il a tué son frère aîné, un médecin récemment revenu d'Australie.

Présenté de cette façon abrupte, cela devait être à peu près incompréhensible et je ne crois pas que Christine ait compris un mot. Mais Lindsay avait saisi le fait essentiel. Ses yeux s'assombrirent.

— Guthrie est vivant !

Gylby se tenait près de la fenêtre. Avec la voix d'un homme soulagé par une diversion, fût-elle provisoire, il s'exclama :

— Un autre visiteur en vue ! Et il arrive par le même chemin.

Christine pivota sur elle-même.

— C'est sûrement Ewan Bell. Il ne faut pas qu'il passe sur la glace !

Et elle courut à la fenêtre.

Nous la suivîmes tous. Pendant un moment nous ne vîmes qu'une silhouette indistincte qui longeait la rive opposée du loch. Christine se tourna vers Lindsay.

— Neil, dit-elle, appelle-le, préviens-le.

Au même instant, le clair de lune révéla les traits du nouveau venu. Miss Mathers vacilla près de moi.

— *Oncle Ranald!*

— *Guthrie!* fit Lindsay en écho.

Gylby se rua dans la salle d'études et disparut dans l'obscurité. Sybil Guthrie murmura :

— Il doit croire le château désert. Nous l'avons ; oh oui, nous l'avons !

Lindsay respira profondément et hurla :

— Reculez, mon vieux, reculez !

Et, à cet instant précis, la glace se rompit.

Pendant une fraction de seconde, nous restâmes tous immobiles, regardant le cercle d'eau noir s'élargir peu à peu, comme une tache d'huile, au centre de la glace qui brillait vaguement. Puis un bras solide m'écarta. C'était Lindsay qui sauta directement de la petite terrasse dans la douve.

La dénivellation paraissait de l'ordre de quatre mètres cinquante. Mais c'était probablement moins. Et il y avait de la neige au fond du fossé. Gylby et moi, nous ne pûmes que suivre. Comme je m'élançais, j'entendis Christine dire :

— Je vais chercher une corde.

Lindsay n'avait que quelques secondes d'avance, mais il eut de la chance ou un sursaut d'énergie qui le propulsa plus vite que nous de l'autre côté de la douve. Quand nous atteignîmes le bord de l'eau, le jeune homme avançait déjà à plat ventre sur la glace. Sans s'arrêter, il nous interpella :

— Personne d'autre là-dessus... et trouvez une corde le plus vite possible.

Puis il cessa de s'adresser à nous :

— Guthrie, vous pouvez tenir le coup, mon vieux ? J'arrive.

Je savais qu'il avait raison. Si Guthrie, comme cela

paraissait probable, avait été sonné, notre meilleure chance de le tirer de là consistait à fatiguer le moins possible la glace environnante : si le trou s'agrandissait, le sauvetage risquait d'être impossible même dans cette étroite portion du loch. Pour l'instant, nous devions nous contenter d'attendre et de regarder, en restant prêts à intervenir si les choses tournaient mal pour Lindsay. Et la glace continuait à craquer avec un bruit sinistre. J'enlevai mes chaussures et entrepris de me déshabiller. Nous allions probablement être contraints de plonger.

Christine arriva en courant avec un rouleau de corde.

— C'est tout ce que j'ai trouvé, dit-elle calmement. Et ce n'est pas bien bon.

Je regardai cette corde, puis Lindsay : il était à mi-chemin du trou dans la glace.

— Mieux vaut la tester, dis-je, et voir ce qu'elle vaut.

Gylby et moi, nous vérifiâmes rapidement, mètre par mètre, quelle tension pouvait supporter la corde. Elle paraissait solide, mais je ne lui faisais guère confiance : ce n'était qu'un banal fil d'étendage. Beaucoup trop court, qui plus est, pour couvrir toute la largeur du loch gelé. Avec de la chance, elle pourrait tout juste arriver au trou dans lequel avait coulé Guthrie.

Nous entendîmes la voix de Lindsay, confiante, concentrée.

— Tenez bon, mon vieux, et vous serez bientôt tiré d'affaire.

À côté de moi, Christine sursauta. Tendue, elle regardait la surface gelée.

— Il l'a vu, dis-je. Et il faut que je lui passe la corde.

— Je serai plus léger sur la glace, dit Gylby.

Mais je rampais déjà à la suite de Lindsay. Guthrie paraissait conscient et s'agrippait à la glace, en un endroit où elle était suffisamment solide; Lindsay était presque arrivé jusqu'à lui; je croyais possible de leur envoyer la corde. Mais, alors que je m'y risquais, je sentis la glace craquer et, malgré ses bizarres vibrations intermittentes, je ne crois pas avoir eu trop peur. La voix de Lindsay me parvint à nouveau :

— Je le tiens. Lancez-moi la corde du plus loin que vous pourrez.

Je m'appuyai avec précaution sur les mains et les genoux, puis envoyai la corde. Ce mouvement fit craquer la glace mais quand je me remis sur le ventre elle tint bon. Lindsay parla derechef :

— Je l'ai. Reculez et tirez doucement quand je vous le dirai.

Je rebroussai chemin aussi vite que je pus. La glace vibrait de plus en plus. L'appel de Lindsay me parvint avant que j'aie rejoint la berge. Pendant un moment, nous luttâmes contre un poids mort — poids pour lequel ce fil à linge n'avait jamais été prévu. Puis la résistance cessa. Lindsay poussa un cri de triomphe.

— Il est sorti de l'eau !

J'entendis une vague résonance dans l'air, un peu comme un gémissement : c'étaient les vibrations de la glace qui s'accentuaient. Et au moment où nous mettions enfin le corps presque inerte en sécurité, cette résonance s'amplifia. Le vent se levait sur le loch. Nous entendîmes encore la voix de Lindsay. Il parlait vite mais se contrôlait :

— Envoyez-moi la corde, si c'est possible.

Une seconde plus tard, et par-dessus le murmure de cette bise aigre et traîtresse, il y eut un craquement épouvantable : la glace se brisait.

— Lindsay !

Il ne répondit pas. Je jetai un rapide coup d'œil à Christine Mathers et m'élançai sur ce qui restait de la surface gelée du loch.

VI

Je sens encore le froid glacial de cette eau dans mes os. Et je suppose que c'est pire encore pour Noel Gylby. Il arriva quelques secondes derrière moi ; il a continué à chercher pendant une heure après m'avoir repêché. Mais ce qui hante ma mémoire, c'est l'ironie sinistre de l'événement : tout s'est passé dans un mouchoir de poche. À la lumière du jour, nous vîmes à quel point ce dernier bras du loch est étroit. Il n'est même pas très profond. Nous nous débattions entre des plaques de glace flottantes qu'un gosse aurait pu ramasser et fracasser sur une pierre. Pourtant je ne crois pas que nous n'ayons pas tenté l'impossible. Avec le vent qui soufflait depuis les montagnes, l'eau tourbillonnante et les blocs de glace emportés par la rivière, nous nous trouvions dans un véritable petit enfer arctique. Par ailleurs circulait au fond du loch un courant violent qui menaçait de nous entraîner sous une barrière impossible à briser. Il fallut plusieurs jours pour retrouver le cadavre de Neil Lindsay.

J'avais été blessé à la tête. De ce fait et aussi en raison de mon épuisement, je dus rester inconscient quelque temps. Quand je repris mes esprits, je vis Wedderburn armé d'une bouteille de cognac, et Ewan Bell, le cordonnier, penché sur moi. Je me redressai et posai une question.

Wedderburn secoua la tête.

— Je crains qu'il n'y ait plus d'espoir. Il s'est noyé.

— Miss Mathers ?

— Miss Guthrie et Jervie l'ont ramenée dans la maison.

Je me tournai et vis, allongé près de moi, le corps du rescapé. Il bougea légèrement tandis que je le regardais. Dans mon inconscience, j'avais encore dû penser en termes d'accident et de danger. Maintenant, je mesurais toute l'ampleur de la tragédie. L'expression de mon visage dut le révéler car Wedderburn dit :

— Nous pouvons désormais attendre un moment plus propice pour lui apprendre la vérité.

Je bondis sur mes pieds.

— Ranald Guthrie, dis-je. Vous comptez sans lui.

Bell s'approcha de l'homme prostré sur le sol et leva une lanterne. Il souleva un bras, puis une main qu'il exposa à la lumière — une main à laquelle il manquait deux doigts depuis bien longtemps.

— Ian Guthrie, dit-il. Ranald est mort.

— Mort ! Vous en êtes sûr ?

J'avais encore la tête qui tournait et je regardai stupidement Ewan Bell.

Le vieil homme se redressa.

— Certain. Je l'ai tué.

VII

LA CONCLUSION D'EWAN BELL

I

J'ai reçu hier une lettre de Christine. Le cachet de la poste — *Cincinnati, Ohio* —, qui me semblait étrange voici un an, m'est désormais de plus en plus familier : c'est merveilleux de voir que même un vieillard peut s'habituer aux changements.

Mais la population de Kinkeig, elle, ne change pas. Mrs. Johnstone m'a apporté elle-même cette lettre depuis le bureau de poste et est restée dans mon échoppe une dizaine de minutes, avec l'air de s'intéresser aux vieilles godasses des habitants du village.

— Lisez donc votre courrier, Mr. Bell, et ne vous occupez pas de moi, dit-elle.

Une demi-heure plus tard, l'institutrice est arrivée, le nez peut-être un soupçon plus long que ce jour d'hiver où elle a remonté la vallée jusqu'à la grande maison. Voulais-je acheter un billet, me demanda-t-elle, pour un spectacle que les gosses devaient donner à l'église avec expression corporelle et psychologie de l'enfant, spectacle écrit par le meilleur élève, un génie assurément, le jeune Geordie Gamley ? Et d'autres nouvelles du monde étaient-elles arrivées à Kinkeig ces jours-ci ?

Il y a une semaine ou deux, j'ai reçu une autre lettre d'Amérique, avec un cachet qui m'est moins familier : *San Luis Obispo, Cal.* On pourrait difficilement, selon Mrs. Johnstone, trouver un nom plus barbare. La lettre venait-elle d'un Noir ? J'ai ouvert l'enveloppe et répondu que non, qu'elle émanait d'un camarade de classe installé dans ces lointaines contrées. Ce qui était assez exact. Car, ainsi qu'il l'écrivait, le Dr Flinders se souvenait très bien que nous avions été assis sur les mêmes bancs au temps du vieux maître d'école, avant qu'on l'envoie poursuivre ses études à Édimbourg. C'était là une chose assez curieuse à écrire pour un homme né en Australie quand j'avais vingt ans. Mais Mrs. Johnstone ne sait rien de tout cela.

J'ai emporté le courrier de Christine au presbytère et nous l'avons lu ensemble, le Dr Jervie et moi. Je trouve qu'il a beaucoup vieilli, cette année, notre pasteur. Sa main tremblait tandis qu'il posait la lettre sur son bureau — cette lettre qui disait que Sybil Guthrie avait finalement révélé à Christine la vérité sur Neil. Il resta un moment silencieux, en regardant par-delà le jardin la campagne dans laquelle la moisson, lourde et dorée, achevait de mûrir.

— Le temps est le plus sûr des remèdes, Ewan Bell, dit-il.

Je remis la lettre dans ma poche.

— Pensez-vous, demandai-je, qu'elle trouvera un jour un mari ?

— Pourquoi pas, Ewan ? Peut-être qu'après Neil Lindsay, Christine ne pourra jamais épouser un aristocrate écossais. Ni un fermier. Mais elle habite maintenant un monde neuf. Et voyez comment elle s'ouvre déjà à son étrangeté, comment elle sort de sa coquille pour regarder, analyser et critiquer. Un jour, elle ne verra plus seulement cette étrangeté mais aussi la beauté et alors...

Il se leva.

— Mais ça pourrait bien se passer quand nous ne serons plus là, mon vieil ami.

Aujourd'hui j'ai remonté la vallée. Dix-huit mois se sont écoulés depuis que j'ai pris la plume pour commencer ce récit. J'ai envie de le conclure à l'ombre du château Erchany.

II

John Appleby, ce malin Londonien, admet avoir été pris en défaut dans l'affaire Guthrie. Il a négligé, dit-il, l'unique élément qui a finalement tout changé. Il y a une question, souligne-t-il, qu'il a oublié de poser. Mais le lecteur aura noté qu'il l'a, en fait, posée et qu'il l'aurait posée à nouveau si, ce soir-là, les événements ne s'étaient pas précipités. *Qui donc s'était glissé hors de la salle d'études devant Hardcastle et le jeune Gylby alors qu'ils se dirigeaient vers le donjon?* Vous connaissez la réponse, Lecteur. C'était Ewan Bell.

J'avais longtemps remâché le contenu de la lettre étrange de Christine que m'avait apportée l'idiot. Mais, vieux et lent comme je suis, ce ne fut que la veille de Noël que j'y discernai un appel, peut-être inconnu de Christine elle-même. Et la vérité se faisait sans doute à peine jour dans mon esprit puisque, lorsque je m'engageai au crépuscule dans la vallée, je pensais seulement aller dire au revoir à la jeune fille. Mais, au fond de moi, je sentais cet appel et, plus profondément encore, l'impression d'un danger : sinon je ne me serais pas aventuré dans cette expédition aussi périlleuse que stupide.

Je comptais atteindre ma destination vers huit heures et faire confiance pour la nuit à l'hospitalité de Guthrie ou à une paillasse, comme l'institutrice y avait pensé, dans le grenier de la ferme. Mais, dans mes calculs, je me croyais encore un jeune homme. Par je ne sais quel caprice de la nature, j'arrivai à Erchany vivant malgré une épouvantable tempête mais il était onze heures trente quand j'abordai la dernière partie du parcours, la lampe-tempête que j'avais emportée me permettant tout juste de voir la neige qui s'amoncelait. Il y avait une lumière qui brillait dans la salle d'études ; je descendis dans la douve puis remontai péniblement jusqu'à la petite terrasse. Mr. Wedderburn avait raison en imaginant que j'avais été un athlète jadis ; il me reste encore un peu de muscle.

Je me demande aujourd'hui pourquoi j'ai pris ce chemin secret pour aller rencontrer Christine ; cela prouve sans doute que j'avais l'impression profonde que Guthrie était un ennemi. Elle me fit entrer par la porte-fenêtre et je constatai que ma venue lui faisait plaisir. Elle avait une petite valise — pas plus grande que le sac du dimanche de Mrs. McLaren — à côté d'elle et un imperméable posé sur une chaise.

— Vous n'allez sûrement pas partir cette nuit ? lui dis-je.

Elle hocha la tête.

— C'est ce que veut mon oncle. Et Neil dit que nous n'aurons pas de mal à gagner Mervie. Il se trouve en ce moment dans la tour avec mon oncle et nous nous en irons dès qu'il redescendra. Tout ira très bien, vous ne croyez pas, Ewan Bell ?

Elle était trop amoureuse, je suppose, pour éprouver autre chose qu'un vague soupçon sur ce qu'il y avait d'insensé et de sinistre au fond de tout cela.

— Je vais monter les voir, Christine, dis-je. À l'arrivée de votre Neil vous partirez avec lui. Écrivez-moi un de ces jours.

Et je l'embrassai. J'avais dans l'idée, je crois, de leur servir d'arrière-garde après leur départ. Je ne me rendais pas compte que c'était ce départ même qui risquait de leur être fatal.

— Prenez le petit escalier, dit Christine. Vous éviterez probablement Hardcastle.

Et elle me remit une clé pour le cas où la porte du fond serait fermée.

Je me faufilai hors de la salle d'études — ce fut alors que Gylby et Hardcastle m'aperçurent — et gagnai le petit escalier. Il faut se souvenir que, malgré la fatigue liée aux efforts que j'avais faits pour venir de Kinkeig, je le montai plus vite que les deux autres le grand. La suite de l'histoire aurait été bien différente si je m'étais attardé.

On doit savoir que je connaissais assez bien le château pour y avoir travaillé, jeune homme, du temps du vieux châtelain, mais je me souvenais mal du sommet du donjon. Je me rappelais seulement qu'il y avait une entrée depuis le chemin de ronde et, lorsque je sortis par la trappe, j'avais décidé de me montrer et de dire que j'étais venu en tant qu'ami de Lindsay pour assister à son départ, en toute sécurité, avec sa fiancée.

Il soufflait un vent violent et je restai un moment à me demander si je devais tourner à droite ou à gauche sur le chemin de ronde. Je choisis le côté gauche, ce qui s'avéra une erreur. C'est-à-dire que Miss Guthrie arriva depuis l'embrasure de la porte-fenêtre et moi de l'autre côté. Je ne sus donc rien de la présence de la jeune Américaine. Pas davantage, je crois, que Ranald Guthrie : elle se trompait certainement en pensant qu'il l'avait entendue crier.

J'étais sur les lieux quelques secondes avant elle. On peut situer nos mouvements respectifs avec une relative précision grâce au cri qui la fit sortir de son abri. C'était moi qui l'avais poussé et je ne doute guère qu'il ait été bruyant. J'avançais avec précaution sur le chemin de ronde, ma lanterne à hauteur de mes pieds, lorsque quelque chose roula hors de l'obscurité, me fit presque trébucher et passer par-dessus le parapet. Je posai ma lanterne et je me penchai sur l'obstacle. C'était un corps humain.

Tout se passa ensuite en quelques secondes. Je vis une autre lanterne allumée dans une niche pratiquée au-dessus d'une porte — celle de la petite chambre. Et, l'instant d'après, Guthrie sortit par cette porte. Je me redressai en abandonnant l'examen de la forme allongée devant moi — je craignais que ce ne fût Neil Lindsay —, et reculai d'un pas, ce qui renversa et éteignit ma lampe. Guthrie se rendit compte de ma présence et leva sa hache d'un air menaçant — ce fut à ce moment que Miss Guthrie eut un premier aperçu, imparfait, de ce qui se passait. Il avança vers moi ; ce qui le fit sortir de la zone éclairée. Tout se joua à l'aveuglette dans les minutes suivantes. Je savais courir un danger mortel — je le savais aussi sûrement que si Guthrie m'avait déclaré la guerre. Et de l'issue de la rencontre dépendait non seulement ma vie mais celle de l'inconnu qui gisait, impuissant, à mes pieds. Car, j'en étais sûr, Guthrie voulait le tuer.

Il était ramassé quelque part dans les ténèbres et cherchait la position la plus favorable avec toutes les ressources de son puissant cerveau. Il apparut soudain contre le parapet, en pleine lumière. Il ne distinguait que ma silhouette — tout comme Miss Guthrie. Il estimait que cela lui suffisait et qu'il allait pouvoir me surprendre. Il brandit sa hache pour m'assener un coup qui m'aurait étripé ou m'aurait fendu le crâne. Je devais frapper le premier. Ce que je fis. C'est ainsi, Lecteur, que mourut Ranald Guthrie.

III

Je m'agenouillai à côté du corps allongé dans la neige — on se souviendra que Miss Guthrie avait battu en retraite et qu'elle ne vit rien de la suite — et dis doucement :

— Lindsay, ça va?

L'homme remua et se retourna sur le dos. On imagine ma surprise quand je constatai que j'avais un Guthrie sous les yeux. Je crus d'abord avoir tué dans l'obscurité celui qu'il ne fallait pas.

Il était drogué, je pense, mais récupérait rapidement. Quelques secondes plus tard il ouvrit les yeux et murmura :

— Qui êtes-vous?

À l'énoncé de mon nom, son regard s'éclaira comme s'il l'avait déjà entendu pas plus tard que la veille. Il fit :

— Je suis Ian — Ian Guthrie. Sortez-moi de là... secrètement.

J'avais peut-être déjà eu mon compte d'activités physiques pour la nuit — suffisamment pour satisfaire l'Idéal athlétique de Miss Strachan elle-même. Mais je ne pouvais compter sur personne. Je lançai ma lanterne pardessus le parapet, pris celle qui brûlait dans la niche et chargeai Ian Guthrie sur mon dos. Dans la ferme de mon père, jadis, j'avais souvent porté des veaux qui me semblaient plus lourds.

Je l'amenai jusqu'à la trappe. Nous rentrâmes puis je fermai par en dessous. Ce ne doit guère être que deux minutes plus tard que le jeune Gylby est arrivé sur le rempart désert en regardant partout autour de lui. Ian n'eut besoin que d'un peu d'aide pour descendre l'interminable escalier en spirale et pour parcourir le couloir qui longe la salle d'études. Je jetai un coup d'œil; Christine était partie. Je fis entrer mon compagnon dans la pièce. Il se reposa un peu, en se chauffant devant le feu. Puis il demanda :

— Ranald ?

— Je l'ai tué — je l'ai frappé et il a basculé par-dessus le parapet.

Son visage avait la blancheur du papier, mais il reprit des couleurs.

— Le pauvre fou !

Il resta un moment silencieux.

— Il allait m'assassiner, Mr. Bell — après une petite opération.

Il tendit sa main droite.

— Ce qui explique la hache.

Je mis longtemps à comprendre.

On se souvient que Mr. Appleby a déclaré que le Flinders de Californie ne devait pas présenter de différences flagrantes avec le Flinders de Sydney et que c'était pour cette raison que Ranald avait tenté de se débarrasser de son avarice. C'était assez vrai. Mais le Flinders de Sydney présentait une caractéristique ignorée d'Appleby — mais connue de Ranald, grâce au courrier que lui avait adressé Ian. Au début de sa pratique de la radiologie, Flinders avait perdu deux doigts — ce qui peut arriver facilement avec cette dangereuse technique médicale. Ranald pouvait assez facilement arriver en Californie avec deux doigts en moins : une petite intervention chirurgicale, une courte convalescence incognito, et un peu de courage — il n'en fallait pas davantage. Mais le cadavre qu'on devait trouver dans la douve et prendre pour celui de Ranald Guthrie posait un problème plus difficile. Il ne pouvait pas montrer deux doigts amputés depuis bien longtemps. D'un autre côté, une nouvelle résection pour masquer la première risquait elle aussi de susciter des soupçons — des soupçons qui résulteraient de la question suivante : *Pourquoi avoir sectionné les doigts de Guthrie ?* Mais une fois Neil Lindsay suspect du meurtre de Guthrie, cette question recevrait — du fait de la sombre légende qui entourait les rapports des Lindsay et des Guthrie — une réponse suffisante, réponse qui incriminerait Lindsay davantage encore. Le point de loin le plus délicat dans la machination de Ranald contre son ennemi devenait du même coup le détail le plus frappant dans le procès qu'on ne manquerait pas de faire à ce dernier. Comme dit Appleby, le puzzle de Ranald Guthrie fut un modèle de rigueur et d'économie de moyens.

Mais, cette nuit-là, je regardais toujours, ébahi, la main droite de Ian Guthrie lorsqu'il se dressa en vacillant sur ses pieds.

— J'entends des voix, dit-il.

Ce devait être Gylby et les autres qui descendaient de la tour.

— Partons.

Je le regardai, légèrement estomaqué.

— Personne ne connaît ma présence ici, excepté cette canaille de Hardcastle qui ne parlera pas. Et la mort de Ranald passera, peut-être, pour un accident ou un suicide.

— Mr. Ian, vous ne devez pas croire que j'ai peur de revendiquer la mort de votre insensé de frère. C'était ou lui ou vous et moi.

— C'est vrai, Ewan Bell. Mais pensez-vous que je souhaite susciter un affreux scandale sous prétexte que Ranald a perdu la tête ? Partons donc pour Kinkeig pendant que nous le pouvons.

Je me dis qu'il devait lui aussi avoir perdu la tête s'il imaginait traverser la campagne couverte de neige cette nuit dans l'état où il se trouvait. Mais je sais à présent ce qui le poussait : il voulait passionnément — avec toute la violence passionnée des Guthrie — terminer ses jours dans la peau de Richard Flinders. Ce qui n'avait rien d'anormal, quand on y réfléchit, puisque Richard Flinders était ce qu'il avait fait de lui-même en près d'un demi-siècle. À ce moment-là, il me fallut m'incliner devant ce que je ne comprenais pas encore et le suivre hors du château. On ne doit pas oublier qu'il ne savait rien de Lindsay ni du danger que courait probablement le jeune homme. Je n'en avais pas une idée très nette moi-même. Sinon j'aurais peut-être insisté pour que Ian restât sur place.

Une heure plus tôt, je me demandais si j'aurais assez de forces pour arriver à Erchany. Maintenant, j'assumais la lourde tâche de ramener un homme malade jusqu'à Kinkeig et la route était longue. Le choc consécutif à tout ce que je venais de vivre m'avait rendu à moitié indifférent. Je ne pensais à rien, sinon que nous risquions de mourir en chemin, mais qu'il fallait faire ce qu'il fallait. Finalement, notre résistance hors du commun vint à bout du trajet et nous passâmes devant l'église de Kinkeig au moment où la cloche appelait au premier office. Nous ne rencontrâmes personne et, les vingt-quatre heures suivantes, Ian Guthrie se cacha chez moi. Mais il ne se cacha pas suffisamment. L'idée de revoir Kinkeig une dernière fois le fascinait et, le lendemain soir, il partit faire une petite promenade au crépuscule. Et voilà, Lecteur, ce qui explique l'apparition du fantôme de Ranald Guthrie.

Ian me raconta son histoire et, en comparant ce que nous savions, nous arrivâmes à reconstituer la plus grande partie du puzzle. Mais Ian ne voulait pas partir. Il y aurait une enquête, disait-il, et il tenait à rester jusqu'à sa conclusion : si Lindsay était soupçonné, il se montrerait ; sinon il s'embarquerait sous le nom de Richard Flinders et on n'en parlerait plus. Entre-temps, je devais persuader Christine de garder le silence sur mon passage à Erchany.

Au lecteur de juger si j'eus raison lorsque je m'opposai résolument à l'un des points de son plan. Même si les choses s'organisaient de telle sorte que Ian Guthrie n'avait pas besoin de ressusciter publiquement, lui dis-je, la famille et les hommes de loi devaient être mis au courant. Et je réussis à le convaincre, en dépit de la tenace excentricité des Guthrie. Quand, et si, tout se terminait sans histoires, je pourrais réunir un soir toutes les personnes directement concernées au château et il viendrait de Dunwinnie s'expliquer. Ces dispositions prises, Ian quitta discrètement Kinkeig sous le couvert de l'obscurité et regagna son hôtel de Dunwinnie — où, c'est sûr, personne n'avait remarqué l'absence de Richard Flinders dans la foule des sportifs et des joueurs de curling.

L'histoire s'arrête ici — à cela près que je vécus encore quelques heures pénibles. Je ne comptais pas sur la présence du policier John Appleby lors de la réunion de famille que j'avais organisée. Par chance il se montra raisonnable. Ranald Guthrie et cette canaille de Hardcastle étaient morts tous les deux ; Ian Guthrie n'avait pas d'enfant et son attitude à l'égard du domaine Erchany ne regardait que lui. Et le silence qui entoura un temps le reste fut charitable envers Christine Mathers.

IV

Les Guthrie ont quitté la région et le château est abandonné. Tout ce qui subsistait dans les lieux et n'était pas pourri a été dispersé. Les portraits de famille et ce qui se trouvait dans la salle d'études ont été expédiés à Sybil et à Christine. Ensuite, on a procédé à une vente aux enchères. La grande table flamande où tout le monde s'était assis pour déguster le caviar a été achetée par le Dr Jervie pour son tribunal ecclésiastique. Le globe derrière lequel s'était cachée la jeune Isa Murdoch dans la galerie fut acquis par Mrs. Roberts des *Arms*. Elle s'installe dans le bar entre sa théière et ce globe terrestre, prête à montrer de quel port ses gamins lui ont envoyé leur dernière lettre. Fairbairn de Glenlippet — celui qui paie sa taxe automobile au trimestre — a fait la dépense d'un grand tabouret de granit qui servait à monter à cheval et se trouvait dans la cour; les gens se sont demandé ce qu'il voulait en faire, mais Will Saunders dit qu'il y gravera un jour l'épitaphe de sa femme. Pour ma part, je me suis porté acquéreur de tous les ouvrages religieux de la galerie : ils sont à l'épreuve du temps et nous offrent un excellent sujet de conversation au pasteur et à moi.

Aujourd'hui je suis allé au château peut-être pour la dernière fois. Les vents qui tournoient sans cesse autour d'Erchany soupirent à travers les fenêtres brisées; aussi chauds et parfumés qu'ils soient en arrivant des collines, c'est à peine s'ils donnent à la vieille bâtisse une touche d'été ou de soleil. L'endroit semble avoir glissé dans le passé : désormais ses seuls occupants seront les rats — ils ont déjà oublié la vieille femme de Hardcastle — et les martinets pendant la saison des amours. Les pierres tomberont les unes après les autres et ce donjon en haut duquel je suis monté sombrera dans l'oubli comme la tour des Lindsay à Mervie — les Guthrie d'Erchany qui ont si passionnément partagé la vie de l'Écosse ne seront plus, tout comme leurs rivaux, que des notes de bas de page dans les livres d'histoire.

Mais les Gamley sont revenus à la ferme. Un des fils a pris femme, une fille de Speyside; je l'entends chanter dans la campagne — une de ces rengaines éphémères qui ont tué la vraie musique populaire en Écosse. Et pourtant, parce que, lancée à pleine voix, elle monte joyeusement de la terre, j'écoute cette chanson comme si elle devait durer toujours.

Sur l'auteur

Michael Innes, de son vrai nom : John Innes Mackintosh Stewart, est né à Édimbourg en 1906, tout près du monument dédié à Walter Scott. Professeur de lettres, traducteur de Montaigne et biographe de Conrad et Kipling, Innes a publié de nombreux essais avant de plonger dans la littérature policière. Cette expérience confère à ses romans une touche et une couleur particulières puisque, s'il emploie les procédés courants du genre, la psychologie de ses personnages, le décor de ses intrigues sont nettement plus proches de ceux de Henry James que d'Agatha Christie. Il a créé un personnage à son image, érudit et caustique. L'univers dans lequel évolue Sir John Appleby, celui de la bonne société britannique des années 30-40, est peuplé de figures délicieuses mais un peu retorses. Dans ce monde le crime devient « un véritable jeu de société ».

IMPRIMÉ EN FRANCE PAR BRODARD ET TAUPIN
1789W - La Flèche (Sarthe)
N° d'édition : 3038
Dépôt légal : juillet 1999